자립을 통한
영유아 일상생활 교육의 이론과 실제

자립을 통한

영유아 일상생활 교육의 이론과 실제

정영혜 저

동 문 사

머리말

미래의 유아교육에 있어서 기계 문명을 이용한 정보화 공학(IT)에 의한 교육실천은 아동들의 잠재적인 인간성을 개발하는 데 많은 문제점을 안고 있습니다.

일찍이 몬테소리여사는 그녀의 교육사상 전반에 걸쳐서 우리 인간들이 지니고 있는 본래의 건전한 인성발달을 키워 나가고자 하는 데 아동교육의 목표를 두고 있습니다. 인성은 인간이 본래 지니고 있는 성품을 의미합니다. 이와 같은 성품의 개발은 우리들이 지니고 있는 가능성을 인간다운 면으로 스스로 개발할 때 우리들의 것으로 만들 수 있습니다.

아동의 발달 면에서 유아기의 발달에서는 신체적 성장 및 정신적 발달이 함께 이루어지는 중요한 시기이기도 합니다. 따라서 신체적 변화가 왕성하게 이루어는 시기에는 신경계의 정상적인 발달을 촉진시키는 활동이 활발하게 이루어지는 시기이기도 합니다.

몬테소리여사는 유아들의 신체적 활동이 기본이 되는 감각교육과 함께 내면적 성품이 향상되는 몸과 마음의 성장을 촉진시키는 교육을 강조하고 있습니다. 따라서 '완전한 환경' 속에서 이루어지는 일상생활 속에서 스스로 흡수된 많은 지식 등을 소화시키면서 성장하는 아동들에게 가급적 자연과 더불어 생활할 수 있도록 하면서 개개인의 아동 모두가 그들이 지니고 있는 인간다운 성품이 성장되기를 바라는 교육이 실천되기를 기원하였습니다.

그녀는 일생에 수많은 저서를 통하여 아동들의 올바른 성장에 도움을 줄 수 있는 몬테소리교육이론을 확립하고 실천하는 데 심혈을 기울였습니다.

이와 같은 몬테소리교육의 일상생활면에 관한 지도를 더욱 구체화하기 위하여 본서를 구성하여 발간하게 되었습니다.

본서(本書)가 우리의 아동들이 올바르게 성장하는 데 조금이라도 도움을 드릴 수 있게 되기를 진심으로 기원드립니다.

끝으로 몬테소리교육의 실천을 위하여 노력하시는 모든 분들과 그리고 원고를 기꺼이 맡아 출판하여 주신 출판사 관련 여러분에게도 감사의 말씀을 올립니다.

2018. 2

저자 정 영 혜

차 례

CHAPTER 2 • 일상생활교육의 이론적 배경

CHAPTER 3 • 일상생활교육의 실제

APPENDIX • 부 록

CHAPTER 1

영유아의 감각·운동 발달의 이해

1 영유아의 감각·운동교육의 필요성

인간의 정신(精神)은 순수한 생물학적 과정에서 시작되어 감각운동 활동으로 발전되고, 마지막으로 지능(知能)과 같이 보다 더 수준 높은 형태에 도달하게 된다.

몬테소리(Montessori)는 인간의 교육의 목적을 두 가지로 구분하였다. 첫째는 생물학적인 것과 둘째는 사회적인 것이다. 생물학적인 측면에서는 인간의 자연적인 발달을 원조해 주는 것이며, 사회적인 측면에서는 개인이 환경에 대하여 준비하도록 하는 것을 의미한다. 이와 같은 교육의 2가지 측면은 서로 교착(交錯)되어 있지만 어린이의 조기 발달단계에서는 생물학적 측면이 더 중요시 되고 있다.

3세에서 7세 사이의 아동은 신체적 발달이 급속하게 이루어지는 시기이기 때문에 감각(感覺) 활동이 지성과 관련되어 형성되는 중요한 시기이다. 자극이 어린이의 주의(注意)를 끌어당기기 때문에 어린이가 받아들이는 감각이 합리적인 방법으로 발달할 수 있도록 감각훈련을 조직적으로 받을 수 있도록 해야 한다. 이와 같은 감각훈련은 명확하며 강력한 지성(知性)을 쌓아나가는 질서가 이루어질 수 있는 기초를 마련해준다. 또한, 감각을 교육하는 것은 그와 같은 결함을 발견하고, 스스로 시정(是正)하는 것을 가능하게 한다.

따라서 감각교육은 생물학적이며, 감각기관을 완성시켜 자극의 수용과 감각 작용을 위한 신경계로(神經系路)를 완성시키면서 직접적으로 지적교육을 준비하는 것이다. 이때 교육의 한 측면인 개인을 환경에 적응하도록 하는 사회적 측면도

간접적으로 포함된다.

몬테소리는 3세에서 7세까지의 연령을 주로 감각활동의 형성기로 보고, 이 시기의 교육은 여러 감각의 훈련이 폭넓게 이루어져야 한다고 하였다. 아동이 감각 또는 감각단계에서 특별한 일을 경험하게 되면 그것은 여러 가지 지각(知覺)의 민감성을 획득하게 되는 것이며, 다음으로 발달하는 정신의 도구로서 훈련되는 감각을 작용시킬 수 있게 된다. 또한 경험되어 지각되는 감각은 명칭과 결부되어 어린이는 감각적 대상의 명칭을 획득하게 된다. 그리고 그 명칭에 상응하는 대상을 인식하는 것을 배우게 되며, 점차로 명칭을 파악하게 되면서 그 대상을 기억할 수 있게 된다. 또한 감각기관은 한 번 경험하게 되면 환경이 변하더라도 경험하였던 그 힘을 계속 발휘한다.

이와 같이 감각훈련은 명확한 생물학적 습관을 확립하는 것으로 그 자체가 어떻게 변하더라도 경험하였던 감각에 대한 인식을 갖는 것이다. 유아기는 감각이 정신보다 우세한 시기이기 때문에 이 시기의 감각교육에 특별히 주목할 필요가 있다.

2 영유아의 감각·운동교육의 연구자

1) 이타르(Itard, 1774~1838)

이타르는 프랑스 전쟁 때 육군병원 외과 조수로 근무하였고, 25세 때 파리 농아학교 의사로 취임 후 「아베롱의 야생아」(1799)를 발견하였다. 이타르에 의해 시작된 야생소년에 대한 교육이 감각교육의 출발점이 되었다. 그는 「아베롱의 야생아」에 대하여 2개의 보고서를 작성하였다. 제1보고서는 실험교육을 개시한 9개월 후에 작성하였으며, 제2보고서는 5년 후 교육을 끝내는 시점에 작성하였다. 이것은 심리학이나 교육학에 있어서 중요한 기록이 되었다.

제1보고서에는 야생아의 치료교육을 시작하는 사정과 교육방법 등이 기록되어 있다. 이타르는 야생아에 대한 감각훈련을 종결하고 지도의 의견으로서, 그 성과는 청각에 대한 훈련을 제외한 촉각과 시각 그리고 미각에서 만족할 만한 성과를 얻었다고 기록하고 있다. 또한 감각훈련의 대상물의 지각에 상응하는 명칭은 학습하였으나, 자기가 사용하는 단어의 의미는 잘 알지 못 하였다. 이타르가 신중하게 지적하고 있는 바와 같이 생리적인 것은 지적인 것과 매우 밀접한 관계에 있으며, 모든 능력을 동시에 작용시켜 모든 감각을 사용하게 된다.

감각교육은 감각의 폭을 점차로 넓혀감에 따라 새로운 대상을 지각하고 식별하기 위하여, 필수적으로 내면적인 주의(注意), 비교(比較), 기억(記憶)이 포함되어 보다 더 고차적인 정신활동이 이루어지도록 준비를 하게 된다.

야생아동에 대한 이타르의 교육적 목적은 다음과 같다.

첫째, 살아왔던 생활보다 더욱 즐겁고, 과거 생활에 가까운 생활을 하게 함으로써 사회생활에 흥미를 갖게 한다.

둘째, 강력한 자극과 때로는 격렬한 감동을 줌으로써 신경적 감각력을 눈뜨게 한다.

셋째, 새로운 욕구를 주고 사회적 접촉을 넓힘으로써 관념의 범위를 확장해 간다.

넷째, 중대한 필요의 법칙을 통해서 모방의 훈련을 쌓도록 함으로써 언어 사용을 유도한다.

이타르는 감각에 새로운 것을 수용시켜 인식시키기 위해 주의를 집중시키는 것, 정신적인 것으로 비교하기 위하여 판단하는 것, 마음을 안정시키기 위해 기억하는 것을 요구하였다. 이타르가 개발한 지각훈련은 오늘날 현대적 형태로 변화되어 일반 아동의 레디니스(Readiness) 프로그램이나 학습에 문제가 있는 어린이를 위한 특별한 훈련 교재로 사용되고 있다.

2) 세강(Séguin, 1812~1880)

세강은 이타르의 제자였다. 1840년 이타르의 기법을 자신의 체계로 확립하여, 넓은 범위에 적용시켰고, 자신의 방법으로 효과를 거두었다. 세강은 생물학적 교육에 관한 논의 중에서 감각훈련의 필요성을 지적하였다. 이 훈련은 중추신경계의 감각입력의 변환장애를 극복하기 위하여 필요한 것이다.

〈세강의 교육방법〉

감각훈련의 출발점으로 감각지각 표상은 분석과 종합에서 개념과 사고로, 그 개념의 의미와 관계에서 행동과 연결된 사고의 발달로 진전된다. 운동훈련에서는 소극적·적극적 행동에서 적극적·의도적 행동으로, 반사 동작에서 생각이 담긴 행동으로 그 지도방향을 잡고 있다.

(1) 신경생리학적 접근방법

아동의 자발성 존중, 주의력 집중을 위하여 감각교육, 아동을 위한 환경조성, 교사는 아동의 내면적 발전 주시, 독창적인 감각교육 제작 등이 포함된다.

(2) 학습의 생리학적 기초

생리학적 관점의 학습은 신경계에서 일어나는 일련의 과정으로 자극과 반응 관계에서 나타난다. 외부적 자극이 감각기관을 통해서 대뇌피질에 전달되어 자극된 흥분 가운데에서 일부가 지각되어 의식내용이 된다. 그 의식내용은 불과 수분간만 남게 되는 경우의 단기기억과 오래 남게 되는 장기기억으로 구분된다.

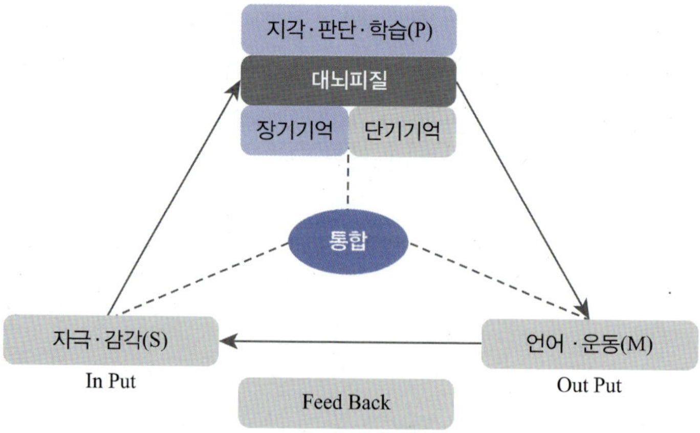

그림 1-1 감각-운동의 순환

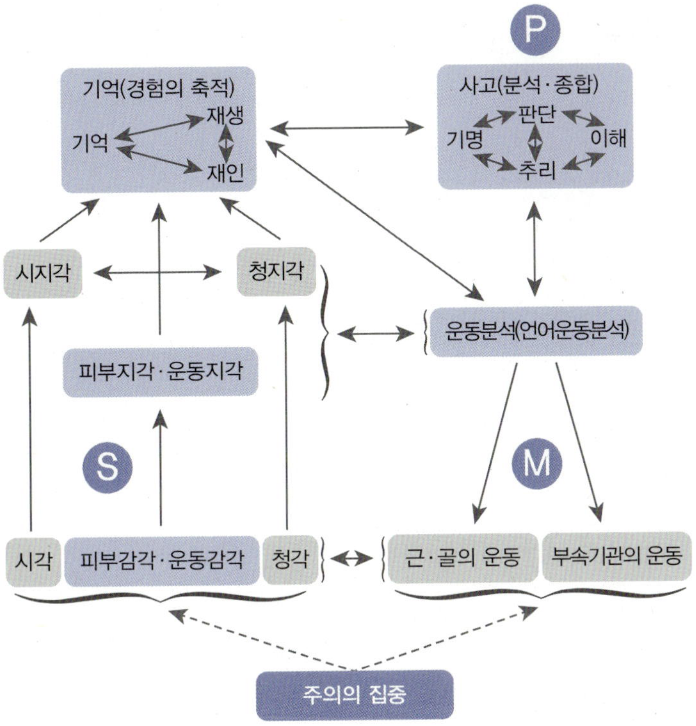

그림 1-2 감각-운동의 발달 순환도

(3) 정신 기능수준

대뇌 기능수준은 첫째, 중뇌 망상체 부활계, 즉 감각자극을 감각신경계로부터 받아들여 시상으로 들어가 대뇌피질로 전달한다. 대뇌피질 기능수준은 감각자극이 중뇌 망상체의 부활계를 거쳐 전달한다.

둘째, 시상하부의 뒷부분부터 대뇌변연계(고피질)에 유입·전달되어 대뇌피질의 기능수준을 높인다(욕구·감정 관여).

셋째, 대뇌피질 작용에 의하여 그것이 중뇌 망상체를 지배하고, 그 부활계의 작용으로 대뇌피질의 기능수준이 향상된다.

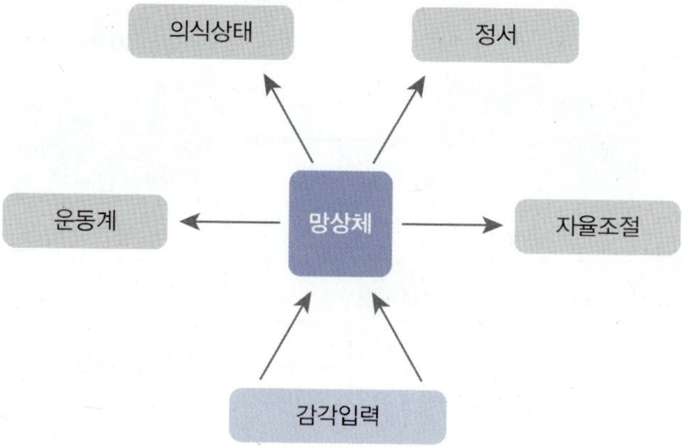

그림 1-3 망상체와 신경 결합과 기능

3) 몬테소리(Montessori, 1870~1952)

몬테소리는 "모든 지식은 인식을 통해서 얻어지고, 인식은 경험을 통해서 형성되는데 이러한 경험의 실제는 신체의 감각기관에 의해서 흡수된다"고 하였다. 이와 같이 감각교육의 중요성은 몬테소리교육의 중핵이라 할 수 있다.

몬테소리는 1896년 의학박사 취득 후 로마대학 정신병 진료소에 조교수로 임명되어, 정신지체아와 청각장애아에 대한 의학적 치료와 교육 원리를 이용한 교육적 치료에 관심을 갖게 되었다. 또한 이타르와 세강이 사용했던 교구 및 실험심리학 검사 도구를 더욱 발전시켜 자신의 교구와 도구로 발전시켰다. 그리고 세강의 연구와 교육방법 등을 "황야에서 선구자가 부르짖고 있는 소리와 흡사하다"고 하면서 "정신지체아에 관심을 갖게 되면서 불행한 아이들을 위해 세강이 고안한 특별한 교육방법을 접하게 되었다"고 하였다.

몬테소리는 오늘날 유아교육계에서 크게 주목하고 있는 유아교육방법의 제창자이다. 몬테소리는 모든 감각을 망라한 체계적인 몬테소리 교구를 고안하였다. 이것은 시각·청각·촉각 등에 대하여 알기 쉬운 변별 등의 과제로부터 서서히 어려운 과제로 이행시키는 것이다. 즉, 어린이의 내적인 발달력이라는 개념을 인용하여 어린이의 교육을 7세 정도까지는 어린이의 생물학적 발달(자유)과 그 후 사회의 체계적인 감각교육의 교구를 어떻게 상호결합하는지가 교육의 중요한 요소가 된다고 하였다.

즉, 인간을 7세까지는 자유롭게 성장하도록 하여 사회 참가를 준비시키라는 루소(Rousseau, J.J)의 사상에서 어린이의 교사는 '자연 교사 · 사물 교사 · 인간 교사'로 구분되는 교육관에서도 나타나듯이, 어린이는 자연과 환경 속에서 성장하는 힘에 의하여 성숙된다는 교육을 중요시하였다.

(1) 몬테소리의 교육관

일반적으로 교육학에서는 인간형성의 요인을 부모로부터 이어받는 생리적인 요소를 중심으로 하는 유전전형질의 영향(유전)과 그 개인이 받는 교육을 포함한 가정 및 사회환경의 영향(환경) 그리고 개인이 본인의 의식적, 자각적인 학습이나 연습 및 그것을 위한 본인의 노력에 의하여 각 개인의 인간형성이 이루어진다고 하였다. 이러한 인간형성의 요인 중에서도 자신의 학습관 연습 및 그것을 위한 본인의 노력이 큰 영향을 미친다.

몬테소리는 어린이가 스스로 인격형성을 위하여 노력하는 것을 발견하였다. 몬테소리의 교육관은 어린이가 스스로 자신을 교육하는 활동이다. 또한, 교육이란 어린이 스스로 자기 발전을 조정하는 작용으로, 모든 어린이에게는 발달의 가능성이 선천적으로 갖추어져 있어 어린이의 내적 생명의 자기발전이 이루어지도록 하는 활동이라고 하였다.

따라서 교사는 어린이에 대해서 인격적인 취급을 하며 인격적인 삶을 배우게 하여 어린이가 그 인격을 스스로 형성해 가도록 도와야 한다. 어린이가 자유롭게 마음껏 활동하고 자신의 행위에 책임을 질 수 있는 인간으로 성장하는 교육을 실천해야 한다. 어린이가 교육의 주체가 되며 스스로 자신을 교육하도록 하기 위한 교육을 실천하고자 하는 것이다.

이와 같은 자기교육의 습관은 자신의 불완전함을 자각하고 보다 충실한 인생을 보내기 위하여, 자신의 이상적인 인간상을 지향하고 끊임없이 자신을 향상시켜가는 데 교육적 역할이 있다. 이처럼 자기 교육의 습관이 가장 몸에 익숙하기 쉬운 시기가 유아기이므로, 유아교육을 중시해야 하는 이유이다.

(2) 몬테소리의 교육 목적

① 인간을 영유아기부터 교육하게 함으로써 인간이 갖추고 있는 심신의 모든 능력을 가능한 한 더 조화롭게 발전시켜서, 한 사람 한 사람 인간의 인격을 형성하는 것이다.

② 인류의 목표를 명확히 하고 올바른 방향을 제시하고 사람들을 평화적, 국제주의적이고, 민주적, 문화적인 국가 사회의 참여자가 되게 함으로써 새로운 이상적인 국가 사회를 건설하는 것이다.

(3) 몬테소리 교육 내용으로서의 환경

① 자연환경과 문화적 환경

몬테소리는 "환경을 매우 중시하며 학교 환경의 그 자체가 어린이들을 교육한다"고 하였다. 따라서 환경은 중요한 교육내용이 된다. 사람은 우선 동물로서 살아가야 한다. 그러기 위해서 환경은 가능한 한 풍요롭고 은혜로운 자연적 환경이 바람직하다. 그러나 인간은 자연적 환경만으로는 충분하지 않다. 인간이 사회에 유익한 인간이 되고 풍부한 교양이 있는 유능한 문화인과 전문적 직업인 등이 되기 위해서는 풍요로운 문화적 환경이 필요하다.

특히 몬테소리는 문화 학습의 기초로서 여러 가지 교구를 중요시하였다. 몬테소리의 여러 가지 교구는 문화학습 이외에도 유아교육에서 약동하는 생명력 향상을 발달시키는 데 중요한 임무를 지니고 있다. 즉, 몬테소리 교구는 몬테소리 교육을 위한 환경의 중심이 된다. 몬테소리 교육은 교구에 의한 다섯 분야의 교육내용, 즉 일상생활의 훈련, 감각교육, 언어교육, 수학교육, 문화교육을 중심으로 실시된다. 그러나 교구만으로는 완전하다고 생각할 수 없다. 교구 외에도 교사 자신이 어린이의 환경에서 중요한 요소가 되고 있다.

② 교구는 환경의 중심

몬테소리는 어린이의 민감기에 나타나는 활동력은 지향적 성격이며, 인격이 형성되는 시기이므로 가능한 한 인격이 개발되기 위해서는 특정한 교구가 필요하다고 하였다. 그러나 어린이는 교구를 자연 속에서 발견할 수 없다.

어린이 능력의 발달에는 각각 일정한 민감기가 있으며, 그 능력을 발달시키기 위해서 심신의 활동을 유발시키는 자극을 스스로 강렬하게 원한다. 신체기관의 기능과 능력을 발달시키는 데는 각각 그 기관의 활동이 필요하며, 활동을 유발시키는 데에는 필요한 자극이 있어야 한다. 이와 같은 민감기는 일시적인 것으로 그 시기 동안에 자극을 주는 것이 필요하고, 그와 같은 자극은 교육적으로 배려된 준비된 환경 속에서 이루어질 수 있다. 이 경우에 준비된 환경의 중심이 되는 것이 바로 교구(教具)이다. 교구는 어린이의 발달을 촉진시키며, 각 개인교육의 궁극적 목적인 인격형성의 기반을 갖출 수 있게 한다.

각 교구가 갖는 교육적 가치는 다음과 같다.

가. 여러 종류의 감각을 예민하게 하여 사물을 바르게 지각하는 힘과 예민한 감수성을 향상시켜 감각의 기본이 되는 여러 가지 새로운 인상을 생리적으로 직접 경험하게 한다.

나. 지성을 발달시키는데 불가결인 감각기관의 발달은 유아기 때 가장 왕성하고, 청년기 때는 그 발달이 느리면서 점차적으로 발달이 정지된다. 감각기관의 발달정지는 그 사람의 신장의 발달정지보다도 그 시기가 빠르다. 따라서 교구의 활용은 감각기관의 발달이 가장 왕성한 유아기 때 사용해서 감각훈련을 하고 저절로 그 감각기관이 발달하게끔 사용되어야 한다.

다. 교구는 감각을 통해 지식이나 기술을 습득하며 동시에 각각의 정보와 지식을 어떤 원리에 따라서 통일 조직에서 계통적인 사고, 내적 지식의 체계를 갖추어지도록 한다.

라. 교구활동을 통하여 어린이는 자발적, 자주적인 활동 의욕과 학습 의욕이 길러지며, 나아가서는 스스로 자신을 교육하는 의욕과 태도 및 습관을 기르게 된다.

마. 교구를 사용하는 활동에 따라서 주의집중, 기다림, 세심함, 정리정돈, 질서 지키기, 과제해결의 기획 등의 습관이 형성되어 인지학습의 기반 형성과 사회성 향상 및 자아의 확립 등을 향상시킬 수 있다.

4) 이타르, 세강, 몬테소리의 생리학적 교육방법

이타르(Itard)의 아베롱의 야생아 교육 실험의 교육방법은 세강의 생리학적 교육방법으로 직접적으로 연결지워지고 있다. 이러한 원칙을 바탕으로 하여 발달시킨 세강의 생리적 교육방법의 기본과정을 살펴보면 첫째, 신체훈련, 감각·운동훈련, 둘째, 기초교과와 언어훈련을 포함한 지적훈련, 셋째, 도덕적 훈련과 사회화 등으로 요약할 수 있다.

구체적으로 살펴보면 1단계는 근육의 운동을 통해서 말초신경계를 원활히 하고, 2단계는 신경계의 감각기관을 훈련시킨다. 이것은 1단계에서 실시한 훈련에 의해서 점차 신경계통에 가동성을 주는 것이다. 3단계에서는 신경계통의 가동성에 의해 일반 관념을 갖게 하여 감각, 지각, 의식을 바르게 한다. 4단계에서는 일반 관념의 교육을 토대로 하여 추상적 사고력을 도야하고, 5단계에서는 최종 단계로서 위의 모든 것을 토대로 하여 도덕성을 기르고 사회화를 시킨다. 따라서 세강의 교육방법의 기본적인 관점은 실생활에서 폐쇄된 체계 속의 필요 이상의 훈련을 지양하고, 아동의 생활이나 놀이 속에서 훈련의 수단이 도입되어야 한다는 것을 강조하고 있다.

그의 생리학적 교육방법의 실제적인 지도전개 과정에서 찾아볼 수 있는 방법의 원리 및 지도방침은 다음과 같다.

① 아동의 발달에 근거한 교재의 단계적 배열
② 전체에서 부분에로의 지도 전개
③ 비교나 대조에 의한 아동의 의식적인 통제 하에서의 학습활동 전개
④ 교수·학습과정에 있어서 모방 활동의 중시
⑤ 아동의 호기심이나 흥미의 중시

⑥ 필요의 법칙과 경험의 중시
⑦ 아동의 발달과제 달성에 있어서 집단의 의의를 중시

이와 같이 이타르와 세강의 생리학적 교육방법은 몬테소리 교육방법을 형성시킨 기반이 된다. 몬테소리 교육방법의 핵심은 감각교육과 운동교육이다. 특히 운동교육 가운데 근육훈련이 매우 중시되고 있다. 여기에서 근육훈련은 호흡, 발어, 보행 등의 바른 생리적 운동 기능 발달을 돕는 것으로, 일상적 생활동작, 몸 치장, 가사나 원예작업, 여러 가지 체조 등을 통해서 교육을 하게 된다.

몬테소리가 감각교육과 운동교육의 중요성을 인정한 것은 그것을 모든 정신 발달의 유일한 기초로 보았기 때문이다. 몬테소리에 의하면 지적발달은 감각과정과 운동과정의 결합에 의해서 이루어진다는 것이다. 정신과 운동을 '한 신체의 부분'으로 보았기 때문에 정신과 운동은 동일한 통일체에 속하는 것으로 보았다.

3 영유아의 감각·운동의 발달

1) 유아기의 감각 · 운동의 발달

영아기와 학령기 사이의 유아기는 운동 기능의 폭발적인 증가 시기로 불리며, 달리기, 뛰기, 올라가기, 던지기, 받기 등 다양한 운동 형태를 자기 자신의 운동 능력으로 확대시켜 나가는 시기이다. 이 시기의 특징으로 중요한 것은 언어가 운동행위를 조정하는 역할을 하는 것으로, 즉 언어가 행동조정 기능을 갖게 되는 것이다.

어린이는 언어 제시에 의하여 여러 가지 운동행위를 행하는 것이 가능하지만, 언어 제시의 차이에 의하여 달성되는 운동 성과에도 차이가 나타난다. 예를 들면, 넓이 뛰기에서 "토끼 같이 깡충 뛰어 보세요"라고 어떤 역할을 부여하였을 때 보다 좋은 성적을 얻는 경우가 있다.

루리아(Luria)는 이 시기 언어의 행동 조절 능력의 발달에 대하여 다음과 같이 말하고 있다. 유아기의 어린이에게 외적인 성인의 언어는 어린이의 운동을 유발하거나 억제하게 하며, 어린이는 성인이 제시하는 의미에 따라서 행동을 나타낸다. 또한 어린이 자신의 언어도 같은 기능을 가지게 되며, 점차 최고의 자기 조절계가 이루어진다. 그 결과 어린이가 행하는 운동행위는 고도의 수의성을 획득하게 된다.

뇌 구조와 관련하여 이 시기는 전두엽의 성숙과 밀접한 관련을 갖는다. 루리아는 손의 파악 운동이라는 작은 운동(fine motor)에 관한 연구로부터 이와 같이 기술하고 있지만, 큰 운동(gross motor)과 언어와의 관계도 기본적으로 같은 체계를 갖는다. 이 시기에 획득되어야 하는 양발 뛰기, 한쪽 발 뛰기, 껑충 껑충 뛰기 등의 운동이 곤란한 아동에게 흔히 나타나고 있다.

인간이 행하는 운동행위는 반사(반응) 등이 기초가 되어 언어적인 교사 또는 내언(內言)에 근간이 되어 이루어지는 것이 대부분이다. 운동행위가 합목적으로 이루어지기 위해서는 언어에 의한 운동행위를 기획·제어하여 행동 조절 능력이 필수 불가결한 요소가 되고 있다.

2) 학령기의 감각 · 운동의 발달

학령기에는 유아기에 획득된 여러 가지 운동 형태를 더욱 세련시켜 나아가면서, 여러 가지 스포츠 기능의 획득도 가능하게 되는 시기이다. 또한 양적인 증대가 현저하며 그 때문에 운동의 평가는 양적(量的)으로 행하여지는 경우가 많다.

학령기 운동발달의 평가에 사용되는 대표적인 것은 여러 가지 작성되어 있는 운동 능력 검사이다. 즉 달리기, 뛰기, 던지기 등의 운동 능력은 근력, 순발력, 지구력, 민첩성, 평형성, 유연성 등의 기초적인 운동 능력으로 형성되어 있다는 기본적인 관점으로부터, 이와 같은 요소가 각각의 기초 운동 능력을 측정하는 종목으로 구성되어 있다.

4 감각·운동과 고차뇌 기능

1) 감각·지각에 관련된 신경계

(1) 뇌와 신경계

① 뇌의 구조

뇌는 대뇌, 간뇌, 중뇌, 연수, 소뇌 5개의 뇌로 나눌 수 있다. 기본적인 생활유지에 필요한 기능은 하위 뇌에서, 고도의 심리 활동 기능은 상위 뇌에서 담당한다. 호흡과 심장 박동 등 생명유지에 관련된 기능의 조절은 연수에서 이루어진다. 연수에는 중뇌와 간뇌에 걸쳐 뇌간 망상체라고 불리는 부분이 있다. 이곳은 신경세포가 모여 있는 부분으로 신경핵과 신경섬유가 복잡하게 연결되어 있으며, 수면과 각성의 조절을 한다. 중뇌에는 사구체(四丘体)의 부분으로 상구(上丘)는 시각에, 하구(下丘)는 청각에 관련되어 있다.

또한 간뇌(間腦)는 섭식과 목이 마를 때 물을 마시고 싶어 하는 욕구 등을 담당하고 있다. 간뇌는 시상과 시상하부로 나누어진다. 시상하부의 섭식중추를 자극하면 위가 가득차도 계속 먹고 싶어 한다. 시상하부에는 소화기와 순환기를 조절하는 자율신경계의 중추가 있다. 시상하부는 대뇌의 일부인 변연계와 함께 정동(情動) 행동을 제어한다. 시상에는 시각신경과 청각신경의 중계점 역할을 하는 슬상체(膝狀体)가 있다.

신경계의 맨 위쪽에 대뇌가 있다. 사람의 대뇌는 신피질이 우위(優位)로 발달되어 있지만, 그 하부의 연(緣)의 부분에는 변연계라고 불리는 부분이 있다. 변연계는 정동의 제어 뿐만 아니라 기억에도 관계한다. 신피질에서는 감각과 인지 등 보다 고차적인 심리활동이 이루어진다.

뇌간의 후부에는 소뇌가 있으며, 소뇌에서는 신체의 밸런스 운동의 제어가 이루어진다.

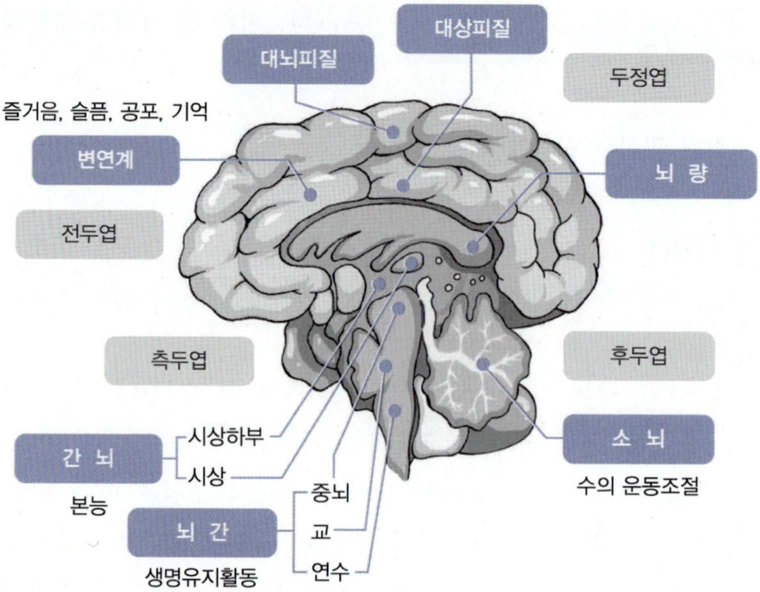

그림 1-4 뇌의 구조

② 대뇌의 좌우·전후 기능의 차이

대뇌는 좌우로 나뉘어져 있으며 일반적으로 신체의 좌측의 기능은 우뇌에서, 우측의 기능은 좌뇌에서 처리된다. 좌·우뇌의 피질에서 관장하는 기능은 크게 다르며, 이를 대뇌반구의 기능적 비대칭성(functional asymmetry)이라고 한다. 좌뇌에서는 주로 언어, 논리적 사고, 분석적 처리 등이 이루어지고, 우뇌에서는 공간적 인지, 음악, 전체적 처리가 이루어진다. 그러나 양쪽이 완전히 별개로 활동하는 것은 아니며, 각각의 반구가 주요한 역할을 나누어 처리하고 있다고 할 수 있다.

대뇌는 중심구(中心溝)를 경계로 앞과 뒤로 나눌 수 있다. 앞쪽은 운동중추를 시작으로 의지적 행동과 운동의 프로그램 등 출력에 관한 제어가 이루어진다. 또한 발어(發語)에 관한 브로커 중추는 비교적 전방에 있다. 중심구 뒤쪽에서는 외부에서 들어오는 자극에 대한 지각 등 입력에 관한 처리가 이루어진다. 피부감각의 신호는 중심구의 바로 뒤쪽으로 보내진다. 시각에 관한 정보는 맨 뒤에 있는 후두엽 쪽으로 보내진다. 청각은 표면으로는 보기 어렵지만 비교적 뒤쪽 측두엽

쪽에서 처리되는 것으로 알려져 있다. 피부감각과 시각 등 각각의 감각중추의 사이에는 연합령(連合領)이 있으며, 고도의 인지적 활동을 제어한다. 언어의 입력에 관련된 베르니케 중추는 뇌의 비교적 뒤쪽에 위치하고 있다.

표 1-1 좌·우반구 기능의 분화

좌반구	우반구
발어	공간의 구성
언어재료 식별	비언어재료의 식별
의미의 이해	정동의 이해
음운 처리	형태 처리
분석적 처리	전체적 처리
계열적 처리	병렬적 처리
언어성 조작	심상적 조작

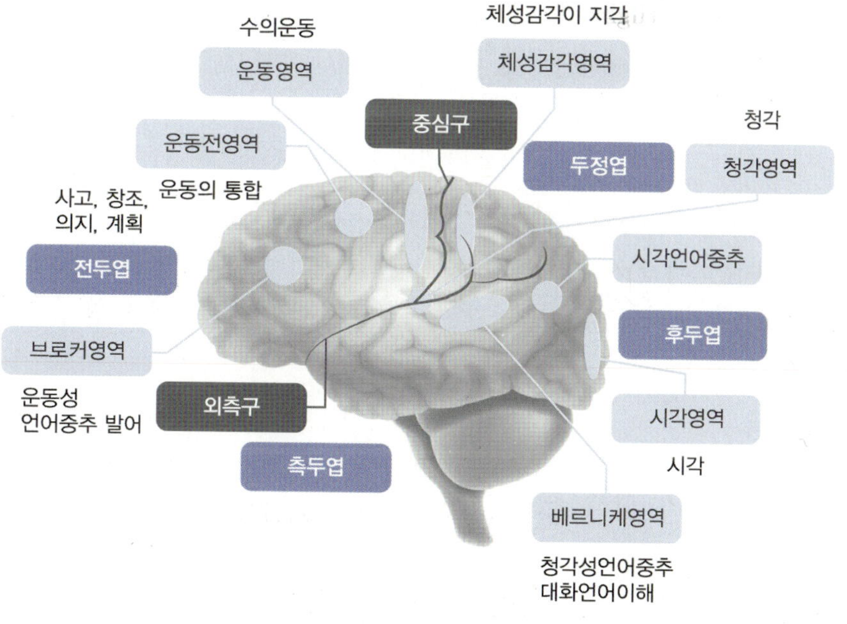

그림 1-5 대뇌좌반구

2) 고차뇌 기능의 의미

고차뇌 기능은 감각·지각·운동에서는 설명할 수 없는 언어·동작·인지에 관한 뇌 기능의 전반적인 활동을 의미한다. 그중에서도 인간 행동의 개시, 문제 해결, 행동의 억제 및 기획, 자기의 객관화, 정서·주의·언어표출 등의 보다 고차적인 뇌 기능 활동은 전두엽에서 이루어진다.

이와 같은 전두엽을 기반으로 하는 신경심리학적 기능의 장애를 다음과 같이 구분한다.

① 신경피로(Neurofatigue)
② 억제곤란증(Disnhibition)
③ 무기력증(Adymamia)
④ 주의력과 집중력(Attention and Concentration)
⑤ 정보처리(InformationProcessing)
⑥ 기억(Memory)
⑦ 고차수행 기능(Higher Level Exceutive Funtcions)
⑧ 논리적사고력(Reasoning)
⑨ 자기의식(Self Awareness)

이와 같은 기능은 각각 단독으로 존재하지 않고 상호간에 서로 영향을 미친다. 즉 정신적인 피로의 존재는 위의 기능이 되는 무기력증과 억제곤란, 주의집중력, 언어를 포함한 정보처리 능력 그리고 기억력에도 악영향을 미치게 된다.

3) 뇌의 활동

인간의 뇌(腦)는 대뇌(大腦)·소뇌(小腦)·뇌간(腦幹)으로 구성되어 있다. 해부학적으로 뇌의 맨 아랫부분에 있는 뇌간은 호흡, 맥박(脈博), 의식, 각성(覺醒), 수면 등의 기능을 담당하고 있으며, 소뇌는 밸런스, 협조운동, 부드러운 운동, 자세 등에 관련되어 있다. 이와 같은 뇌간과 소뇌는 생명을 유지하는 기능을 담당하고 있어 인간이 살아가는데 최소한의 필요한 기능을 관리하고 있다.

뇌간과 소뇌를 손상하면 호흡부전(不全)과 심부전(心不全), 그리고 운동실조를 일으키게 된다. 그러나 대뇌는 매우 고도하고 복잡한 기능을 하는 곳으로 뇌간과 소뇌에 비교하여 상대적으로 고차(高次)적인 뇌 기능을 담당하고 있다. 따라서 대뇌를 손상하면 고차뇌 기능장애를 일으키게 된다.

대뇌는 전두엽, 측두엽, 두정엽, 후두엽의 4부분으로 나누어지며 대뇌의 활동은 다음과 같다.

① 지각 기능(시각·청각·후각·체성 감각)
② 운동 기능(손발과 얼굴을 움직이는 기능)
③ 고차뇌 기능(인지, 감정, 언어 등을 지배하는 기능)

지각 기능은 눈으로 보는 것을 인식하는 시각, 귀에 들리는 음(音)을 인식하는 청각, 코를 통하여 냄새를 인식하는 후각, 손으로 만지거나 뜨겁고 차가운 인식을 하는 체성 감각을 의미한다. 또한 시각은 후두엽, 청각·후각은 측두엽, 촉각은 두정엽이 각각 그 기능을 담당하고 있다. 감각영역에서도 각각 다른 장소에 시각과 청각 등이 다르게 대응하고 있는 것을 알 수 있다.

운동 기능은 전두엽 뒤쪽이 담당하고 있다. 그곳에는 운동영역이 되는 곳이며, 몸의 모든 부위를 움직이는 중추 기능을 담당하는 곳이다. 운동중추는 머리 중앙에서 순서적으로 발→손→얼굴의 순서로 되어 있다.

고차뇌 기능에서는 공간인지가 두정엽, 기억과 언어 이해는 측두엽, 주의·언어 표출·문제해결·판단 등을 담당하고 있는 곳이 전두엽이다.

이와 같이 뇌의 역할 분담을 살펴보면, 전두엽이 손상되면 고차뇌 기능장애를 일으킬 수 있다. 그러나 측두엽, 두정엽, 후두엽을 손상한 경우에도 손상된 부분의 역할이 장애가 될 뿐만 아니라 전두엽의 기능까지도 영향을 받게 되는 가능성이 높다. 이와 같은 기능은 상호 은밀히 연결되어 영향을 주고 있기 때문이다.

4) 뇌 기능의 순환

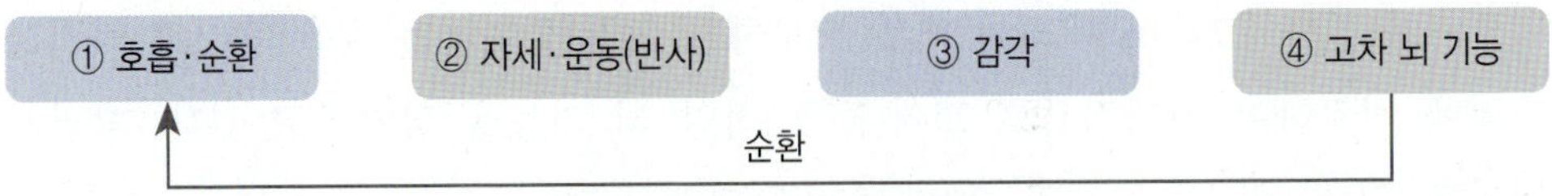

그림 1-6 뇌 기능의 순환

뇌 기능은 순환(feed back)되고 있다. 즉, ① 호흡 · 순환 → ② 자세 · 운동(반사) → ③ 감각 → ④ 고차뇌 기능의 순서로 순환되어 다시 ①의 호흡 · 순환으로 되돌아가는 순서로 상호간에 영향을 끼치고 있다. ①~③의 과정까지는 무의식적으로 행하고 있으며, ④의 고차 기능만이 의식하는 상태에서 스스로 통제하며 생활할 수 있다. 고차뇌 기능의 순환을 반복하여 경험하는 것에 의하여 뇌 기능은 보다 더 효율적으로 능력을 발휘할 수 있게 된다. 이러한 반복되는 경험에 의하여 경험기억(생리적 기억)을 얻게 된다.

경험기억은 신체가 체득하여 얻는 기억을 의미한다. 예를 들면, 자전거를 타게 되는 것과 같이 신체가 실제적 경험에 의하여 얻게 되는 경험에 의한 기억이다. 고차뇌 기능 장애를 갖는 경우 언어에 의하여 얻어지는 암기기억(언어의 의미와 사람 이름 등을 기억하는 기억)이 장애가 일어나더라도 경험기억이 남아있는 경우가 있다.

신체적 경험을 쌓아가도록 하는 것이 고차뇌 기능 장애를 극복해 가는 것이며, 아동의 경우 많은 신체적 활동을 통한 경험기억을 획득하는 것이 개인의 고차뇌 기능을 강화하여 나가는 비결이라고 할 수 있다.

5) 고차뇌 기능의 발달

고차뇌 기능이란 '아픈 자극에 대하여 무의식중에 손발을 움츠리는 반사와 단순한 감각 또는 운동 이외의 인식, 학습, 기억, 기획 등의 여러 가지 정신 활동에 관여하는 뇌의 활동'을 일컫는다. 사람에게는 더욱 언어에 관한 뇌의 활동도 포함한다. 이와 같은 언어 및 그것에 관련하는 뇌 기능의 발달에 관한 연구는 주로 발달심리학 또는 신경심리학적 측면에서 많이 이루어지고 있다.

(1) 대뇌 피질연합영역의 발달

고차의 뇌 기능은 주로 대뇌피질의 연합영역으로 불리는 곳에서 처리된다. 연합영역을 최초로 사용한 사람은 플래식(Flechsig)이라 할 수 있다. 플래식은 대뇌의 신경섬유가 발달함에 따라 수초화(隨鞘化 또는 髓鞘形成)되는 것에 주목하였다. 그 결과 뇌의 입력과 뇌의 출력에 직접 관련되는 감각영역과 운동영역으로 수초화가 빨리 이루어지는 것을 알게 되었다. 즉, 감각영역과 운동영역은 출생시 수초화가 이미 시작되어 그 주변은 생후 1개월까지 수초화가 개시된다. 그 외의 다른 부분은 그 후 수개월에서 1년 정도에 걸쳐 서서히 이루어진다. 그는 이 수초화 현상이 늦게 이루어지는 부분을 종말영역이라 하였다. 이와 같은 종말영역은 보다 더 고차의 뇌 기능과 관련되고 있다고 추측하였다. 이 영역은 시각영역, 청각영역, 체성감각영역과 달리 피질하의 중계핵(中継核)에서 직접감각입력을 받지 않은 것으로 각 감각을 연합하는 영역으로 생각하여 연합영역이라고 하였다.

이와 같은 연합영역은 전두연합영역, 두정연합영역, 측두연합영역으로 나누어진다. 계통 발생적으로 보아 연합영역은 새롭고 고등한 피질에 있으며 이와 같은 연합영역은 인간에 있어서 3영역으로 구분할 수 있다.

(2) 뇌의 발달과 정신발달의 단계

루리아(Luria, A. R)는 "인간의 뇌발달은 사람이 사회적 환경에 놓여 환경과 대결하는 것에 의하여 처음으로 가능하게 된다"고 하였다. 루리아는 뇌를 그 구조와 기능으로부터 3개의 시스템(system)으로 구분하였다.

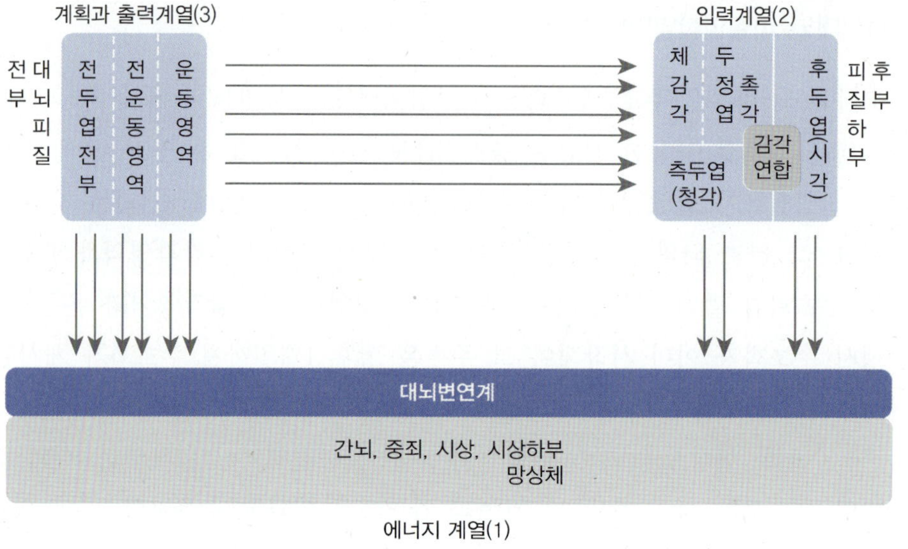

그림 1-7 뇌의 3부분의 시스템의 상호관계

① 제1계열의 역할

그림 1-7과 같이 3개의 뇌의 구성부분에서 제1계열의 역할은 힘의 계열 또는 에너지의 계열이라 하여 욕구·동기·의식을 뒷받침하고 있다. 이 부분의 활동으로 인간은 생활의 기본적인 에너지를 발산시킬 수 있으며, 장소로서는 간뇌와 중뇌 그리고 대뇌변연계와 같은 뇌의 깊은 부분과 관련된다. 이 부분은 뇌의 제2계열과 제3계열과의 상호 연락을 도모하여 윗부분들의 활동수준을 조절하거나 윗부분들로부터의 고차적 활동의 영향을 받아 그 변화를 조절하기도 한다.

② 제2계열의 역할

제2계열은 대뇌피질의 중심구 후반부이며 제3계열은 중심구 전반부의 대뇌피질 및 그것에 관련하는 대뇌변연계의 일부가 되고 있다. 제2계열은 입력계열이라고도 하며 촉각, 체감각, 청각 및 시각적 정보를 받아들여 분석하고 그것에 부호를 부여하여 기억하며 저축하는 역할도 가지고 있다. 제2계열은 정보가 들어오는 경로에 따라 단순한 것에서부터 복잡한 것으로 차츰 통합된다.

③ 제3계열의 역할

제3계열은 계획과 출력의 계열이다. 이 영역은 운동영역, 전운동영역, 전두엽전부로 구성되어 있다. 전두엽전부는 행위를 구성하고 행위의 결과를 최초의 의도와 비교하여 어떠한 판단을 내리는 역할을 한다. 이와 같은 제3계열 부분과 제1계열이 접속되는 깊은 부분은 감정을 억제한다거나, 에너르기 계열을 조절하는 역할을 담당하고 있다.

(3) 뇌의 발달단계

① 뇌 발달의 제1단계

루리아는 제1단계인 힘(에네르기)계열의 발달을 뇌 발달의 제1단계로 보았다. 이것은 보통 태령(胎齡)에서 12개월까지의 단계를 말한다. 이 단계의 행동적인 단계에서는 활동이 활발하게 이루어지면 각성상태가 활발하고, 불활발상태에서는 수면 상태를 유지한다. 즉, 제1단계의 에네르기 상태가 원활하여 전체적으로 주의가 높게 나타난다. 이 시기는 규칙적인 수유(授乳)와 배설을 통하여 뇌의 각성상태와 수면의 리듬을 확립하고 따뜻한 모자 관계를 통하여 유아의 욕구와 동기유발의 체계를 확립하여 간다.

② 뇌 발달의 제2단계

뇌 발달의 제2단계는 생후 2개월에서 1세 반까지의 단계이다. 출생 후 잠시 동안의 울음 그리고 파악반사 등의 기본적인 행동이 형성되는 단계를 통하여 모방행동이 이루어지는 시기까지를 보고 있다. 즉, 모방행동이 되기 위해서는 감각계의 제2영역과 운동계에 있는 제3영역 간에 결합이 이루어져야 하며, 이를 통해 유아는 외계에 대하여 반응을 나타낸다. 그리고 그 감각과 운동을 관련지어 그와 같이 단순한 것만이 아니라 복잡한 행위를 나타내게 된다.

③ 뇌 발달의 제3단계

제3단계는 1세 반경에서 5세경으로 언어 기능이 활발하게 발달함과 동시에 뇌의 제3단계의 급격한 발달이 이루어진다. 언어도 듣는 능력(입력), 말하기(출력)의 행위를 통하여 제2차 영역의 좌우반구의 역할분담이 진행되어진다. 이와 같은 제3단계는 시각, 청각운동 등의 각각 계열의 초보적 계열 가운데에 있어 중요한 학습의 시기가 된다. 이처럼 단계의 계열이 상호 관련되는 학습도 있지만 그것이 통합되는 것보다는 암기학습인 것이 바람직하다.

④ 뇌 발달의 제4단계(피아제의 구체적 조작기)

뇌 발달의 제4단계는 5세~8세에서 12세경까지를 말한다. 이 시기의 어린이들은 자신의 사고력에서 문제를 제기하기 시작한다. 즉, 제3계열이 전두엽전부의 역할을 고려할 필요가 있다. 전두엽전부의 연합세포의 두께의 증대가 2세까지 증대하다가 일시정지하며, 7세에서 성인기까지 증대하는 영역과 7세까지 증대를 계속하는 부분으로 나눌 수 있다. 이 시기에는 5세 후반부에서 6세에 걸쳐 성립되는 어린이 자신의 언어에 의한 자기 명령(命令) 형태의 행동의 컨트롤과 언어를 자기 사고의 수단으로 이용하려는 특징을 전두엽전부의 활동이라고 볼 수 있다.

유치원에서 초등학교에 상응하는 이 단계에서는 기본적으로 기초학력으로 불리우는 교육적 기능의 학습과 관련되어 있다. 즉, 감각연합영역의 활동을 중심으로 하는 여러 가지 감각계의 기본적인 학습형태를 도입한다. 감각연합영역의 활동은 공간화(空間化)·동시화(同時化)·개념화(概念化)이다. 시간적인 흐름을 한 점으로 응집하는 활동이다. 사상(事象)을 있는 그대로 시계열(時系列) 가운데 파악하기보다는 한 번 더 정리하여 어느 부분에 주의를 의식적으로 집중시키거나 또는 자발적 행동을 조직화할 필요가 있다. 그렇지 못하면 그 단계에서 형성되는 언어 간의 통합을 기초로 한 개념과 지식의 획득 및 직접적으로 시공간적인 감각에 기초한 직관적 개념 획득은 곤란을 겪게 된다.

⑤ 뇌 발달의 제5단계(피아제의 형식적 조작기)

뇌 발달의 최종 단계인 제5단계는 12세~15세 이후 성인기까지의 시기에 해당한다. 이 시기에 중요한 역할을 담당하는 것은 전두엽전부의 계획성 또는 프로그램화로 구성되는 활동이다. 그것은 입력계에 축적되어 있는 지식과 개념을 이용하는 활동을 의미한다. 그러기 위해서는 그와 같은 체계 가운데 필요한 재료를 끄집어내어 그것을 배열하지 않으면 안 된다. 또한 그 활동이 구체적인 행위로서 결합되는가 아니면 머릿속에 사고로서만 존재하는가 등의 조작결과에 대한 일정한 판단을 내리지 않으면 안 된다. 이것도 전두엽전부의 활동이 되고 있다.

5 운동 기능의 발달

1) 아동의 발달과 운동 기능의 역할

아동의 발달에 있어 지적 측면, 덕성적 측면과 운동적 측면이 잘 조화되어 진전을 이루어 나가는 것은 매우 중요한 일이다. 그리고 이와 같은 세 개의 측면에 있어서 운동적 측면은 영유아기에 가장 발달시킬 수 있는 가능성을 지니고 있다.

영유아기 운동 기능의 건전한 발달은 어떤 의미에서 지적 기능의 건전한 발달을 이루는 기초적 기반을 든든히 이루어 나가는 역할을 할 수 있다. 또한 영유아기 운동 기능의 발달은 지적 발달을 진단하는 중요한 지표가 되고 있다. 그리고 아동은 운동능력이 뛰어날수록 집단에의 참여가 적극적이 되어, 그곳의 인간관계를 통하여 바람직한 사회적 행동 특성이 익숙하게 된다. 따라서 아동의 운동능력을 향상시켜 운동놀이를 적극적으로 권장하는 것은 바람직한 성격형성을 위해서도 매우 중요한 역할을 수행하는 것이 된다.

2) 전신 운동의 발달

(1) 3~4개월

엎드린 자세에서 머리를 들게 되고, 가슴 부분도 들 수 있게 된다. 이 무렵에는 목을 조절할 수 있고, 상지는 앞 팔꿈치로 체중을 지지(支持)하고, 손 주먹을 받혀 체중 유지가 가능하게 된다. 바로 누워 있는 자세에서 머리는 정중선(正中線)을 유지하면서 양손을 합치는 것처럼 하며, 전신이 굴곡(屈曲) 자세를 취한다.

앉은 자세는 체간을 받혀주면 앉을 수 있게 되며, 체간을 흔들어도 머리가 어느 정도 안정된다.

(2) 5개월

엎드린 자세에서 신전(伸展)이 한층 강하게 되며, 마룻바닥 위에서 수영하는 듯한 동작을 취하게 된다. 상지를 전방(前方)으로 뻗어, 한쪽에 체중을 유지하기도 한다. 또한 란도우 반응(Landau reaction)이 나타난다.

바로 누운 자세에서는 양쪽 측면으로 뒤집기가 될 수 있게 되며, 머리를 잘 들 수 있게 된다. 앉은 자세는 아직 불안정하고 균형과 상지의 지지가 아직 나타나지 않는다.

(3) 6개월

전체적으로 원시반사와 반응이 나타나지 않으며, 중추성 조절이 통합된다. 바로 세우기 반응(righting reaction)과 란도우 반응은 보다 강하게 출현한다.

엎드린 자세에서는 전신이 완전히 신전(伸展)하며, 완전히 신전된 상지의 체중 유지가 가능하게 된다. 한쪽 손은 장난감 쪽으로 가져가며, 한쪽 손은 신체를 받친다.

바로 누운 자세에서는 양하지를 들고 발로 차는 놀이를 하고 발을 입으로 가져가기도 한다. 뒤집기를 하면서 신체의 바로 세우기 반응이 시작된다. 앉은 자세에서는 앞쪽(前方)의 상지에 의해 유지가 가능하게 되지만, 뒤쪽으로 넘어지기 쉽다. 짧은 시간 부축 없이 앉아 있을 수 있지만 체간의 균형이 미숙하다.

(4) 7~8개월

란도우 반응이 매우 강하게 나타나며, 한편으로 파라슈트 반응(parachute reaction)이 출현한다. 파라슈트 반응이란 양 겨드랑이를 붙잡고 머리를 아래쪽으로 수그리면, 팔이 보호적으로 뻗어 몸을 보호하려는 반응으로 보호신전 반응이라고도 한다.

엎드린 자세에서 앉은 자세를 취할 수 있으며, 네 발 기어가기가 가능하게 된다. 바로 누워 있는 자세를 싫어하고 뒤집기를 하며 앉은 자세를 취하려고 하여, 강력한 바로 세우기 반응을 보인다. 앉은 자세는 1분간 정도 도움 없이 앉을 수 있게 되며 균형을 잘 취하게 된다. 또한 의자, 책상 등 가구를 붙잡고 설 수 있게 된다.

(5) 8~10개월

엎드린 자세는 네 발 기어가기가 잘 이루어지며, 앉은 자세에서는 엉덩이를 중심으로 방향을 바꾸기도 하고 상지를 뻗어 균형을 잘 취하게 된다. 네 발 기기에서 앉는다든지, 앉기에서 네 발 기어가기 등으로 움직인다. 한편 가구 등을 붙잡고 걷는다든지, 양손을 붙잡아 주면 따라 걸을 수 있게 된다.

(6) 12개월 이후

바로 세우기 반응과 평행 반응의 통합에 의하여 여러 가지 복잡한 운동이 가능하게 되며, 혼자 서고, 걸을 수 있게 된다.

0개월 태아자세	1개월 목을 들어 올릴 수 있다.	2개월 배를 들어 올릴 수 있다.	3개월 손을 펴도 잡지 못한다.	4개월 잡아주면 앉는다.	5개월 무릎에 앉는다. 물건을 잡는다.

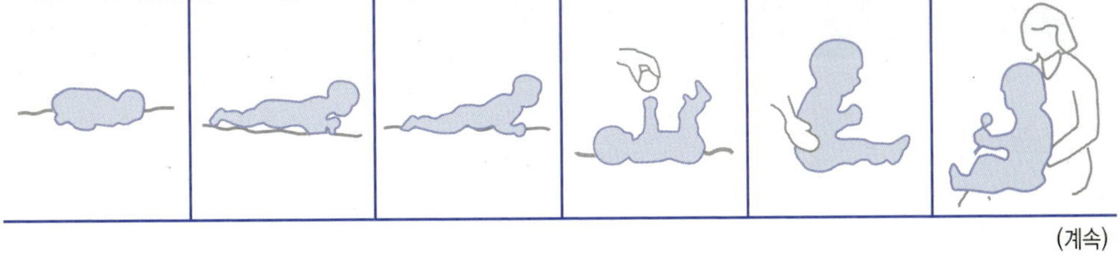

(계속)

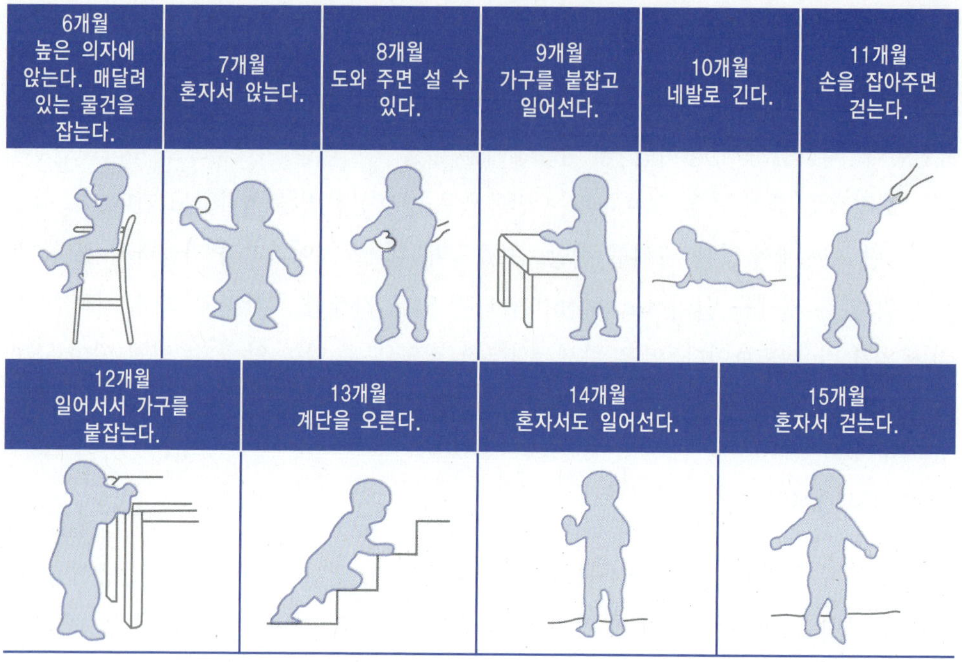

그림 1-8 유아의 자세 및 이동운동의 발달

3) 손 운동의 발달

영아기의 손·팔 운동의 발달은 특히 파악의 발달이 중요하다. 할벌슨(Halverson)은 영아의 파악운동의 발달을 그림 1-9와 같은 단계로 나누고 있다.

손의 파악 발달의 최종목표는 수의적·협조적인 쥐기에 있으며, 파악 발달은 원시 반사(손의 파악 반사)에서 시작되므로, 이 반사가 점차로 억제되어 최초의 수의성적인 파악이 연속적으로 발달하게 된다.

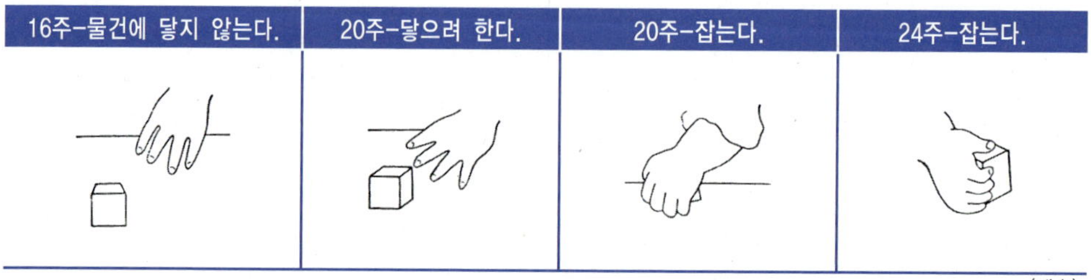

(계속)

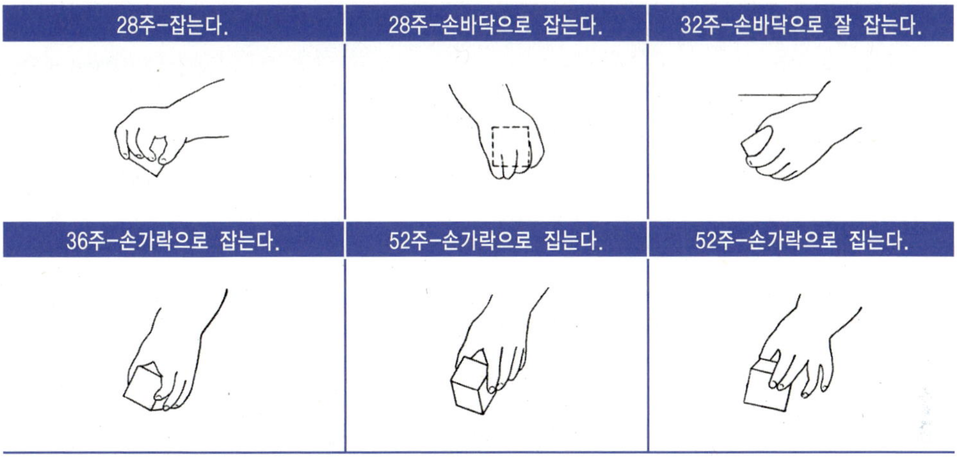

그림 1-9 손의 파악 기능 발달

신생아기	현저한 손의 파악 반사 및 양손은 주로 쥐고 있다.
1~2개월 말경	양손을 계속적으로 가볍게 펴고 있다.
3개월 말경	주어지는 물건 쪽으로 반쯤 펴 있는 손을 움직인다.
4개월 말경	양손은 주로 절반 정도 펴고, 양손을 함께 움직여 놀이를 한다. 장난감을 입에 넣는다(손과 입의 협응).
5개월 말경	손을 장난감 쪽으로 가져가 그것을 만진다.
6개월 말경	주어지는 장난감을 합목적적으로 잡는다. 손바닥 전체를 펼쳐 엄지손가락을 사용하여 잡는다.
7~8개월 말경	양손으로 각각 한 개씩 입방체 적목을 잡고 그것을 단시간, 의도하는 대로 꽉 잡고 있을 수 있다.
9개월 말경	물건을 고의적으로 떨어뜨린다.
10개월 말경	작은 물건을 엄지와 인지를 뻗어 잡을 수 있게 된다. 두 개의 입방체 적목을 붙잡고 몇 번이고 두드린다.
11~12개월 말경	작은 물건을 엄지와 구부린 인지로 잡을 수 있게 된다.

4) 운동의 발달

(1) 반사와 수의 운동

반사운동(reflex movements)이란 어떤 감각자극에 의하여 무의식적으로 일어나는 운동을 말한다. 잘 알려져 있는 무릎 반사운동은 의자에 앉아 무릎 관절의 윗부분을 조금 두드리면 무릎 아랫부분이 자기의 의지(意志)와 관계없이 차는 듯이 앞으로 발전체가 나가는 것을 말한다. 이때 두드려지는 근육 속에 있는 근방추(筋紡錐)라는 조직이 긴장을 감지하고, 많은 시냅스를 통해 척수의 뉴런으로 전달된다(반사궁). 그와 같은 흥분이 근육의 수축을 일으키게 된다. 세수를 할 때 세숫물이 뜨거우면 반사적으로 손을 뒤로 빼는 것처럼 우리가 위험을 느낄 때 이와 같은 반사운동을 통해 신체를 지켜나가게 된다.

수의운동(voluntary movement)은 일반적으로 자기의 의지(意志)대로 움직인다는 의미를 지니고 있으나, 구체적으로 살펴보면 수의운동의 정의는 복잡하다. 예를 들면, 생후 2개월의 영아에게 나타나는 수평방향의 추시운동이 수의운동의 최초의 것이지만, 엄밀히 말하자면 시야에 주의를 끌만한 물체가 없으면 수의운동은 일어나지 않는다. 즉, 수의운동이라 할지라도 그것은 외계로부터의 자극이 있으므로 그 자극을 인정하는 의식의 수준이 성립하는 것이다. 따라서 외부의 자극에서 완전히 독립된 수의(隨意)라고는 생각하기 어려운 측면도 있다.

(2) 원시 반사

원시 반사는 태어날 때 이미 존재하는 반사를 말한다. 신생아의 운동 대부분이 원시 반사에 해당하지만 뉴런의 발달과 함께 보다 상위의 뇌 기능이 발달되어 갈수록 원시 반사가 억제되어 소실되어간다. 즉, 수의운동이 발달되어 갈수록 원시 반사는 소실되어가며, 그 소실은 수의운동의 출현이 계기가 된다. 태아 때부터 가능한 운동을 살펴보면 표 1-2와 같다.

표 1-2 태아의 신경진행과 가능한 운동

태생(월)	부 위	가능한 운동
2	연수 – 척수	• 호흡운동 • 입운동 • 사지굴곡(반사) • 사지신전(반사) • 파악 반사
3–4		
4–6	중뇌 – 척수	• 사지협조운동 • 바로 세우기 반사
8–9	대뇌 – 척수	• 생존에 필요한 운동(호흡, 씹기, 배설 등)

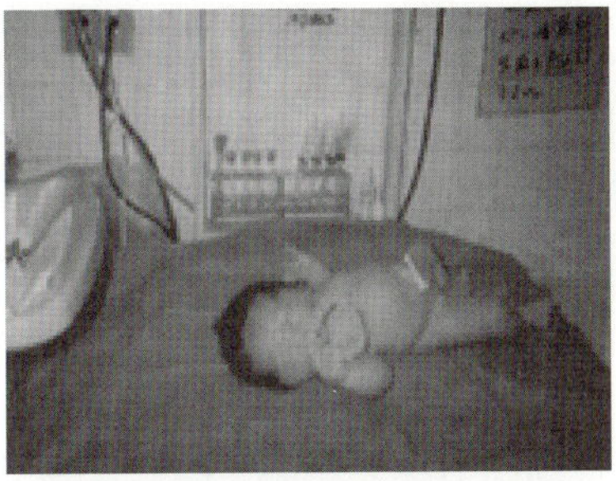

그림 1-10 신생아의 파악 반사

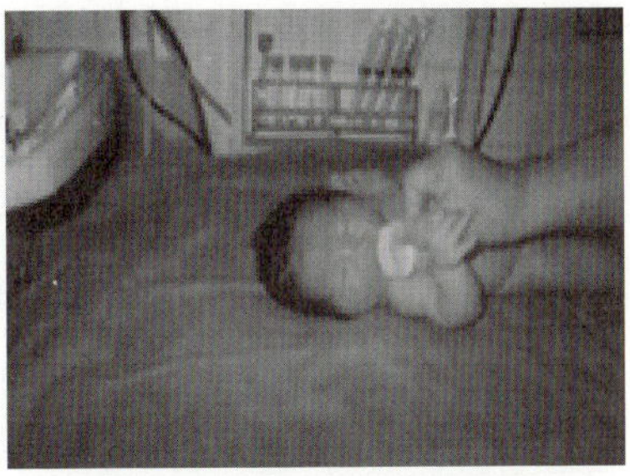

그림 1-11 신생아의 흡철 반사

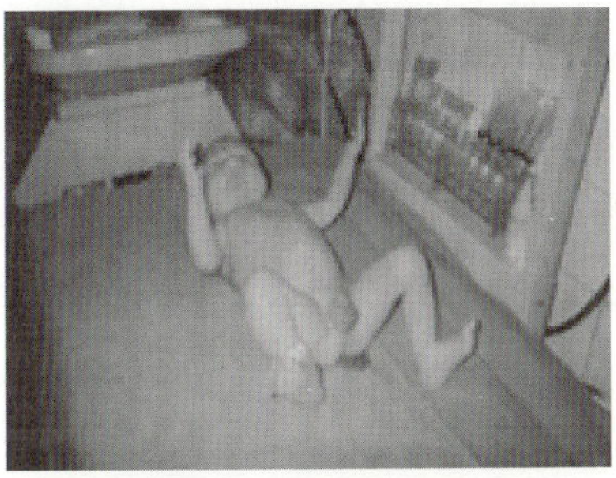

그림 1-12 모로 반사

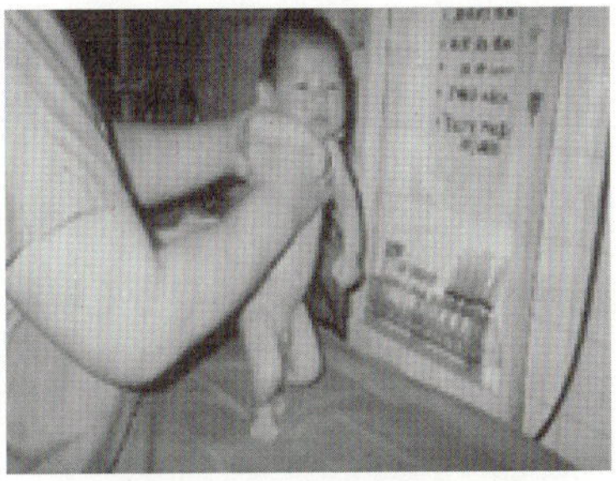

그림 1-13 자동보행 반사

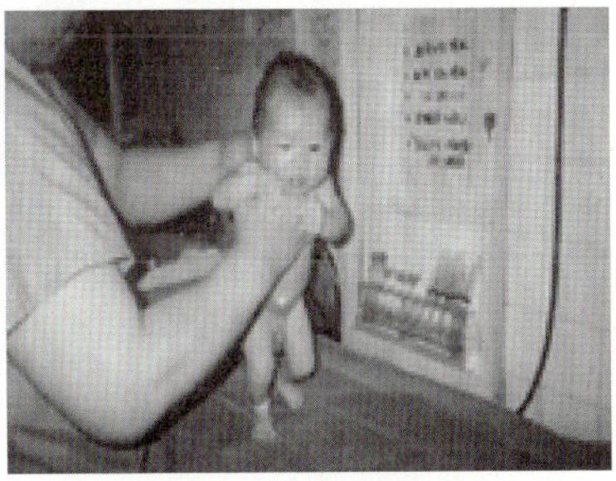

그림 1-14 자동보행 반사

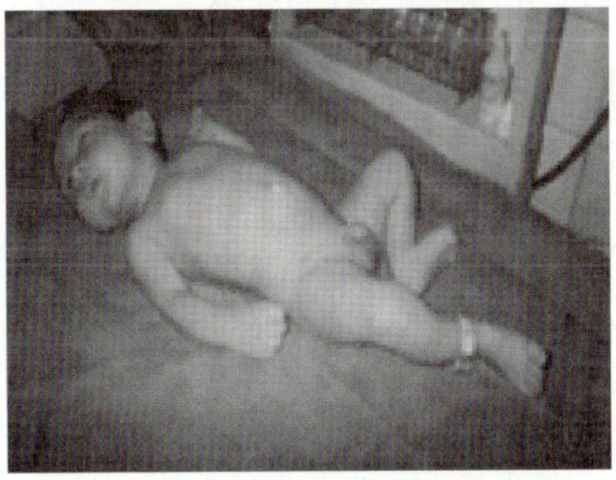

그림 1-15 비대칭성 긴장성 경반사

① 파악 반사: 손바닥을 손가락으로 누르면 손을 쥐고 오므린다. 손으로 물건을 옮길 수 있는 6개월경에 소실한다(그림 1-10).

② 흡철 반사: 입 주위와 혀에 닿은 물건을 빤다(그림 1-11).

③ 모로 반사: 목이 뒤로 뻗히면서 유발된다. 팔을 크게 벌려 무엇인가를 껴안으려고 한다. 3~4개월경 소실한다(그림 1-12).

④ 자동보행 반사: 겨드랑이를 붙잡고 발꿈치가 마루에 닿도록 지면에 내리면 양발이 교차하며 움직인다(그림 1-13, 그림 1-14).

⑤ 비대칭성 긴장성 경반사: 얼굴이 옆으로 향하면 향한 쪽의 팔 다리가 뻗히고, 반대쪽의 팔 다리가 굴곡한다. 뒤집기가 될 즈음에는 소실한다(그림 1-15).

이와 같은 것이 원시 반사의 대표적인 것이다. 신경발달 단계로 살펴보면 척수, 뇌간, 교단계이다. 그중에서도 흡철 반사는 생존에 있어 중요하며, 파악 반사와 모로 반사도 인간의 진화 과정에서 필요하다. 또한 비대칭성 긴장성 경반사도 태아 때 굴곡된 자세의 신생아가 상하지를 뻗히는 계기가 되며, 얼굴을 향한 쪽에 자기의 손이 보이게 되어 다음 핸드 리가드(hand regard)라는 중요한 운동을 유발하게 된다.

(3) 수의운동

반사운동이 있는 영아에게 수의운동이 최초로 나타나는 것은 약 2개월째의 눈의 '수평방향'의 추시이다. 엄밀히 말하자면 수의운동이라고 불리기 어려운 면도 지니고 있다. 즉, 시각자극에 관심을 가지게 되면 이 추시운동이 일어난다.

이 시기 유아는 최초로 우는 소리가 아닌 의미 있는 소리를 내게 된다. 즉, 후두가 하강하여 성대에서 나오는 소리를 낼 수 있게 된다. '아 아–' 또는 '구 구–'의 소리를 내는 것으로 우연히 나타내는 소리지만, 몇 번이고 반복함으로써 유아는 그것이 자기의 후두의 근육감각과 결부되어 있다는 것을 알게 된다. 그 후 영아는 수의적으로 소리를 내게 되는 것이 가능하게 된다. 물론 영아는 이 소리가 의사소통의 수단임을 알지 못한다. 그러나 발성에 의하여 운동영역의 뉴런 그리고 자신의 소리를 듣는 청각영역의 뉴런이 동시에 활동하여 그것을 통합하는 연합영역의 뉴런의 시냅스도 크게 증가된다. 그것은 다음 '핸드 리가드'에 있어서도 같은 경우가 된다(그림 1-16). 눈을 좌우로 움직이게 하는 동안근(動眼筋)과 후두의 근육은 머리에 가장 가까운 수의근으로서 '머리에서 발쪽으로'라는 발달 원칙에 따라 최초로 영향을 미치게 된다.

다음은 약 3개월 반경의 '목의 안정'(head control)이다. 목을 자유롭게 움직이는 근육도 머리에서 가까운 것이다.

그 다음 나타나는 것이 '핸드 리가드'라는 운동이다. 누워있는 자세에서 팔을 얼굴 앞으로 가져와 손가락을 주의 깊게 쳐다본다. 이 운동이 가능하게 되는 것은 팔과 어깨의 근육을 자유롭게 움직일 수 있게 되었기 때문이다. 여기서도 '머리에서 발쪽으로' 발달되어 가는 발달원칙에 따라 이 시기의 영아는 엎드린 자세를 취할 수 있지만 아직 하지가 자유스럽게 움직일 수 없다. 그러나 이 '핸드 리가드'는 중요한 수의운동으로 영아는 자유스럽게 발달된 상지와 손을 사용하여 시야에 들어오는 장난감 등에 손을 뻗어 만지게 된다.

그림 1-16 핸드 리가드

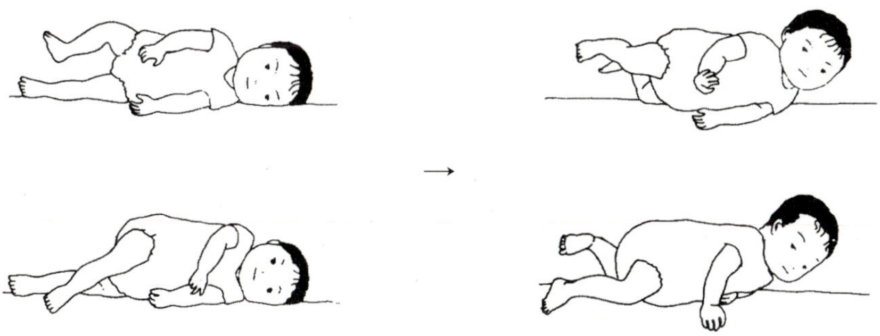

그림 1-17 누워있는 자세

손과 장난감의 관계는 시각 정보로 전달되어 그것은 대뇌연합영역으로 통합되어 기억으로 남게 된다. 점차적으로 자유스럽게 되는 부분이 하강(下降)해 가며,

허리 부분에서 등 뒤의 근육군으로 발달되어간다. 이를 통해, 영아는 5~6개월에 '뒤집기'가 가능하게 된다.

누워있는 자세에서 허리와 양발을 들고, 발을 손으로 만지기를 한다. 이때 중심이 높게 되는 불안정한 자세가 우연히 옆으로 향했을 때 그것에 따라 상반신도 회전하여 옆으로 눕게 되며, 이때 무엇인가를 보려고 몸을 뻗으면, 우연하게도 몸 전체가 회전하여 뒤짚기가 이루어진다(그림 1-17). 이제까지는 가끔 뒤짚어지는 상태로 있다가, 뒤짚기가 1회 성공하게 되면 점차적으로 익숙하게 되며, 옆으로 뒹굴뒹굴 굴러 최초의 이동도 가능하게 되기 때문에, 이때 처음으로 이루어지는 뒤짚기는 매우 큰 의미를 가지게 된다. 또한 뒤짚기가 될 수 있게 되는 영아는 6~7개월에 앉는 자세를 취할 수 있다.

엎드린 자세에 의해 중심이 높게 되고, 영아의 눈에 비치는 세계는 비약적으로 넓게 확대된다. 자유스럽게 되는 손은 장난감과 기타 손에 보이는 물건들을 다 만지고, 집고, 입에 가져가고 또는 책상 등을 두드려 본다든지 하는 활동을 하게 된다.

앉은 자세가 완성될 즈음에는 등은 바르게 되나 허리와 하지는 굴곡하여 있다. 보이타(Voita)에 의하면 이 시기는 제2신전기에 해당하며, 옆에 있는 가구 등을 잡고 왕성하게 일어서려고 한다. 그리고 운동발달의 순서와 같이 수의운동이 가능한 부분이 더욱 하강하게 되어 허리관절, 무릎관절이 자유스럽게 되며 기어가기가 가능하게 된다.

8~9개월경 기어가기가 시작되지만 이것은 좌우의 하지가 교차 신전되고, 특히 상지와 하지로 교차하여 움직이므로 앞으로 전진할 수 있게 된다. 영아가 기어갈 수 있으므로 이동 범위가 비약적으로 넓어진다.

이와 같이 네 발 기어가기는 다른 포유동물에 있어서는 최종적이며 기본적인 이동형식이 되나 영아는 적극적으로 외계를 탐색하기 시작한다. 이것이 인간이 다른 포유동물과 구별되는 점이다.

네 발 기어가기가 가능하게 되면 영아는 눈앞에 있는 의자, 책상 등의 가구를 붙잡고 상체를 들고 일어서게 된다. 허리를 들고 무릎을 세워 다른 발목의 수의운동이 가능하게 되면 '붙잡고 일어서기'의 상태가 된다(그림 1-18).

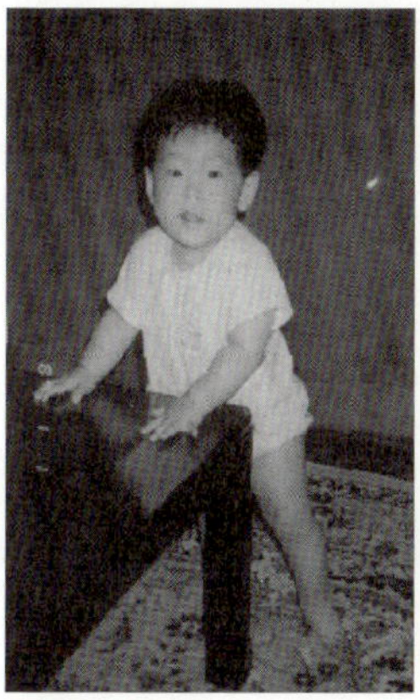

그림 1-18 붙잡고 일어서기

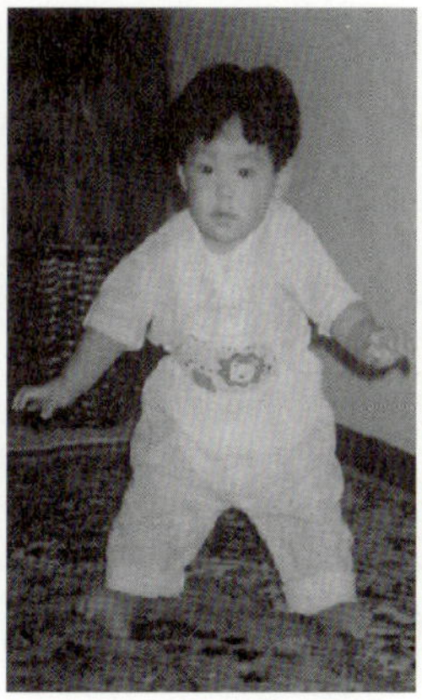

그림 1-19 홀로서기

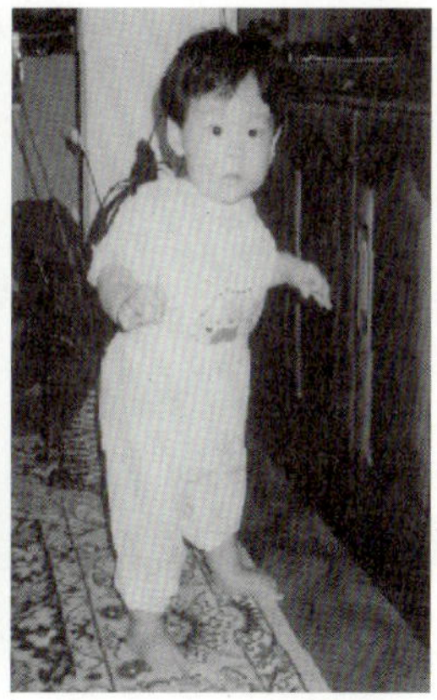

그림 1-20 보행동작

이와 같은 동작이 반복되면 물체를 붙잡지 않고 서게 되며, 몸의 안정을 취하기 위하여 양발을 벌리고 있어 넘어질 때 즉시 손을 뻗힐 수 있게 양손을 앞으로 내밀고 있다(그림 1-19). 이것은 8개월경에 가능하지만 8개월경에는 대뇌의 시냅스 수가 감소하기 시작하는 시기로 과잉한 시냅스는 탈락되고 보다 유효한 시냅스가 선택된다. 그런 다음 인간 독자의 '보행동작'이 시작된다. '보행동작'에 필요한 조건은 중력에 대항하여 평행을 유지하고 발걸음을 옮겨 앞으로 나아가는 것이다. 이것을 가능하게 하는 반사는 다양하게 있지만 바로 세우기 반사, 신전보호 반사, 양성지지 반사 등의 자세 반사가 통합되어 신경의 발달을 촉진시켜 정밀한 운동이 완성된다.

영아는 '보행동작'을 이루기 위하여 필사적으로 도전하게 된다(그림 1-20). 그러나 이 같은 보행동작이 주위에도 영향을 주어 인간의 대뇌가 비약적으로 발달하게 된다. 3세경까지 뇌는 인간으로서의 체제를 완성시켜 나간다. 또한 5세경까지 인간으로서의 기본적 동작은 완성된다.

인간의 뇌는 좌뇌와 우뇌의 활동이 서로 다르며, 그 분화가 완성되는 시기는 10세경이 된다. 성차(性差)는 있지만 이 무렵까지 한쪽의 대뇌반구에 장애가 있더라도 반대쪽의 반구가 그 기능을 대상(代償)할 수 있다. 10세경에는 8세경에 최고도에 도달한 시냅스의 밀도가 점차 감소하여 최고 때의 절반 정도로 된다.

과잉된 시냅스도 효과적인 시냅스로 바뀌어져 만일의 비상사태에 대응할 수 있게 된다.

걷기, 달리기 등의 서투른 동작이 점차 세련되어지며 유연성과 속도 등이 향상된다. 일상적인 운동뿐만 아니라 피아노와 축구 등의 기능도 이 시기에 시냅스를 활용하여 각각의 기능을 학습하여 향상된다. 특히 이와 같은 운동의 기능을 습득해 가는데 중요한 것은 소뇌, 대뇌 기저핵, 대뇌피질의 연합작용이다. 이 닦기와 쓰기, 피아노 치기, 운동 등도 처음에는 여러 가지 순서를 의식하고 뇌 전체를 가동시키지만, 익숙해지면 무의식적으로도 순조롭게 이루어지게 된다. 대뇌기저핵이 순서를 담당하고 소뇌가 순조롭게 하는 것을 기억하여, 최종적으로는 대뇌피질의 운동영역과 운동 전 영역에서 계획되어 장기적으로 안정된 기능으로 남게 되는 것이다.

신체의 발달과 함께 사춘기 이후에는 운동 기능, 특히 운동의 힘이 증가된다. 이 시기에는 남녀 성차(性差)가 크게 나타나며, 운동 기능 전반적인 면에 남자가 뛰어나게 된다. 그 후 청년기 이후에는 신체 기능의 쇠퇴와 함께 운동 기능도 서서히 그 힘과 속도가 떨어지게 된다.

5) 발달의 장애

인간의 세포에는 22개의 상(常)염색체와 1개의 성(性)염색체가 포함되어 있다. 그러나 수정 때의 이상으로 유전자의 질환을 일으키게 된다. 상염색체 유전자의 질환으로서는 소두증, 페닐케톤(phenylketon)뇨증, 진행성 근위축증 등이 있으며, 성염색체의 질환으로는 혈우병, 색각(色覺)이상 등이 있다. 또한 염색체의 수(數)와 위치(位置)의 이상에 의한 장애는 다운증후군과 터너증후군 등이 있어 출생 후의 발달에 큰 영향을 미치고 있으나, 조기 치료에 의해 상당한 개선을 보이는 경우도 있다.

임신 중에 외부의 영향(바이러스, 약물, 산소결핍, 방사선 피해 등)으로 여러 가지 기관에 장애가 발생할 가능성도 있다. 또한 출생시에 호흡과 혈액이 충분하지 못 할 경우에도 산소결핍으로 뇌성마비가 발생할 수 있다. 산소결핍에 의해 크게 영향을 받기 쉬운 것이 미에린(myelin; 수초를 조직하는 지방질 물질)으로, 예를 들면 뉴런이 정상일지라도 전기적 신호가 빨리 전해지지 못하기 때문에, 반사의 중추가 상위에서 억제되지 못하여 원시 반사가 항상 남아있게 되거나, 하지로 향하는 추체로(錐体路)의 미에린이 장애를 받아 척수 반사가 항진하여 하지의 미세한 운동을 할 수 없게 된다.

신생아 뇌 장애의 많은 원인이 이 미에린의 장애에 의한 것이다. 또한 신생아에게는 생리적 황달이 있으며, 혈액 중의 담즙색소가 이상적으로 높은 중증황달도 발생한다. 미숙아와 난산에 의한 여러 가지 장애가 일어날 가능성도 있으며, 최근에는 장애를 조기에 발견하는 검사기술과 출산, 신생아에 대한 의료기술과 설비가 발전하여 개선의 여지가 있다.

영아기에는 비타민과 철분(銕分)의 결핍으로 영양에 관련하는 장애를 일으키기 쉬우며, 뇌세포의 발달에 영향을 미치기 쉽다. 또한 생후 6개월을 지나면 모친으로부터 받은 면역이 없어지고, 더욱이 모유에서 이유식으로 바뀌는 등 변화가 많기 때문에 저항력이 감소하여 전염성의 질환에 걸리기 쉽다. 발달이 현저한 시기에는 미세한 장애가 큰 영향을 미치는 가능성이 높지만 발달기의 뇌는 이와 같은 장애에 대하여 경이적인 대응력과 재생력을 지니고 있다. 최근에는 이 분야에 대한 연구가 현저하게 발전되고 있으며, 장애아의 치료와 재활에 성과를 거두고 있다.

CHAPTER 2

일상생활교육의 이론적 배경

1 어린이 이해

몬테소리는 이 세상을 변화시키는 방법이 어린이들의 교육이라고 여겼으며, 특히 태어나면서부터 6세까지를 '형성기'라고 부르며 중요한 시기라고 하였다. 형성기의 어린이들은 스스로 걷고, 이야기하고, 생각하는 것을 배우며, 자신의 사고체계를 만들어간다. 그래서 아이들이 충분한 감각적 자극과 호기심을 충족시켜 줄 환경에서 자라면, 스스로 지적으로 사고하며, 자기 자신과 주변 세계에 대해서 의욕적으로 탐색하게 된다. 아동은 자신의 능력을 발달시키고자 하는 내적 욕구에 의해 스스로 학습한다. 우리는 적절한 환경, 다양한 민감기에 따라 아동의 내적 욕구에 상응하는 도구들을 갖추고 있는 환경을 마련해 줌으로써 아동의 발달을 도울 수 있다. 따라서 어린이들에게 올바른 환경을 제공하는 것이 중요하며, 어른들의 지도와 도움이 필요하다. 몬테소리의 바른 교육은 '삶 전체'를 변화시키는 일이며 '삶을 위한 철학'을 창안하였다. 아동은 현실세계를 숙달함으로써 자신을 발달시킨다. 몬테소리 이론에서의 중심요소는 민감기 개념인데, 이는 결정적 시기와 유사하다.

2 일상생활영역 개요

일상생활영역은 실제로 성인이 일상생활에서 행하고 있는 여러 가지 생활양식이나 활동들을, 유아들의 인격형성에 필요한 작업으로 받아들여 자발적으로 반복해서 연습하는 영역이다. 일상생활영역은 유아들의 삶속에서 매일 접하는 활동으로 매우 흥미롭고 친밀하며, 가정과 유치원을 연결해 주는 다리 역할을 한다.

3 일상생활영역의 의의

유아들은 일상생활의 활동을 통해서 자신이 살고 있는 세상을 이해하고 어른들과 조화를 이루면서 살아가는 방법을 배운다. 또 작업하는 과정에서 정서를 순화하고, 공동체의 일원으로서 활동을 배우며 신체와 정신의 통합적 발달을 도모한다.

〈움직임〉

어린이의 반복, 자유로운 움직임, 자유로운 선택이 집중력을 키워 준다. 집중을 통해 새로운 힘과 조용해지는 현상과 의미 있는 동작이 시작된다.

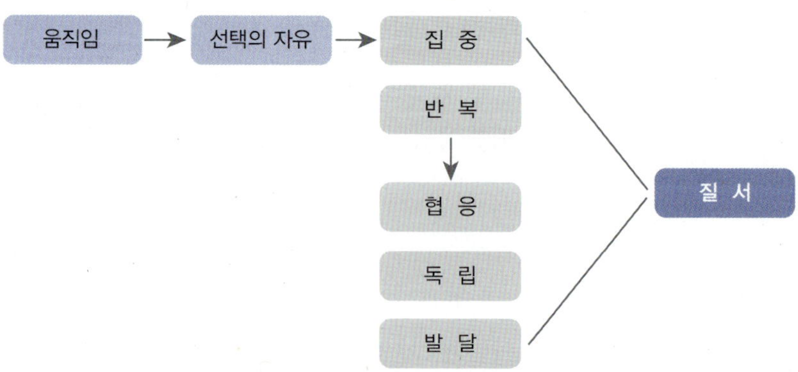

그림 2-1 내적 질서의 조직화

동작을 통해 선택된 자유는 개성과 성격에 따라 탐험을 하면서 집중력과 반복의 현상이 생긴다. 동작은 모든 것의 기본이 되며 동작 활동을 통해 질서는 점차적으로 발달한다. 아이의 이러한 과정이 인간의 속성을 나타내는 것이다.

4 일상생활영역의 목표 및 목적

일상생활영역의 목표는 유아에게 일상생활에서의 활동을 연습하고 그에 필요한 기술을 단련시킴으로써 새로운 사회 환경에 적응할 수 있도록 도와주는 것이다. 일상생활 영역의 목적은 유아가 환경과 사회 속에서 자신을 돌보면서 독립적인 인격체로 성장할 수 있도록 도와주며, 이 독립심이 유아의 자존감과 자립심을 발달시킨다. 또한 활동하는 동안에 동작을 조절하기 위해 필요한 협응력 · 집중력 · 질서감 · 독립심이 발달을 도와주어 유아들의 신체와 정신의 통합적인 발달을 이룬다.

일상생활 연습은 어린이들의 신체적, 정신적, 정서적, 영적 발달을 돕는 전인적 발달을 위한 기초를 놓는 작업이다. 일상생활 연습의 근본적 목적은 어린이의 정상화를 돕는 것이다. 어린이들에게 의미 있는 활동을 집중하여 작업하는 기쁨과 자신의 일을 즐기며 살아가게 하는 진정한 만족을 위한 것이다.

일상생활 활동은 어린이가 속한 사회와 문화에 대한 안내이다. 어린이가 속해 있는 나라와 민족의 문화유산을 기반으로 한 다양한 생활양식은 어린이의 인격 형성에 필요한 작업으로 구성된다. 환경에 대한 배려, 사회와 인간관계-예의범절, 동작의 조절 능력 기르기, 자기 자신에 대한 배려 등 활동들의 반복 연습을 통해 그 문화의 국민으로서 필요한 생활습관 능력을 익히는 것이다. 즉, 일상생활 활동을 통해 어린이로 하여금 외부와 자신의 관계를 알게 하고, 자신을 둘러싸고 있는 환경의 법칙을 경험함으로써 기본적인 움직임의 습득, 의지력의 발달, 독립심, 질서감, 협응력, 집중력, 사회성 등을 향상시켜 건설적인 창조력을 키울 수 있는 기회를 가지게 한다. 어린이는 지적 학습을 잘 할 수 있기 위한 신체적,

정신적 준비로서 자신의 몸을 통제하고 집중할 수 있는 능력이 형성되어야 한다. 그러므로 궁극적으로 조화로운 인격형성을 목표로 한다.

5 일상생활영역의 중요성

일상생활영역은 다른 모든 영역의 기초가 되어 모든 활동을 통해 어린이가 경험하게 되므로 중요하다.

1) 움직임

몬테소리는 어린이는 움직임을 통해서 배운다는 것을 관찰을 통해 확신했다. 어린이에게는 항상 움직임이 필요하며 어릴수록 움직임과 관계가 있다. 몬테소리는 "의미 있는 활동을 통해 목적이 있는 동작이 나타나며 의미가 없는 활동은 무질서와 혼동만 나타날 뿐"이라고 하였다.

2) 질서감

질서는 공공생활의 출발점이자 사회를 유지시키는 기본이 되는 개념이다. 질서는 모든 배움에 기초가 되어 어린이가 이전에 알고 있는 것들을 통해 비교하고 대조하는 능력이다. 어린이는 질서를 창조할 수 있는 잠재력을 가지고 태어나지만 질서는 발달시켜야 한다. 어린이에게는 질서적인 것의 필요가 질서를 발달시키는 것이다.

질서는 환경과의 접촉, 탐험을 통해 발달한다. 질서는 움직임, 집중, 반복, 협응, 독립을 통해 질서의 기술이 발달한다. 즉 일상생활영역을 많이 경험한 어린이는 질서감이 발달해 있는 것이다.

질서는 정신활동을 통해 전체와 조화롭게 결합되도록 구성할 수 있는 능력을 말한다. 질서는 무질서 속에서 새로운 질서를 창조해낼 수 있는 역할을 한다. 즉, 내면을 질서화하는 것이다. 무질서를 질서화하는 활동이 일상생활활동이다.

질서에 대한 민감기는 태어나는 순간부터 시작되며, 2년 5개월 때 절정을 이루고, 6세까지 지속되어 환경 속에서 어린아이들이 활동하는 동안 서서히 나타나기 시작한다. 질서는 어린이의 육체적·정신적 발달의 기본 요소가 된다. 질서는 내적 질서와 외적 질서로 구분되며, 준비된 환경에서 어린이의 외적 질서를 발견할 수 있다. 준비된 환경 속에서 탐색을 통하여 자신이 인식하고 있는 것을 구별할 수 있기 때문이다.

어린이는 현실을 직접 만나면서 환경에서 받아들여진 모든 요소들의 정보를 관찰하고, 근육을 통해서 얻어진 인상으로 사물의 성질과 특성을 분류하고 분석하고 조직하는 방법을 배우기 시작한다. 질서감을 느끼게 되면 사물을 분석하는 능력이 생기며, 이러한 능력은 사물을 분류하고 조직하는 능력으로 이어지고, 그 결과 논리적으로 생각하게 되어 문제 해결력이 발달한다.

질서감은 어린이의 사고발달뿐 아니라 정서발달을 위해서도 매우 중요하다. 어린이가 심리적으로 안정감을 느낄 수 있도록 하기 위해서는 환경을 일관성 있게 준비하여 질서감을 느낄 수 있도록 해야 한다. 환경에서 질서감을 경험한 어린이는 스스로 일을 선택해서 처리할 수 있는 자율성을 획득하게 되며, 자신의 생각도 정리할 수 있게 된다.

따라서 교사는 교실 내에서 순서에 따르는 교재들을 제시하고, 수준에 맞게 단계적으로 어려워지는 교재를 사용하는 방법의 질서를 제시하고, 구체적인 내용을 추상적인 내용으로 연결하는 교과과정을 준비하여 어린이들이 질서감을 느낄 수 있도록 해야 한다. 또 물건의 위치를 정하여 정리 정돈할 수 있도록 하며 일관성 있게 일과를 운영할 필요가 있다.

3) 반복

반복은 집중력의 신호이다. 어린이는 반복을 통해 새로운 지식을 머리 속에 구조화하고 있다. 반복은 구조과정을 보조한다. 반복할 때마다 어린이는 새로운 정보를 발견한다. 이는 집중력의 표시이며, 좋은 현상이 일어난다.

4) 협응력

집중과 반복을 통해 어린이는 몸과 손에 협응을 배운다. 몬테소리는 "각각의 개성은 손을 통한 활동에서 나타난다"고 하였다. 어린이는 손 근육 발달의 완성에 대한 욕구를 가지고 태어난다. 어린이가 의미 있는 움직임을 통해 집중하고 반복하므로 협응이 이루어지는 것이다.

5) 근육 조절

인간은 지구상의 동물 중 유일하게 어린 시기가 길다. 이러한 미성숙한 시기에 인간은 자기 활동을 통해 자신을 창조하도록 이끄는 역할을 한다. 미성숙기의 발달을 태아적 과정의 연속으로 보며 제2의 태아기로 규정짓는다. 미성숙한 인간은 목 가누기부터 시작하여 뒤집기, 앉기, 서기, 걷기 등의 발달과업을 스스로 이룬다. 발달 과제들은 신체와 신체, 정신과 신체의 협응력을 필요로 한다.

출생 때부터 어린이는 주변 환경의 인상을 흡수하여 주변 세계를 발견하고, 근육 활동을 통해 더 높은 차원의 활동을 경험하도록 도와준다. 온 몸 전체의 근육들을 사용하는 일상생활 작업을 통해 근육은 점차 발달하며 세련되어진다. 근육이 세련되어짐에 따라 사물을 다루는 어린이의 자신감은 증진되어 새로운 일에 쉽게 도전할 수 있게 된다.

작업을 통해 스스로 행동을 지배하고, 자신의 동작을 제어할 수 있는 세계로 몰입하게 된다. 우선 눈과 손의 근육조절이 발달되고 세련되면 그 다음 모든 것들은 감각을 발달시키는 데 중요한 요인이 된다. 세련된 감각의 획득은 지성을 일깨워 영민한 정신력을 소유하게 되며 이러한 변화는 삶의 의욕을 고취시킨다.

교사는 어린이의 근육조절을 세련되게 발달시키기 위해서 어린이에게 의미 있는 동기를 부여하고, 어린이 스스로가 만족할 수 있게 도와주며 스스로 독립할 수 있도록 도와주어야 한다.

6) 독립심

어린이는 자연적으로 독립하려는 의지를 가지고 태어난다. 몬테소리는 "어린이가 독립할 수 있어야 참 자유를 가질 수 있다"고 믿었다. 독립심은 어린이가 실수를 통해 스스로 결정할 수 있는 태도나 능력도 포함된 것이므로 그것을 통해 독립심이 발달하는 것이다. 어린이는 움직임을 통해 집중하고 반복하며 협응하므로 독립심도 발달한다. 독립심이 발달하면 자신감도 발달하여 스스로 만족하고 기분이 좋아진다.

독립이란 각 개인의 기능적인 활동을 의미한다. 어린이는 태어날 때부터 독립하고자 하는 본성을 가지고 있으며, 활발하게 독립하고자 하는 욕구를 갖고 있다. 태어나는 순간부터 이미 육체적으로 독립하기 시작한다. 이것은 인간이 하나의 개체로 떨어져 나온 육체적 독립에서 자신의 의지력을 포함시켜 정신적으로 균형이 잡힌 독립을 스스로 정복하려는 어린이의 본성이다.

자기 의사를 전하는 1세 무렵 때는 자기 주변의 일을 자기 스스로 하려는 의지가 생기기 시작하면서 "내가 할 거야!"라고 주장한다. 이것은 인간으로서 처음으로 '독립하는 시기'라고 할 수 있다. 어른은 아이가 '어떻게 하는지'를 지켜보아야 한다. 어른이 대신해 주면, 아이가 정신적으로나 경제적으로 독립이 필요한 청소년기에 접어들었을 때 어른은 그에 대한 대가를 치러야 한다.

일상생활작업은 정신적으로 독립할 수 있는 중요한 계기가 된다. 어린이가 스스로 문제를 발견하며 해결해 나갈 수 있는 기회를 환경 속에서 경험하도록 해주어 정신적으로 독립할 수 있도록 도와주어야 한다. 자기 극복을 경험한 아이는 독립된 인간으로서 보다 긍정적인 자아개념, 자신감, 용기를 갖게 되는 결과를 가져온다. 어린이는 스스로 창조해 나가면서 사회 속에 바람직한 인간상을 만들어 나간다.

7) 집중력

인간은 출생과 더불어 집중할 수 있는 잠재력을 가지고 태어난다. 집중은 연습을 통해 발달하며, 집중할 수 있는 정도는 개인에 따라 차이가 생긴다. 집중은 하나의 기술이고 그 기술의 발달이 필요하다. 왜냐하면 집중은 배우는 것에 큰 보탬이 되기 때문이다.

어린이는 재료를 보고 흥미를 느끼고 매혹되어서 활동하게 되고, 집중하면서 재료들을 탐험하기 시작한다. 어린이는 집중하는 것을 배우면서 집중시간을 연장하게 된다. 몬테소리는 "어린이는 집중해서 어떤 동작을 하고 나면 새로운 힘이 생긴다"라고 하였다.

집중력은 정신적 성숙의 증거로 어린이의 정신적인 발달을 위해서 가장 중요한 요소가 된다. 집중력은 어린이의 인격형성과 사회성 발달에 중요한 역할을 하는 토대가 된다. 집중력을 기르기 위해서는 환경 내에서 주위 사람으로부터 방해를 받지 않고 스스로 작업을 선택할 수 있는 자유와 선택한 작업을 반복할 수 있는 자유가 있어야 한다. 학습 원리를 파악할 수 있는 내용이 작업 중에 들어 있다면 집중력의 계기가 된다.

어린이의 흥미는 관심으로 이끌려 모방하면서 자기 것으로 창조하게 된다. 자신이 스스로 선택한 작업에 만족하여 집중하는 어린이는 주위의 변화에 상관하지 않으며, 스스로 성취감을 느낄 때까지 오랜 시간동안 작업을 반복하는 모습을 보인다. 반복이 이루어지는 과정에서 교사는 방해하지 않도록 주의해야 한다. 이러한 반복 과정을 통해 어린이는 스스로 집중하는 방법을 터득하고, 자신을 조절할 뿐 아니라 주위 환경 속에서 주인의 역할을 할 수 있는 능력을 갖게 된다.

8) 사회성 발달과 인격형성

사회성은 성장 과정 속에서의 가치 있는 인간성을 의미하며 일상생활활동을 통해서 인간성이 개발될 수 있다. 인간성의 개발 과정은 교실 내에서의 다양한 작업을 통해서 얻어질 수 있고, 질서와 규칙 준수, 예의바른 생활, 어린이들 간의 상호작용을 경험함으로써 발달한다.

어린이는 여러 상황을 통해 스스로 절제할 줄 아는 자기 조절력이 생겨나게 된다. 친구들과 협력하고 타협하는 방법을 알게 되며 타인을 배려하고 사랑하는 마음이 성장함으로써, 전체 속에서 자신의 역할과 가치를 알게 되는 과정을 통해 다른 사람의 가치를 인정할 수 있는 사회성을 기를 수 있다.

몬테소리 교실에서 사회성 발달은 일상생활활동을 통해 이루어진다. 어린이는 준비된 환경 속에서 여러 가지 일상생활작업을 함으로써 기본 생활에 필요한 기술을 습득하고, 자신을 스스로 통제할 수 있는 의지력과 독립심을 기르며, 타인과 더불어 생활하는 법을 배우게 되어 바른 인성을 기르게 된다. 또한 자기가 원하는 일을 선택해서 스스로 완성하는 과정에서 맛보는 기쁨과 질서에 대한 만족감은 인격적인 어린이로 성장하는 데 도움을 준다.

인격의 완성에는 먼저 인격의 가치와 존엄에 대한 인식이 있어야 한다. 즉, 인간 존중의 정신이 기본인 것이다. 일상생활을 통한 인격형성은 자신이 선택한 작업을 즐기고 만족해하며 모든 활동들을 질서 정연하게 배워가면서 획득될 수 있다. 그러므로 사회성과 인격형성은 어린이를 정상화된 인간으로 자랄 수 있도록 하는 통로이다.

6 일상생활교육을 위한 교구의 구성

일상생활교육을 위한 교구는 다음과 같은 요소들로 구성된다.

① 매력적이고 아름다운 것으로 어린이의 흥미를 일으킬 수 있도록 한다.
교구는 재질, 색깔, 모양 등이 조화를 이루면서 아름다운 것으로 준비하여 유아들이 교구에 흥미와 매력을 느끼게 한다.

② 실생활에서 실제로 사용하는 사물과 자연물을 이용한다.
일상생활영역은 일상생활의 경험을 제공하여 유아들이 자신이 살고 있는 세계를 이해하고, 일상생활을 조화롭게 하기 위한 준비를 도와주는 활동이다.

③ 교구의 크기, 수량, 무게, 부피 등이 어린이의 발달 수준에 적합하여 어린이 스스로 작업할 수 있도록 한다.

④ 교구는 한 세트씩만 준비하여 유아들이 기다림과 타인에 대한 배려를 배울 수 있도록 한다.

⑤ 위생적으로 쉽게 닦을 수 있고 씻을 수 있는 것으로 준비한다.
교구는 유아들이 매일 사용해야 하기 때문에 청결을 유지할 수 있도록 한다.

⑥ 목적이 분명한 교구를 준비해 둔다.
몬테소리 교구와 일반적인 장난감의 차이는 몬테소리 교구는 구체적이고 목적을 가진다는 점이다.

⑦ 쉬운 단계부터 어려운 단계로 진행한다.

⑧ 직접 행하도록 한다.

⑨ 반복 작업을 통해 스스로 원리를 발견하도록 한다.

⑩ 구체적 단계로부터 추상적 단계로 진행한다.

⑪ 하나의 움직임에만 초점을 둔다.

⑫ 어린이 각자의 필요에 따라 교구를 선택할 수 있는 자유를 준다.

⑬ 도구의 용어를 숙지시킨다.

⑭ 어린이들의 집중력을 높이고 눈과 손의 협응력을 기르며 순서에 대한 감각을 높인다.

7 일상생활교육의 내용

일상생활교육의 내용은 일상의 실제 생활을 기반으로 하는 연습으로, 어린이의 발달에 필요한 현실의 생활 그 자체가 활동의 주요 내용이 되도록 구성해야 한다. 그 이유는 일상생활은 생활과 밀접한 관계를 갖기 때문에 어린이가 아주 어렸을 때부터 생활양식과 문화 등을 반복 연습하여 인격형성을 이룰 수 있기 때문이다. 일상생활교육을 통해 어린이들은 그들의 문화유산에 개인을 동화시키면서 자신을 조정, 창조하여 사회문화와 조화를 이루는 한 구성원으로 성장, 발달해 간다.

1) 기본생활습관의 개념 및 의의

기본생활습관은 우리 생활에 필요한 기본적인 예의범절을 몸에 익혀 습관화하는 것을 말한다. 기본생활습관은 출생 후 환경에 의해 영유아기가 동일한 행동을 반복함으로써 형성되는 것이다. 영유아기는 기본생활습관을 형성하는 중요한 시기이며 이때 형성된 습관들은 앞으로 유아들이 평생 지니게 되며, 성격을 형성하는 데 기본이 된다. 기본생활습관 형성이 이루어질 수 있도록 강조하는 이유는 다음과 같다.

① 교육이 도구화, 기능 위주의 교육을 함으로써 도덕적인 영향력을 창출하지 못한다.

② 영유아기는 발달 특성상 기초성, 적기성, 누적성, 영속성이 있으므로 기본생활습관과 기본생활정신을 형성할 수 있는 중요한 시기이다. 잘 형성된 생활습관은 사회에서 잘 적응하고, 봉사하며, 능동적이고 행복한 삶을 살 수 있도록 한다.

2) 사회적 인간관계에 대한 배려

유아들의 예절 행동은 성인들로부터의 모방이나 의도적인 학습에 의해서 이루어진다. 어린이는 자신의 인격을 형성하기 위해 실제 환경과의 접촉과 그들을 둘러싸고 있는 사람과의 풍부한 경험을 습득할 필요가 있다. 사회적 관계에 대한 배려는 유아가 사회적 상황에서 어떻게 행동을 선택하고 인식해야 하는가에 대한 활동들이 포함되어 있다. 타인의 존재를 이해하고 타인과의 신뢰관계를 형성하며 사회생활에 필요한 법칙이나 규율을 익히게 하는 것을 목적으로 한다. 즉, '인간에 대한 배려'이며 사회적 입장에서는 '사회적 관계'라고 할 수 있다.

사회성은 성장과정 중 지극히 가치가 있다. 어린이는 작업을 통해 규율과 예의범절을 배우게 되며 이를 통해 사회성이 길러진다. 특히 혼합 연령의 교실에서는 큰 어린이들이 작은 어린이를 도와가며 작업하는 것을 볼 수 있다. 이를 통해 사랑과 참된 의미의 형제 의식을 가지며, 열등감도 존재하지 않는다.

사회 활동의 제시는 개인, 소집단, 대집단으로 형성하여 다른 사람과 교제를 할 때 좋은 행동을 선택할 수 있는 능력을 키울 수 있게 한다. 예를 들면, 인사하기를 어린이들에게 소개하고 두 명의 어린이를 좌우에서 나오도록 하고, 악수 할 장소까지 오면 멈춘다. 서로 상대방의 눈을 보고, 새로운 기분으로 손을 내민다. 친한 친구들로부터 시작하여 영역을 넓혀, 사회의 일원으로서의 자세를 몸에 익히게 한다. 공공장소에서의 규칙과 에티켓을 통해서 타인에의 배려까지 사려 깊은 마음을 교육하는 것을 지향한다.

몬테소리 교육은 교구 활동 전반에 사회적 관계에 대한 배려를 교육의 철학으로 하여 모든 활동 속에 포함하고 있다. 자신의 만족과 행복을 위해서 다른 사람과의 좋은 사회적 관계를 누릴 수 있도록 배려하여, 다른 사람의 만족과 행동에도 관심을 기울이도록 하는 수준 높은 사회성을 기른다. 사회적 관계에 대한 교구는 거의 필요하지 않으나 방법이나 내용은 각 나라의 사회 · 문화적 관습에 따라 이루어진다.

3) 동작의 분석과 조정을 위한 활동

인간이 직립해서 걷는다는 것은 자연이 인간에게 준 최대의 숙제이다. 신체 발육기 때 걷는 연습은 신체 조직이 직립보행을 위한 균형 기초가 되는 근육조정을 확립하지 않으면 안되기 때문이다. '걷는다'는 것은 본능적인 힘이고 개인의 무한한 의지력과 노력의 결과로, 인간으로서 더욱 더 기본적이고 독립적인 자세를 의미한다. 모든 근육의 균형을 유지하면서 완전히 다리에 의지해 걷는다. 정확한 걸음걸이와 균형 있는 자세를 갖추기 위해서는 지속적인 연습이 필요하다.

어린이의 걷는 목적은 어른과는 의미가 전혀 다르다. 어른은 환경의 목적물을 성취하기 위해 정확하게 기계적으로 걷는 반면에 어린이는 자신의 걷는 기능을 발달시키기 위해 걷는다. 몬테소리는 어린이를 돕기 위한 하나의 수단으로서 선상 걷기, 침묵게임을 제안하였다. '선상 걷기'와 '침묵 게임'은 유아로 하여금 운동의 조정과 분석 능력을 더 확장시키게 하는 훈련이 된다. 침묵 게임은 어린이의 인격형성의 도달점으로서 내면의 정신적인 질서이다.

'운동의 분석과 조정'에는 조용함을 즐기면서 자기 내면과 접촉, 자신의 움직임, 기분, 의지를 조절하고 보다 깊은 정신성을 높여가는 활동으로 향한다. 어린이에게 활동방법을 처음 소개할 때 교사는 활동의 움직임을 잘 분석하고 순서를 세워 알기 쉽도록 천천히, 정확히 가르쳐야 한다.

동작의 조절 능력을 기르기 위한 활동은 매트 말고 펴기, 의자에 앉고 일어서기, 물건 나르기 등 교실에서 교구 활동을 하는데 필요한 기본 절차와 관련된 활동이 포함된다. 소근육 발달을 위한 활동으로는 붓기, 비틀기, 짜기 등의 활동이 있으며 긴 시간의 연습이 필요하다. 소근육 발달을 위한 운동의 조정이란 일정한 목적에 필요한 것 이외의 움직임을 제거한 완전히 정선된 동작을 추구하는 것이다. 이는 무용과 같은 예술에 있어서는 최고의 원리이지만 생활 중 모든 동작의 원리로 세련된 움직임을 훈련하는 장이기도 하다.

운동의 분석은 전체의 동작에서 주된 동작을 하는 것으로 계속되는 동작을 식별하여 그 부분 부분을 정확하게 한 동작씩 행하는 것이다. 활동을 조정하고 동작의 세련성을 가져오는 데 도움을 준다.

모든 일상생활활동은 조정과 분석으로서 어린이를 고려하면서 매력적이고 과학적인 완벽한 교재를 배치해야 한다. 그리고 어린이로 하여금 동작을 더욱 숙달시킬 수 있는 기회를 주어야 한다. 어린이가 한 가지 동작을 숙달하게 되는 지점에 다다르게 되면 교사는 어린이가 보다 흥미를 연장시킬 수 있는 조금 더 복잡한 동작을 첨가시켜야 한다.

어린이는 교사의 제시에 의해 '자립에의 열쇠'를 받아들이는 것으로 어린이에게 '움직임의 분석'이 방해되지 않도록 필요 없는 내용은 제거해야 한다. 이 시기의 어린이들은 물건의 이름을 많이 알고 싶어 하기 때문에 활동 중 사용되는 물건 이름을 바르게 전달해 준다. 또 이 시기의 어린이는 질서에 대해 강한 감수성을 갖고 있기 때문에 활동의 순서와 위치에 대해서도 일정의 기준을 가지고 준비한다. 교사는 어린이의 내면 욕구에 언제라도 응하도록 준비되어 있어야 하며,

유아가 최대한의 자기조정에 도달하여 최대한의 침묵을 지킬 수 있는 능력을 갖춘 정상화된 유아가 되도록 해야 한다.

4) 환경에 대한 배려

'환경에의 배려'는 어린이가 주어진 환경 속에서 어떻게 자신을 대처해 가면 좋을지를 주변의 활동을 통해서 아는 것이다. 그 가운데에서 자신이 살고 있는 문화를 흡수하고, 사회 그리고 세계의 일원으로서의 입장을 의식해 간다.

모든 어린이에게는 그들이 태어나고 자라는 장소에 적응하려는 경향이 있는 반면 어른은 그것을 유지하고 가꾸려는 경향이 있다. 교사는 어린이에게 환경에 대한 책임감을 심어주어야 한다. 즉, 자신이 사용한 모든 물건을 제자리에 둠으로써 어린이들은 질서를 배워간다.

활동은 인간 이외의 생물, 무생물을 대상으로 책상 닦기, 화분에 물주기, 빗자루 쓸기 등과 같다. 일상생활에서 흔히 사용하는 자연물을 아름답고 매력적으로 구성하여 어린이의 흥미와 관심을 유발시켜 더욱 큰 교육적 효과를 발휘할 수 있도록 한다. 어린이가 자신을 둘러싸고 있는 환경 중의 모든 것과 관계를 가지면서 환경을 관리하고 적응할 수 있도록, 대근육의 운동으로부터 손끝의 섬세한 운동에 이르기까지의 작업 내용을 소개한다. 어린이의 아직 미숙한 운동의 조정과 근육운동을 위하여 구체적인 연습을 통해 흥미를 갖게 해 주고, 반복에 의해 질서 있는 움직임을 완성하여 인격을 조화롭게 발달시킨다.

5) 자기 자신에 대한 배려

청결은 자기 몸에 대한 청결유지와 생활 주변을 깨끗하게 만들고 환경을 보전하는 것이다. '자기 자신의 배려'는 어린이가 자기 자신을 돌보는 기회에 접하게 된다. 활동은 손 씻기, 구두 닦기, 거울보기, 몸 단장하기, 의복을 벗고 입는 연습을 위해 몬테소리가 특별히 고안한 '착의틀'이 포함되어 있다. 어떤 어린이는 '단추 채우기'를 매우 좋아하여 친구나 선생님에게까지 단추를 채워주는 것으로 흥미를 나타내기 시작하여 다른 활동과 병행해서 점차적으로 독립심을 습득해 간다.

어린이는 자유로운 환경 안에서 선택하고 자신의 내면을 발달시키는 연습을 반복하며, 자신의 구성에 필요한 운동을 습득해서 점차적으로 독립해 간다. 어른들은 이런 어린이들에게 전면적인 도움을 주는 것이 아니라 필요한 것을 도와줌으로써 그들이 독립하는 것이 가능하도록 해 주어야 한다. 어린이들은 어느 정도 자기 자신의 동작이 익숙해지면 보다 강한 정열을 가지고, 내면적 욕구에 응해가면서 이 연습을 보다 완성의 단계로 향한 다음 지적욕구를 형성하기 위한 과정으로 나아간다.

〈청결교육의 중요성〉

어릴 때부터 청결습관을 잘 길러주면 자립적이고 독립적인 생활 태도를 주게 되어 건강한 어린이로 성장하게 된다. 유아 스스로 자신의 몸을 청결히 유지하고 가정과 유치원, 생활주변에 대한 청결에 관심을 갖고 스스로 해결할 수 있는 내용을 지도하여 건강하고, 깨끗한 사회를 이루어 행복한 삶을 영위할 수 있다. 유아들의 청결습관을 지도하기 위해서는 청결을 유지해야 하는 이유와 방법, 필요한 도구의 사용방법에 대해 교육해야 한다.

6) 기본생활 습관의 지도방법

유아는 미분화 상태이고 자율성과 자주성이 생성단계에 있으므로 창의성, 애정, 지속성, 반복성이 있어야만 기본생활 습관의 효과를 높일 수 있다. 유아들은 도덕적 규범의 중요성이나 의미를 제대로 알고 행동하기보다 모범적인 행동을 어른들의 권위에 의존하여 반복연습, 칭찬과 보상의 강화 방법, 모방학습을 통하여 행동하는 단계이므로 기본 생활을 습관화하기에 적절한 시기이다. 유아기의 기본생활습관 형성을 부모와 교사가 일관성 있게 협력하여 유아를 지도하는 방법은 다음과 같다.

(1) 반복

좋은 생활습관이 형성되기 위해서는 반복연습의 기회가 주어져야 한다. 유아가 연습에 대한 필요성을 이해하고 흥미를 갖도록 하며, 세심한 배려와 함께 성취한 결과를 알려주고 격려한다.

(2) 칭찬과 보상

칭찬과 보상은 유아의 바람직한 생활습관형성에 도움을 주지만, 잘못 사용했을 경우 바람직하지 못한 행동을 증진시키는 결과를 초래할 수 있으므로 유의해야 한다.

(3) 모방학습

유아는 타인의 행동을 모방하며, 시행착오를 통해 새로운 행위를 배우게 되므로 모방을 통하여 좋은 습관을 기를 수 있다. 유아의 바람직한 생활습관 형성을 위해서는 유능하고 권위 있는 모델과 훈련 시기, 방법 등의 계획이 필요하며 모방학습에 자극을 받도록 환경을 변화시켜 시연의 기회를 만들어 주어야 한다.

〈가정과 유아교육기관의 역할〉

(1) 가정의 역할

'부모는 최초의 교사다'라는 말이 있듯이 부모는 가장 우선적인 교사이다. 유아기는 사회성 발달에 결정적 시기이기 때문에 부모는 기본생활습관 교육에 중요한 역할을 담당한다. 유아는 부모의 행동이나 말을 반복하여 들음으로써 자연스럽게 학습하여 습관화되는 것이다.

(2) 유아교육기관의 역할

핵가족화와 맞벌이 부부의 증가로 유아들이 유치원에 있는 시간이 늘어남에 따라 종전에 가정에서 이루어졌던 역할과 기능들이 약해졌다. 이로 인해 유아교육기

관으로서 유치원이 갖는 책임이 막중해졌으며 기본생활습관 교육의 중요성이 커졌다고 할 수 있다. 따라서 가정과 유치원의 일관되고 연계된 교육을 통해 기본생활습관 교육이 효과적으로 이루어질 수 있도록 긴밀한 협조 체계를 갖추어야 한다.

8 일상생활교육의 지도안 작성양식: 교구명(활동명)

1) 대상 연령

몬테소리는 '아동발달이 적합한 시기에 정신적, 육체적인 요구에 응하는 것만이 최상의 교육적 효과를 올린다'고 주장하며 민감기의 특성이 고려된 최적의 연령을 제시하였다. 그러나 반드시 제시되어 있는 연령에 한정되는 것이 아니라 유아의 흥미와 발달 정도를 고려하면서 대상연령에 융통성을 주는 것이 바람직하다.

2) 선행학습

본 교구의 제시에 앞서 유아가 습득해야 할 활동 교구, 유아의 준비도를 기록한다.

3) 교구

교구에 대하여 자세하게 묘사한다. 교구의 생김새, 색, 크기 등 활동에 필요한 모든 자료와 도구 등을 빠짐없이 기록한다.

4) 제시방법

질서 감각을 논리적으로 확립하기 위하여 작업의 논리적인 순서를 제시한 것이다. 대그룹, 소그룹 혹은 개별 제시를 명시한다. 유아를 초대하여 활동명을 알려주는 것에서부터 시작하여 유아가 활동을 마치고 교구를 원래의 상태로 정리하여 교구장에 되돌려 놓을 때까지의 자세한 절차를 묘사한다. 동작을 분석하여 관찰할 수 있도록 한 번에 한 동작씩 명확하게 기록한다.

① 몬테소리 교실에서 교사가 새로운 교구나 활동을 소개하려면 먼저 기본 제시에 대해 생각해 보아야 한다. 교구의 제시는 유아가 자발적으로 교구를 선택할 때, 교사에게 요청할 때, 교사의 제안의 결과로 이루어진다. 교사가 유아에게 교구 활동을 소개할 때 고려할 사항을 정리해 보면 다음과 같다.

- 교구의 시작과 끝의 활동의 완전한 주기를 고려한다.
- 교구를 구성하는데 필요한 모든 자료를 수집하고 편집한다.
- 교사 자신이 교구를 실제로 연습하고 준비한다. 이는 유아가 과제를 수행하는 데 어떤 어려움이 있을지 예측해 보고, 해결할 수 있는 방법을 미리 알아내기 위한 것이다.
- 유아들의 작업 공간을 정돈된 환경으로 만든다.
- 각 유아의 흥미와 발달 수준을 파악하여 효과적인 수업이 되도록 한다.
- 활동의 구성을 고려한다. 대상 연령, 선행 학습, 활동의 목적, 변형과 응용에 관해 생각한다.
- 복잡한 활동을 소개하기 전에 간단하고 기본적인 활동을 먼저 소개한다.

② 교사가 유아들에게 교구를 제시하는 방법은 다음과 같은 세 가지 기본적인 성격을 띠어야 한다(The Montessori method, pp.108~109).

- 간결성
- 단순성
- 객관성

③ 교구의 제시 절차

교사가 교구를 제시하는 과정과 제시 후 유아의 작업 과정에서 유의해야 할 사항들은 다음과 같다.

가. 준비단계

- 유아를 관찰하여 발달이 가능한 교구 작업이 무엇인지 파악한다.
- 교구 활동에 필요한 모든 것이 정돈되어 있는지 점검한다.
- 적당한 작업 공간을 생각한다.
- 유아를 초대한다.
- 활동명을 알려주고 교구가 놓여 있어야 할 위치를 보여 준다.

- 활동에 들어가기 전에 준비해야 할 사항이 있다면 적절한 방법으로 시범을 보인다.
  예) 손을 씻어야 할 경우, 매트를 사용할 경우, 앞치마를 입어야 할 경우 등
- 작업 공간으로 교구를 운반하는 방법을 보여 준다.
- 유아의 오른편에 편안한 자세로 앉는다.

나. 제시단계

- 유아가 교사의 행동을 관찰할 수 있는 시간적 여유를 가질 수 있도록 천천히 명확한 손놀림으로 교구를 꺼내어 나열한다.
- 교사는 유아가 주의를 기울이는지를 살핀다. 교사의 긍정적인 태도, 정확한 움직임, 언어적인 상호작용, 제스처를 사용하기도 하지만 지나친 과장이나 학습 경험을 방해하는 표현은 삼가야 한다. 유아의 시선이 교구 자체와 교사의 손 움직임에 있어야 한다는 점을 유의한다.
- 실수의 정정에 주의한다. 실수는 교구 자체에 내재하는 정정요소에 의하여 유아 스스로 깨달을 수 있도록 기술적으로 유도해야 한다.
- 교구의 제시가 이루어지는 동안 유아를 평가해야 한다. 활동이 유아에게 어려운 것인지, 쉬운 것인지를 평가해 보아야 한다.

다. 끝맺음 단계

- 교구를 원래 상태대로 정돈하여 교구장의 제자리에 되돌려 놓는다.
- 유아에게 권한다.
  – 이때 유아의 결정을 받아들인다.
- 유아가 교구를 처음 소개받은 경우에는 유아 곁에서 관찰한다.
- 교사의 시범 도중에 유아를 참여시킬 수도 있지만 교구를 제자리에 갖다놓는 것을 주의시킨다.
- 교사로부터 교구 사용법을 제시받은 후 유아에게 스스로 교구를 자유롭게 사용하고 탐구할 수 있는 자유가 허용되어야 한다.
- 다른 유아들로부터 방해를 받지 않도록 보호해 주어야 한다.
- 유아가 집중하기 시작하면 교사는 수동적인 역할로 바꾸어 다른 유아들과 함께 유아의 작업을 객관적으로 관찰한다.
- 교사는 유아에게 개입해야 할 시기와 관찰해야 할 시기를 정확하게 파악할 수 있어야 한다.
- 교사는 유아가 작업 도중 한계를 느끼는 것을 관찰하게 되면 개입하여 도와준다.

- 유아가 교사의 도움을 청할 때는 반드시 유아에게 접근하여 내면의 요구까지 들어준다.
- 교사는 유아가 작업을 마칠 무렵에는 다시 돌아가서 유아가 노력한 것에 대한 가치를 깨달을 수 있도록 한다.

④ 교구 시범을 보이는 목적

교사가 활동을 소개할 때 분석된 동작을 보여 주는 것은 어린이들이 자신들이 하고 싶어 하는 활동을 위한 일종의 길잡이로서 욕구를 충족시킬 수 있기 때문이다. 또 분석된 동작으로 난이도를 고립시켜서 보여 준다면 어린이는 일을 성공적으로 경험할 수 있을 것이다. 어린이는 연습을 통하여 동작을 수정하고 근육을 발달시키게 된다. 어린이는 말로 설명하여 가르치는 것보다 행동을 보여줌으로써 훨씬 쉽게 배울 수 있다.

- 유아가 보다 깊은 탐색과 활동을 하도록 유도하는 결과를 낳는다.
- 유아에게 질서와 일관성을 부여함으로써 유아 스스로 창의적으로 작업할 수 있도록 한다.
- 유아가 자유롭고 독립적인 활동을 할 수 있도록 자극과 촉매가 된다.

몬테소리는 시범→모방→반복의 교구 제시 단계를 제안하였고, 낸시 램부쉬(Nancy Rambusch)는 탐색→시범→창의적인 작업 방법의 체계를 제안하였다.

5) 흥미점

작업의 과정 중에서 유아가 느끼는 가장 흥미롭고 호기심을 유발하는 핵심적인 요인으로 작업의 목적에 이르게 하기 위한 수단이다. 따라서 유아의 연령이나 경험 선호도 등에 따라서 흥미의 중점이 다를 수도 있다. 여기서는 교구 활동을 하는 도중 유아의 흥미를 지속시킬 수 있는 요소를 기록한다.

6) 오류의 통제

유아가 작업을 수행하는 과정에서 가장 쉽게 범할 수 있는 오류와 잘못된 점을 지적하는 오류의 통제 기준을 제시하는 것이다. 그것은 유아 스스로 활동의 오류를 깨닫고, 정정할 수 있는 요소들로서 교구 자체에 구축되어 있는 요소도 될 수 있으며, 활동에 대한 아동 스스로의 지각 능력도 될 수 있다. 때로는 교사 또는 다른 유아들을 통해 오류를 통제할 수도 있다.

7) 직접 목적

교구 활동을 통해 유아가 즉각적으로 습득할 수 있는 기술과 개념이다.

8) 간접 목적

즉각적으로 습득된 기술 또는 개념들이 오래 축적됨에 따라 아동의 미래 학습 성장에 도움을 주고자 하는 미래지향적인 목표로서 직접 목적보다 더 큰 범주이다.

9) 변형 및 응용

유아가 교구에 숙달되고 개념이 형성되면 이 활동을 보다 수준이 높은 단계의 활동을 할 수 있는 동기로 삼게 된다. 변형은 교구 사용의 확장으로 본래의 교구 활동을 좀 더 다양한 방법으로 변화시킨 활동을 말한다. 응용은 활동의 확장으로서 교구를 통하여 습득한 기술 또는 개념을 유아의 창의력을 바탕으로 환경에 적용할 수 있는 활동을 말한다.

10) 언어

유아가 교구 활동을 통해 배울 수 있는 언어들을 기록한다.

11) 비고

유아가 작업을 수행하는 과정에서 교사가 배려해 주어야 하는 요소들과 유아 자신이 그 활동을 통해 스스로 습득할 수 있는 것 또는 유의해야 할 점들을 기록한다.

9 인성교육

1) 인성교육의 정의

인성의 개념을 명확히 하나로 정의하기 어렵다. 이성을 인격(character), 성격(personality), 도덕(morality), 인간 본성, 인간의 본연이나 인간다운 품성으로 볼 것이냐에 따라 인성의 의미는 다양해진다.

인성에 대한 정의는 '우리 인간이 지향하고 성취해야 하는 인간다운 면모, 성질, 자질, 품성'이라는 의미가 부분적 또는 전체적으로 내포되어 있다(강성보 외, 2008). 인성의 사전적 의미는 '사람의 성품'이며, 성품은 성격과 품격이라 할 수 있다. 성격은 정신적인 바탕 혹은 본디부터 지니고 있는 독특한 바탕으로 정의되며, 품격은 물건의 좋고 나쁨의 정도 혹은 품위, 기품이라고 정의된다(민중 실용 국어사전, 2010). 따라서 인성이란 개인의 독특한 특성을 바탕으로 길러지는 그 사람의 사람됨으로 정의할 수 있다(그림 2-2 참조).

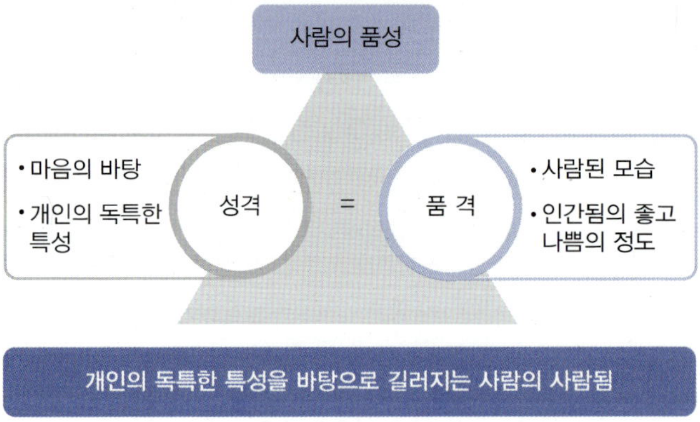

그림 2-2 인성의 정의

유아들은 도덕적 앎, 도덕적 감정, 도덕적 행동이 어우러질 때 그 결과로 좋은 인성을 갖게 된다. 이러한 좋은 인성을 발달시키기 위한 의도적이고 행동지향적인 노력을 인성교육이라고 한다(Lickona, 1991, 그림 2-3 참조).

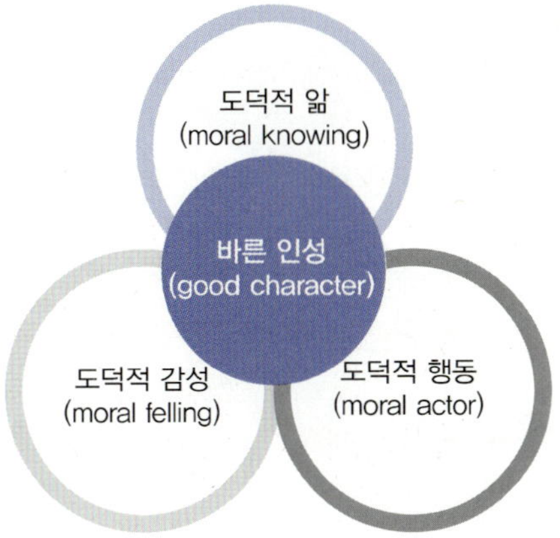

그림 2-3 좋은 인성의 구성요소

인성교육이란 도덕성, 사회성, 정서를 포함한 바람직한 인간으로서의 성품을 기르는 교육이며(교육부, 1996), 덕성을 바탕으로 교양과 능력이 겸비한 인간으로 기르는 교육이다(한국교육개발원, 1994). 또한 인성교육이란 기존의 인지적으로 편중된 교육 상황에서는 별로 다루지 않는 정의적 측면 및 인간의 본성과 관련한 것으로 학습자로 하여금 건강한 전인적인 민주 시민으로 성장하고, 생태적인 본성을 실현함으로써 보다 풍부하고 자유로운 삶을 살 수 있도록 하기 위한 교육적 경험을 제공해 주는 것이다(한국교육학회, 2001).

인성교육은 21세기 글로벌 인재 양성에서 필요한 인성을 길러주기 위하여 기존의 가치교육이나 가치전수가 아닌 창의성과 인성을 유기적으로 연결 또는 통합하는 교육으로서, 주로 인간관계와 관련된 덕목과 도덕적인 판단에 필요한 능력을 교육하는 것이라고 볼 수 있다(교육부, 2009). 인성교육은 인간다운 면모와 자질을 갖추기 위한 교육이고, 자기 중심성에서 벗어나 타인 및 공동체와 바람직한 관계를 형성할 수 있도록 하는 일련의 가치교육 · 도덕교육 · 인격교육 · 시민성교육의 공통분모에 해당하는 교육이라 할 수 있다(정창우, 2010, 그림 2-4 참조).

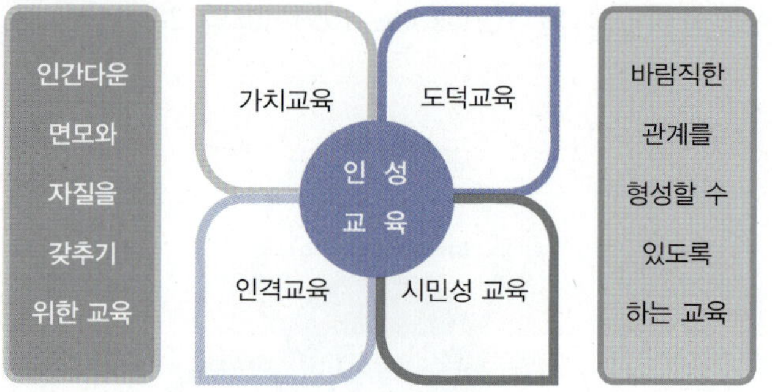

그림 2-4 인성교육의 정의

2) 유아 인성교육의 목적 및 내용

(1) 유아 인성교육의 목적

유아교육은 지(知)·정(情)·의(意)의 조화로운 발달이 이루어진 전인적 인간의 육성을 교육의 이상으로 삼고 있다. 인성교육은 전인적 인간 교육을 위한 필수적인 과정이다.

인성교육의 목적은 오늘날 사회에서 요구하는 바람직한 인간상을 함양하는 것이다. 유아기의 인성교육을 통해 유아는 긍정적인 자아감을 형성하고 남을 배려하면서 서로가 다름을 인정할 수 있는 소양을 함양함으로써 더불어 즐겁게 삶을 영위할 수 있는 품성의 기초를 형성하게 된다(교육부, 2010). 인성교육을 통해 유아는 자신에 대해 이해함을 물론 타인에 대해 배려하고 존중하면서 더불어 살기 위한 능력을 배양하도록 한다(그림 2-5 참조).

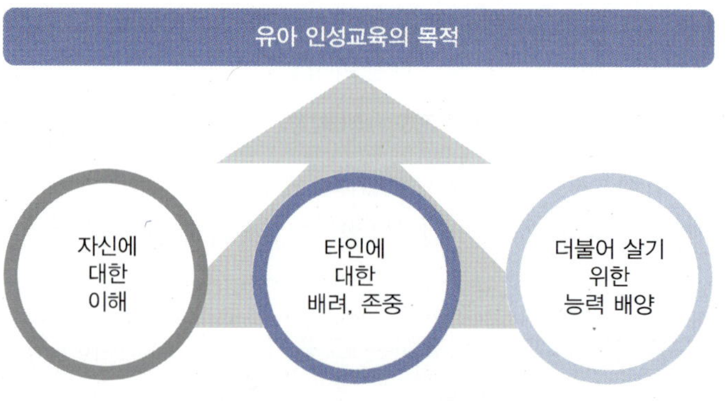

그림 2-5 유아 인성교육의 목적

(2) 유아 인성교육의 내용

인성교육의 내용은 어떤 인간을 길러낼 것인가에 대한 숙고로부터 도출되며, 한 사회에서 소중히 여겨온 전통적인 가치와 현 시대를 잘 살아가기 위한 민주적인 가치들로 구성될 수 있다. 현 시대를 잘 살아가기 위해 필요한 가치에 대해 알아보기 위해 초·중학교 교육과정(2009)이 추구하는 인간상에 대해 살펴보면 다음과 같다.

가. 전인적 성장의 기반 위에 개성의 발달과 진로를 개척하는 사람

나. 기초 능력의 바탕 위에 새로운 발상과 도전으로 창의를 발휘하는 사람

다. 문화적 소양과 다원적 가치에 대한 이해를 바탕으로 품격 있는 삶을 영위하는 사람

라. 세계와 소통하는 시민으로서 배려와 나눔의 정신으로 공동체 발전에 참여하는 사람

⇒ 다원적 가치에 대한 이해와 세계와 소통하는 시민으로서 배려와 나눔의 정신, 공동체 발전에 참여 등과 같이 인성교육의 내용을 보다 구체적으로 강조하고 있다.

Lickona(1998)는 인성적 경험은 유아가 어렸을 때는 어떠한 경험을 하든 큰 차이가 없지만 이런 경험들이 습관화되었을 때는 성장한 후에 큰 차이를 나타내게 된다고 하면서, 인성교육에서 가장 강조되어야 하는 덕목은 존중(respect)과 개인적 책임감(responsibility)이라고 하였다.

(3) 유아 인성교육 내용에 포함된 인성 덕목

① 배려

배려의 사전적 정의를 살펴보면, '도와주거나 보살펴 주려고 마음을 씀', '관심을 가지고 생각해 줌' 등으로 정의된다. Mayeroff(1971)는 배려를 '다른 사람이 성장할 수 있도록 도와주는 것'이라고 정의하며, 배려에는 아버지의 자식에 대한 배려, 교사의 학생에 대한 배려, 의사의 환자에 대한 배려, 남편의 아내에 대한 배

려 등이 포함된다고 하였다. Noddings(1992)는 배려란 어떤 대상을 염려하고 걱정하는 정신적 상태이고, 그 대상을 위해 책임감을 느끼고 성장할 수 있게 돕는 행동적 태도라고 하며, 배려를 구성하는 요소로는 전념, 공감, 수용, 확언이 있다고 하였다. 그리고 배려의 내용을 세분화하여 자아에 대한 배려, 친밀한 사람에 대한 배려, 낯선 사람과 멀리 있는 사람에 대한 배려, 동·식물과 땅에 대한 배려, 인간이 만든 세상에 대한 배려, 사상에 대한 배려 등으로 나누어 설명하였다.

위의 내용을 요약해서 살펴보면, 배려는 기본적으로 타인과의 관계를 전제로 하면서 타인에 대한 보살핌, 관심, 이해를 기반으로 다른 사람과의 관계를 회복시키며, 나아가 자신을 되돌아보게 하고 스스로를 성장시킬 수 있는 윤리적 기본 원리이다.

따라서 '배려란 타인의 필요와 요구에 민감하게 반응, 공감하는 마음과 태도'라고 정의할 수 있다. 그리고 배려에 대한 하위 내용으로는 친구에 대한 공감과 배려, 가족에 대한 공감과 배려, 이웃에 대한 공감과 배려, 동·식물에 대한 배려를 중심으로 다룬다.

② 존중

존중(尊重)의 사전적 의미를 살펴보면 '소중하게 여겨 받듦'으로 정의된다(네이버 사전). Hill(1998)은 존중이란 어떤 전망 속에서 어떤 것(사람)의 가치나 중요성을 인정하는 것이라고 정의하였다. 즉, 존중은 대상에 임의로 가치를 부여하는 것이 아니라 대상이 이미 가진 가치를 인정한다는 것이다(구현진, 2005에서 재인용). Lickona(2006)는 존중이란 어떤 사람이나 사물의 중요성에 대하여 경의를 표하는 것이라고 정의하고, 인간이 스스로에게 갖추어야 할 자기에 대한 존중에서부터 타인과 모든 사람들의 권리나 그 존엄성에 대한 존중, 여기서 그치지 않고 사람과 밀접한 관계 속에 존재하는 환경에 대한 존중, 이를 포함하는 생명에 대한 존중 등 다양한 형식으로 제시될 수 있다고 하였다.

위의 내용을 요약해서 살펴보면 존중은 우리 인간의 삶과 밀접한 관련을 맺고 있으며, 인간이 스스로를 존중하는 것에서부터 시작해서 나아가 모든 사람과 생명체, 사물은 그들만의 가치가 있으며 그 가치를 인정하고 소중히 하고자 하는 기본 윤리이다.

따라서 '존중이란 사람이나 사물은 기본적으로 그들의 존재만으로 존중할 가치가 있음을 인식하고, 그 가치에 대하여 소중히 여기는 것'이라고 정의할 수 있다. 존중에 대한 하위 내용으로는 인간이 스스로에게 갖추어야 할 자기에 대한 존중에서부터 타인과 모든 사람들의 권리나 그 존엄성에 대한 존중, 여기서 그치지 않고 사람과 밀접한 관계 속에 존재하는 환경에 대한 존중, 이를 포함하는 생명에 대한 존중을 중심으로 다룬다.

③ 협력

Johnson & Johnson(1994)은 협력이란 공유하는 목표를 달성하기 위해 함께 활동하는 것으로써 함께 협력하는 과정에서 자신은 물론 타인에게도 이익이 되는 결과를 추구할 수 있다고 하였다. 송응식(2005)은 협력이란 공동과제를 산출하고 이를 달성하기 위하여 집단 구성원이 서로 마음과 힘을 하나로 합하여 서로 돕는 상태를 말한다고 하였다.

따라서 '협력이란 단순히 시간 · 공간적으로 함께 모여 있는 것 혹은 함께 활동하는 것만을 뜻하는 것이 아니라, 두 명 이상의 구성원이 공동의 목표를 설정하고, 이를 달성하기 위하여 개인적 책임을 다하고 서로 조언 및 조력을 주고 받는 것'이라 정의할 수 있다. 협력에 대한 하위 내용으로는 긍정적인 상호의존성(도움주고 받기, 의견 · 정보 · 자료를 공유하기, 친밀감 형성하기), 개인적 책임감(내 역할 인식하기, 역할 완수하기, 책임감 갖기), 집단 협력과정(공동의 노력 평가하기) 등을 중심으로 다룬다.

④ 나눔

나눔은 '나누다'의 명사형으로, 일반적으로 나눔이라고 하면 물질만을 나누는 경우를 생각하는데, 나눔은 자기 스스로 우러난 마음에서 남을 돕기 위해서 하는 일로, 대가를 바라지 않고 지속적으로 도와주는 의미로 이해할 수 있다.

따라서 '나눔이란 자기 스스로 우러난 마음에서 남을 돕기 위해서 하는 일로, 대가를 바라지 않고 지속적으로 도와주는 것'이라고 정의할 수 있다. 나눔에 대한 하위 내용으로는 Bjorhovde(2002)와 아름다운 재단(2005)에서 제시한 나눔 교육의 범주를 고려하여 나눔의 의미와 필요성, 나눔의 대상, 나눔의 실천, 나눔에 참여의 내용을 중심으로 다룬다.

⑤ 질서

질서의 사전적 의미는 '순서, 정돈된 상태, (사회적) 질서, 명령, 지시, (사회) 체제' 이다(네이버 사전). 질서는 정돈된 상태, 규칙적인 상태를 나타내는 의미로, 명령이나 지시, 체제 등 사회를 안정시키고 정돈시키는 것을 통틀어서 의미한다. 민주주의 사회는 민주주의 제도뿐만 아니라 사회구성원의 민주의식과 행동까지 포함하는 것이다. 전득렬(1995)은 민주 사회구성원으로서 필요한 시민적 자질로 준법정신과 질서의식을 강조하고 있다. Melendez 등(2000)도 교실은 미래의 시민들이 길러지고, 유아들이 훌륭한 시민의 의미를 경험하는 첫 장소라고 강조하면서, 유치원에서부터 사회적 책임감을 기르고, 규칙과 법을 알고 따르는 시민의식을 기르도록 강조하고 있다.

따라서 '질서란 민주주의 사회에서 책임감 있는 민주시민으로서 살아가기 위해 필요한 사회규범을 지키는 것'으로 정의할 수 있다. 질서에 대한 하위 내용으로는 기초질서(자기의 순서나 차례를 지켜야 하는 질서), 법질서(교통질서와 같이 국가의 법률이나 규칙을 지켜야 하는 질서), 사회질서(사회의 여러 요소와 집단이 조화롭게 균형을 이루는 질서) 등의 내용을 중심으로 다룬다.

⑥ 효

효의 사전적 의미는 '부모를 잘 섬김'이고, '효도(孝道)'의 의미는 '부모를 잘 섬기는 자식의 도리'이다(김왕규, 2003). 효도는 '효심' 또는 '효성'과 '효행'으로 나누어 볼 수 있다. '효심'은 '효도하는 마음'을 가르키며, '효행'이란 부모를 잘 섬기는 자식의 행위, 즉 '효도하는 행위'를 말한다(충청남도교육청, 2001).

따라서 '효는 인간된 도리를 충실히 하는 것'으로 정의하고, 효에 대한 하위내용으로는 자식으로서 부모님의 은혜에 감사드리고 보답하고자 하는 마음과 태도를 형성하고 다양한 방법으로 효를 실천하는 것과 조부모님, 지역사회 어른들을 공경하는 것 등의 내용을 중심으로 다룬다.

표 2-1 인성 덕목별 유아 인성교육의 내용

덕목	정 의	하위 내용	관련덕목
배려	타인의 필요와 요구에 민감하게 반응, 공감하는 것	친구, 가족, 이웃, 동·식물에 대한 배려	관심, 공감, 용서
존중	사람이나 사물을 기본적으로 그들의 존재만으로 존중할 가치가 있음을 인식하고, 그 가치에 대하여 소중히 여기는 것	자신과 전통문화에 대한 존중, 다른 사람들과 다른 문화에 대한 존중, 생명과 환경에 대한 존중	자존감, 다름의 인식, 예절, 겸손
협력(협동)	두 명 이상의 구성원이 공동의 목표를 설정하고, 이를 달성하기 위하여 개인적 책임을 다하고 서로 조언 및 조력을 주고받는 것	긍정적인 상호의존성, 개인적 책임감, 집단협력	책임감, 소통, 양보, 나눔
나눔	자기 스스로 우러난 마음에서 남을 돕기 위해서 하는 일로, 대가를 바라지 않고 지속적으로 도와주는 것	나눔의 의미 알기, 나눔을 실천하기, 나눔에 참여하기	공감, 배려, 베품이나 기부
질서	민주주의 사회에서 책임감 있는 민주시민으로서 살아가기 위해 필요한 사회규범을 지키는 것	기초질서, 법질서, 사회질서	정직, 양심, 절제, 정의
효	자식으로서 인간된 도리를 충실히 하는 것	부모, 조부모, 지역사회 어른에 대한 효	사랑, 예절, 공경

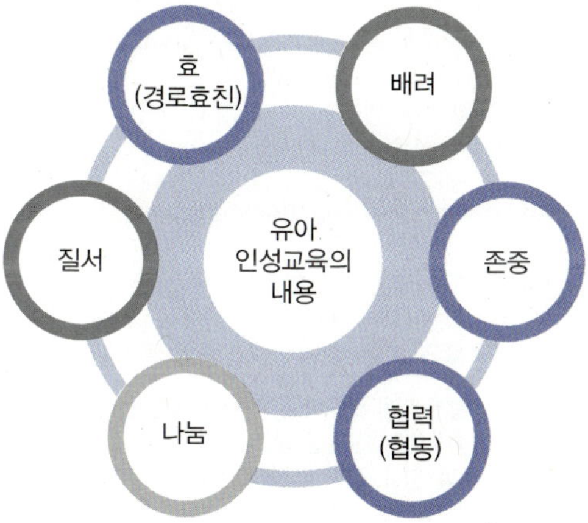

그림 2-6 유아 인성교육의 덕목

이와 같이 구분한 인성의 덕목은 상황적이고 맥락적인 특성이 있어 인성교육 활동 내용에서 교육의 내용은 혼합되고 통합적으로 나타나기도 한다.

3) 인성교육 활동 계획안

인성교육 활동 계획안

<table>
<tr><td>연 령</td><td>만 3세</td><td>활동유형</td><td>바깥놀이</td><td>인성 덕목</td><td>배려</td></tr>
<tr><td>활 동 명</td><td colspan="5">함께 배려하며 산책 함께하기</td></tr>
<tr><td>활동목표</td><td colspan="5">• 배려의 의미에 대해 관심을 가진다.
• 서로를 배려하며 산책에 참여한다.</td></tr>
<tr><td>활동자료</td><td colspan="5">• 구급약, 카메라</td></tr>
<tr><td>활동내용</td><td colspan="5">• 배려의 의미에 알아보고 이야기 나눈다.
– 배려라는 단어를 들어본 적이 있나요?
– 배려는 어떤 것을 이야기할까요?
– 배려란 도와주거나 보살펴 주려고 마음을 쓰는 것을 이야기해요.
– 내 주위에서 도움을 필요로 하는 사람이 있을 때 도와주고 싶은 마음이 생기는 것을 배려하고 해요.
• 형제 맺기를 통해 1유치원 1인성활동을 알아본다.
– 우리는 어떤 반 형님들과 형제를 맺었나요?
– 나와 형제 맺은 형님들이 기억나나요?
– 형님들과 우리가 함께 어떤 활동들을 해보았나요?
– 오늘은 다람쥐반 형님들과 함께 산책을 함께 해보려고 해요.
– 형님들과 함께 배려하며 산책활동을 해요.
– 형님들과 함께 어떤 방법으로 서로 배려하며 산책 활동을 할 수 있을까요?
– 형님들과 함께 산책 해보도록 해요.
• 형님들과 함께 산책을 할 때 지켜야 할 약속에 대해 이야기 나눈다.
– 형님들과 산책을 할 때 어떻게 하면 좋을까요?
– 오르막길이나 내리막길이 힘들면 어떻게 하면 좋을까요?
– 산책로로 이동할 때 어떤 약속을 지키면 좋을까요?
– 형님들과 산책을 할 때 어떤 약속을 하면 좋을까요?
– 형님들의 손을 잡고 안전하게 산책을 해보도록 해요.

1. 형님들과 함께 짝을 이루어 손을 잡고 줄을 선다.
2. 형님들과 산책로를 따라 산책한다.
3. 산책을 할 때 힘이 들면 형님에게 도움을 요청한다.
4. 산책을 통해 형님과 주변의 모습을 감상한다.

• 즐겁게 활동에 참여한다.
• 교실로 안전하게 이동한다.
– 오늘 형님들과 함께 무슨 활동을 해보았나요?
– 형님들께 어떤 도움을 받았나요?
– 도움을 받았을 때 어떤 마음이 들었나요?
– 나는 형님들에게 어떤 도움을 줄 수 있을까요?
– 다음에 형님들과 무엇을 같이 해보고 싶나요?</td></tr>
</table>

인성교육 활동 계획안

연 령	만 3세	활동유형	동화	인성 덕목	배려
활 동 명	아낌없이 주는 나무				
활동목표	• 타인을 배려하는 마음을 가진다. • 배려의 의미에 대해 안다.				
활동자료	• '아낌없이 주는 나무' 동화 PPT				
활동내용	• 배려의 의미에 대해 이야기 나눈다. – '배려'라는 말을 들어본 적이 있나요? – '배려'라는 말은 어떤 뜻일까요? – '배려'라는 말은 도와주거나 보살펴주려고 마음을 쓰는 것이에요. – 친구들은 배려를 해본 적이 있나요? 어떤 배려를 해보았나요? – 오늘은 우리 주변에 있는 나무가 우리에게 주는 배려에 대한 이야기가 담긴 동화를 들어 볼 거에요. • 동화의 표지를 보고 제목과 내용을 예측해본다. – (동화의 표지를 제시하며) 무엇이 보이나요? – 어떤 내용일 것 같나요? – 이 동화의 제목은 무엇일까요? • 동화의 제목, 지은이를 소개한다. – '아낌없이 주는 나무'라는 제목을 들어보니 어떤 내용일 것 같나요? – 이 동화를 만드신 분은 누구일까요? • 동화를 감상한다. • 동화의 내용을 회상하며 이야기 나눈다. – 동화에 누가 나왔나요? – 나무는 무엇을 아낌없이 주었나요? • 동화의 그림만 다시 감상한다. – 동화 속 어떤 장면이 가장 기억에 남나요? – 동화의 내용을 기억하며 그림만 다시 보도록 할까요? • 활동을 평가한다. – 아낌 없이 주는 나무를 보니 어떤 생각이 드나요? – 나무는 우리에게 어떤 배려를 해주었나요? – 우리는 나무에게 어떤 배려를 해줄 수 있을까요?				

인성교육 활동 계획안

<table>
<tr><td>연 령</td><td>만 4세
만 5세</td><td>활동유형</td><td>게임</td><td>인성 덕목</td><td>존중</td></tr>
<tr><td>활 동 명</td><td colspan="5">우리는 모두 대장</td></tr>
<tr><td>활동목표</td><td colspan="5">• 자신만이 가지고 있는 장점에 대해 알아봄으로써 자존감을 느낀다.
• 친구의 장점을 말로 표현하며 타인을 존중하는 태도를 갖는다.
• 순서를 지키며 즐겁게 게임한다.</td></tr>
<tr><td>활동자료</td><td colspan="5">• 인형, 화이트보드, '옆에 옆에'(외국 곡) 노래 악보, CD, CD Player</td></tr>
<tr><td>활동내용</td><td colspan="5">• '우리는 모두 대장(아이코리아부속 치료교육연구원 글/그림)' 동화를 듣는다.

장애를 가진 예은이에 대해 평소에 불편하다고 생각하고 있던 친구들이 예은이가 가지고 있는 장점을 발견하게 된다는 이야기이다. 모든 사람은 특별함이나 장점을 가지고 있음을 이해하게 되고 친구들의 장점을 이야기하며 대장이라 부르는 게임을 하게 된다.

• 10명 내외의 유아들이 둥글게 모여 앉는다.
• '우리는 모두 대장' 동화 내용을 회상하며 이야기 나눈다.
– 친구들이 예은이에게 무슨 대장이라고 했나요?
– 왜 그렇게 이야기했을까요?
• 사람은 자신마다 가진 특별함이 있음에 초점을 두고 유아가 갖고 있는 좋은 점에 대해 이야기 해 본다.
– 왜 그렇게 생각했나요?
• 게임을 진행한다.
– 오늘은 친구가 잘하는 것, 친구만이 가지고 있는 것에 대해 말해 주는 게임을 할 거에요.
– '옆에 옆에' 노래를 부르면서 인형을 전달하다가 교사가 신호하면 인형을 가지고 있는 유아가 자신의 이름을 말한다.
– 인형을 가지고 있는 유아의 좋은 점과 잘하는 점에 대해 이야기한다(○○대장이라고 이야기 한다).
– 교사가 화이트보드에 유아들이 말한 ○○대장을 적는다.
• 모든 유아가 특별함과 장점을 가지고 있음을 이야기 나눈다.
– 모두들 잘 하는 점이 많은 대장들이구나.
– 친구들이 대장이라고 이야기 해주니 기분이 어때요?
– 앞으로도 친구들의 좋은 점을 보면 어떻게 하면 좋을까요?</td></tr>
</table>

* 출처: 교육부(2011). 유치원 기본과정 내실화를 위한 인성교육 프로그램. p. 84-87.

인성교육 활동 계획안

연 령	만 4세	활동유형	이야기 나누기	인성 덕목	존중
활 동 명	나무를 위해 할 수 있는 일				
활동목표	• 나무를 위해 우리가 할 수 있는 일에 대해 안다. • 생명을 존중하는 마음을 가진다.				
활동자료	• 나무에게 온 편지, 나무가 우리에게 주는 그림카드				
활동내용	• 나무에게 온 편지를 함께 감상한다. – 우리반 우체통에 편지 한 통이 도착했어요. [안녕? 나는 시민공원에 있는 동백나무라고 해. 나는 예쁜 꽃과 두꺼운 잎을 가지고 있어. 그런데 사람들이 나의 예쁜 꽃과 잎을 꺾어가지 뭐야. 그래서 나는 지금 나뭇가지 밖에 남지 않았어. 바람이 많이 불고 겨울이 다가올수록 너무 추워……. 사람들은 왜 이렇게 나의 몸을 꺾는 걸까? 친구들이 나무를 지키는 방법을 안다면 사람들에게 알려주지 않을래?] – 나무는 어떤 이야기를 하였나요? – 나무의 마음은 어떨까요? – 우리에게 어떤 부탁을 하였나요? • 나무가 우리에게 주는 선물을 알아본다. – 나무가 우리에게 주는 선물은 무엇이 있나요? – 나무는 우리에게 시원한 그늘이 되어주어요. – 나무는 우리에게 연필, 종이 등 다양한 물건들을 만들 수 있게 해주어요. – 좋은 공기를 선물해주어요. • 나무가 없다면 어떤 일이 일어날지 이야기 나눈다. – 나무가 없다면 우리에게 어떤 일이 일어날까요? [1) 우리는 나무로 만든 다양한 물건을 사용할 수 없어요. 2) 동물들이 살아갈 공간과 먹을 음식들이 없어져요. 3) 다양한 미술활동을 할 수 없어요.] • 나무도 우리와 같은 생명이 있는 존재임을 안다. – 나무도 우리와 같은 생명이 있어요. – 나무의 꽃과 잎을 꺾으면 우리처럼 아파해요. – 나무도 우리가 안아주고 예쁜 말을 하면 기분이 좋아져요. • 나무를 위해 우리가 할 수 있는 일을 이야기 나눈다. – 나무를 위해 우리가 할 수 있는 일은 무엇일까요? – 나무를 안아주고, 사랑해주고, 보살펴요. – 나무를 많이 심고, 꺾지 않아요. • 활동을 회상하여 마무리한다. – 나무를 위해 우리가 할 수 있는 일에 대해 알아보았어요. – 시민공원의 동백나무가 우리에게 부탁한 것을 우리는 어떻게 해결해 줄 수 있을까요? – 나무를 지키는 방법을 사람들에게 어떻게 알려줄 수 있을까요? – 다음 시간에는 우리가 알아본 나무를 지키는 방법을 많은 사람들이 알 수 있도록 나무지키기 캠페인을 해보아요.				

인성교육 활동 계획안

연 령	만 3세	활동유형	신체	인성 덕목	협력
활 동 명	친구와 함께 스트레칭을 해요				
활동목표	• 친구와 함께 활동하는 즐거움에 대해 안다. • 친구와 함께 몸이 건강해지는 스트레칭을 한다.				
활동자료	• '너와 함께라면(방은영 작사/작곡)' 음원, 스트레칭 ppt, 조용한 음악				
활동내용	• '너와 함께라면' 노래를 불러본다. – 다 같이 너와 함께라면 노래를 불러볼까요? – 노래 말처럼 친구와 함께하면 어떤 마음이 드나요? [너와 함께라면] 친구야 너와 함께라면 난~항상 즐거워 친구야 너와 함께라면 난 항상 행복해 다툴 때도 있고 웃을 때도 있고 울 때도 있지만 친구야 너와 함께라면 난~항상 즐거워 친구야 너와 함께라면 난 항상 행복해 • 친구와 함께 몸이 건강해지는 스트레칭을 한다. – 친구와 마주보고 함께 스트레칭을 해볼까요? – 친구와 어떤 스트레칭을 할 수 있을까요? – 옆의 친구와 짝을 지어 마주보고 자리에 앉아 보아요. – 친구와 손바닥을 마주대어 볼까요? – 서로의 손바닥을 마주대고 같이 두 팔을 위로 쭉 올려 보세요. – 이번에는 발바닥을 마주대어 볼까요? – 서로의 발바닥을 마주대고 발가락을 쫙 펴보세요. – 서로의 발바닥을 마주대고 두 다리를 위로 들어 보세요. – 서로의 발바닥을 마주대고 두 다리를 옆으로 쭉 벌려볼까요? – 친구의 손을 잡고 몸을 앞으로 숙여 보세요. – 이번에는 뒤로 돌아서 친구와 등을 서로 맞대어 앉아볼까요? – 등을 맞대고 서로 한 번씩 번갈아 가며 앞으로 몸을 구부려 보세요. – 친구가 몸을 앞으로 구부리면 다른 친구는 친구의 등에 기대어 하늘을 쳐다보세요. – 스트레칭을 하니까 몸이 어떻게 되는 것 같나요? – 친구와 함께 스트레칭을 하니까 어떤가요? • 활동을 평가한다. – 무엇을 해보았나요? – 스트레칭을 누구와 해보았나요? – 친구와 함께 스트레칭을 해보니 기분이 어땠나요?				

인성교육 활동 계획안

<table>
<tr><td>연 령</td><td>만 3세</td><td>활동유형</td><td>게임</td><td>인성 덕목</td><td>협력</td></tr>
<tr><td>활 동 명</td><td colspan="5">풍선 달리기 시합</td></tr>
<tr><td>활동목표</td><td colspan="5">• 협동의 의미에 대해 안다.
• 친구와 협동하여 풍선 달리기 시합에 적극적으로 참여한다.</td></tr>
<tr><td>활동자료</td><td colspan="5">• 풍선, 보자기, 반환점</td></tr>
<tr><td>활동내용</td><td colspan="5">• 협동의 의미에 대해 이야기 나눈다.
– '협동'이라는 말을 들어본 적이 있나요?
– '협동'이라는 말을 어떤 뜻일까요?
– '협동'은 혼자가 아닌 2명 이상인 친구와 마음과 힘을 함께 하는 것이에요.
– 친구와 함께 힘을 합쳐서 어떤 것을 해본 적이 있나요?
– 협동을 하면 어떤 점이 좋을까요?
• 풍선 달리기 시합 게임활동 방법을 알아본다.
– 이것은 무엇인가요?
– 풍선을 불면 어떻게 되나요?
– 풍선을 만지면 느낌이 어떤가요?
– 풍선으로 어떤 게임을 할 수 있을까요?
– 친구와 함께 보자기 위에 풍선을 올려서 반환점을 돌아오는 게임을 해볼 거예요.
– 게임을 어떻게 하는지 알아볼까요?

[게임방법]
1) 강당으로 이동하여 두 팀으로 나누어 앉는다.
2) 각 팀에서 4명씩 나와 풍선을 올린 보자기를 잡는다.
3) 출발소리가 나면 풍선이 떨어지지 않게 보자기를 들고 반환점을 돌아온다.
4) 먼저 돌아오는 팀이 이긴다.

• 게임을 할 때 지켜야 할 약속을 정한 뒤 친구와 협동하여 신나게 게임을 한다.
– 게임을 할 때 어떤 약속이 필요할까요?
– 반환점을 돌 때는 어떻게 해야 할까요?
– 풍선을 떨어뜨리지 않게 하기 위해서는 어떻게 해야 할까요?
– 풍선이 떨어지면 어떻게 해야 할까요?
– 친구와 협동하여 게임을 할 수 있나요?
• 활동을 마무리하고 평가한다.
– 게임을 해보니 어땠나요?
– 친구와 함께 보자기를 잡고 게임을 하니 어떤 기분이 들었나요?
– 풍선 달리기 시합 게임에서 어떤 부분이 재미있었나요?
– 풍선 달리기 시합 게임에서 어떤 부분이 어려웠나요?</td></tr>
</table>

인성교육 활동 계획안

연 령	만 4세 만 5세	활동유형	동시	인성 덕목	나눔
활 동 명	그런데 이상하다				
활동목표	• 나눔에 대한 경험을 공유함으로써 나눔의 의미를 이해한다. • 나눔의 필요성을 생각해 보고 친구와 함께 나누는 방법에 대해 알아본다. • 동시 속의 생각을 이해하고 나의 경험에서 찾아본다.				
활동자료	• 동시 관련 그림자료, 손인형				
활동내용	• 동시 내용 관련 이야기(동시 1연의 내용)를 손인형을 이용하여 들려준다. [간식도 놀잇감도 나누기 싫어하는 한 아이의 이야기] '나는 친구와 나눠 먹기 싫어. 맛있는 간식은 다 나 혼자 먹을래! 내 것이 적어지잖아. 나는 친구에게 장난감 나눠 주지 않을 거야. 내 것이잖아!' • 동시 관련 이야기 속 주인공의 상황에 대해 이야기 나눈다. – 그 아이는 왜 그런 걸까요? – 그 아이에게 해주고 싶은 말이 있나요? • 동시 전체를 그림 자료를 이용하여 들려준다. • 동시를 다시 한 번 들어보며 느낌을 이야기한다. – 동시 속의 친구가 가진 이상한 마음은 무엇인가요? • 나의 경험 속에서 동시 속의 느낌을(친구에게 나누어 주고 마음이 커지는 느낌)을 찾아본다. – 이런 느낌이 들었던 적이 있었나요? • 동시를 나누어서 읊는다. – 처음의 생각과 마음이 달라진 부분을 교사와 나누어서 읊어본다. • 다함께 동시를 읊는다. • 동시 내용을 역할을 나눠 재연해 보고 느낌을 이야기 한다. [그런데 이상하다] 김유림 나눠 먹지 않을래 맛있는 간식 나 혼자 먹을 거야 나눠 쓰지 않을래 재미있는 장난감 나 혼자 가질 거야 나누면 자꾸자꾸 내 것이 작아지는 것 같아서... 그런데 이상하다 같이 나눠 먹으니까 더 맛있고 같이 나누고 놀이하니까 더 재미있고 나누면 자꾸자꾸 내 맘이 커지는 것 같아서				

* 출처: 교육부(2011). 유치원 기본과정 내실화를 위한 인성교육 프로그램. p. 176-179.

인성교육 활동 계획안

연 령	만 5세	활동유형	현장학습	인성 덕목	나눔
활 동 명	아름다운 가게				
활동목표	• '아름다운 가게'에 대해 관심을 가지고, 하는 일에 대해 안다. • 기증하는 경험을 통해 '나눔'에 대해 관심을 가지고, 뿌듯함을 느낀다. • 우리 주변의 가난하고, 불쌍한 사람들에게 관심을 가진다.				
활동자료	• '아름다운 가게' 관련 ppt 자료				
활동내용	〈사전 활동〉 • '아름다운 가게'에 대해서 알아본다. – '아름다운 가게'가 어떤 가게인지 알고 있나요? – 아름다운 가게는 새 물건을 팔지 않고, 사람들이 사용하던 물건을 파는 곳이에요. 이런 물건을 팔아서 모은 돈은 우리 주변의 가난하고, 불쌍한 사람들을 위해 쓰인다고 해요. • '아름다운 가게'를 위해 우리가 할 수 있는 일에 대해 이야기 나눈다. – 우리가 '아름다운 가게'를 위해 할 수 있는 일에는 어떤 것들이 있을까요? (입지 않는 옷을 전달해요. 더 이상 가지고 놀지 않는 장난감을 전달해요) • 더 이상 사용하지 않는 물건이나 작아진 옷 등을 날짜를 정해서 유치원으로 가져와 아름다운 가게에 기증하기로 한다. 〈본 활동〉 • 유치원 근처의 아름다운 가게를 방문한다. • 유아들이 모아 온 물건이나 옷 등을 기증한다. • 가게가 어떻게 생겼는지, 어떠한 물건을 파는지 등을 알아본다(일하시는 분을 통해 '아름다운 가게'에 대해 자세히 알아보도록 한다). 〈사후 활동〉 • '아름다운 가게'에 다녀온 후 느낀 점에 대해 이야기 나눈다. – 직접 '아름다운 가게'를 다녀와 보니 어땠나요? – 물건을 기증해보니 어떤 느낌이 들었나요? – 우리가 기증한 물건이 팔려서 그 돈으로 다른 사람들을 도와주게 될 거에요. 이렇게 우리가 실천할 수 있는 나눔의 방법은 많아요. • 이야기 나눈 것을 바탕으로 그림을 그리거나 함께 동시를 지어본다.				

* 출처: 교육부(2011). 유치원 기본과정 내실화를 위한 인성교육 프로그램. p. 208-210.

인성교육 활동 계획안

연 령	만 4세 만 5세	활동유형	동시	인성 덕목	질서
활 동 명	아무도 안본다고				
활동목표	• 자연을 깨끗하게 유지하기 위해 지켜야 할 규칙에 대해 안다. • 자연보호의 필요성을 느끼며, 동시를 듣고 읊어본다. • 자연보호를 위한 사회질서의 필요성을 느끼며, 실천할 수 있다.				
활동자료	• '아무도 안본다고(이수현 지음)' 동시 자료, 자연을 해치는 그림 자료(꽃 꺾기, 벌레 밟기, 휴지 버리기, 침 뱉기), 자연을 보호하는 그림 자료(쓰레기 줍기, 나무 심기)				
활동내용	• 자연을 해치는 그림(꽃 꺾기, 벌레 밟기, 휴지 버리기, 침 뱉기)을 보며 이야기 나눈다. – 어떤 그림인가요? – 이 그림을 보니 어떤 기분이 드나요? • '아무도 안본다고' 동시의 내용을 간단히 이야기로 들려준다. • 동시 자료를 활용하여, 동시를 들려준다. • 동시의 내용에 대하여 이야기를 나눈다. – 사람들이 보지 않아도 무엇을 하지 않는다고 했나요? – 어떤 어린이가 되고 싶다고 했나요? • 동시를 나누어서 읊어본다. • 동시를 다함께 읊어본다. • 활동을 평가하고 마무리한다. – 자연을 가꾸는 일은 남이 보지 않는 곳에서도 해야 된다는 점에 대해 이야기 나눈다. – 자연을 아끼고 보호할 수 있도록 약속을 정할 수 있다는 점에 대해 이야기 나눈다. [아무도 안 본다고] ○○○ 아무도 안 본다고 꽃을 꺾을까? 아무도 안 본다고 벌레를 밟을까? 아니 아니요 누가 보지 않아도 자연을 사랑하는 어린이가 될래요. 아무도 안 본다고 휴지를 버릴까? 아무도 안 본다고 침을 뱉을까? 아니 아니요 누가 보지 않아도 환경을 깨끗이 하는 어린이가 될래요. 〈출처: 충청북도교육청(1991). 유치원 교사용 지도서 기본생활습관 지도. p.197를 참고하여 재구성함〉				

* 출처: 교육부(2011). 유치원 기본과정 내실화를 위한 인성교육 프로그램. p. 230-232.

인성교육 활동 계획안

연 령	만 3세 만 4세 만 5세	활동유형	대피훈련	인성 덕목	질서
활 동 명	지진이 일어났어요				
활동목표	• 지진의 위험성과 적절한 지진 대피방법에 대해 알아본다. • 위급한 상황에서도 질서 있는 태도가 필요함을 알고 실천한다.				
활동자료	• 지진발생 시 대처 그림(탁자나 책상 밑으로 몸을 피한다. 손으로 머리를 감싸 보호한다. 건물 밖으로 나오지 않는다)				
활동내용	• 지진영상자료를 보며, 지진에 대하여 이야기 나눈다. – 땅이 어떻게 되었나요? – 땅이 흔들리자 건물들은 어떻게 되었나요? – 지구 안에 여러 개의 판이 있는데, 그 판이 움직이다 서로 부딪히면 땅이 흔들리는 지진이 일어나게 돼요. • 지진 발생 시 대처방법을 알아본다. – 지진이 발생했다는 것을 어떻게 알 수 있을까요? (땅이 흔들린다. 지진대피를 알리는 비상벨이 울린다) – 만약 유치원에서 지진이 발생했을 때 어떻게 해야 할까요? (책상 밑으로 몸을 피한다. 머리를 보호한다. 유치원 밖으로 나오지 않는다.) • 비상벨을 울려 대피상황임을 알린다. • 교사의 지시에 따라 지진대피훈련을 실시한다. – 책상 밑에 들어가 머리와 몸을 보호하며, 책상 다리를 잡고 흔들림이 멈출 때까지 기다릴 수 있도록 지도한다. • 지진대피훈련이 끝난 후 평가하는 시간을 갖는다. – 지진대피훈련을 통해 질서를 지켜 무사히 대피할 수 있었다는 점에 대해 이야기 나눈다.				

* 출처: 교육부(2011). 유치원 기본과정 내실화를 위한 인성교육 프로그램. p. 248-251.

인성교육 활동 계획안

연 령	만 5세	활동유형	미술	인성 덕목	효
활 동 명	내 가족을 위한 효도 쿠폰				
활동목표	• 가족을 위해 내가 할 수 있는 실천에 대해 안다. • 가족을 위하는 마음을 가진다. • 정성스레 효도 쿠폰을 만들어본다.				
활동자료	• 효도 쿠폰 활동지				
활동내용	• 우리 가족을 사랑하는 마음에 대해 이야기 나눈다. – 가족이 있어서 좋은 점이 무엇인가요? – 가족이 없다면 어떨까요? – 가족을 사랑하는 마음을 어떻게 표현하나요? – 우리가 가족을 위해 할 수 있는 일들이 무엇이 있을까요? • 가족을 위해 내가 효도할 수 있는 일에 대해 알아본다. – 가족들을 위해 내가 효도도 하고 도울 수 있는 일들은 무엇이 있나요? – 평소에 가족들을 위해 집에서 하는 일이 있나요? – 무엇을 도와주나요? – 어떻게 하면 가족들이 더 행복해할까요? • 오늘의 활동을 소개한다. [활동방법] 1. 가족을 위해 할 수 있는 일에 대해 생각한다. 2. 할 수 있는 일을 글과 그림으로 쿠폰에 표현한다. 3. 자신이 만든 작품(쿠폰)을 친구들에게 소개한다. – 오늘은 가족을 위한 효도 쿠폰을 만드는 활동을 할거예요. – 쿠폰을 어떻게 만들 수 있을까요? – 내가 할 수 있는 일을 글과 그림으로 적어서 어떻게 사용하면 좋을까요? – 내가 정성껏 만든 쿠폰을 가족들이 보면 기분이 어떨까요? • 효도도 쿠폰 만들기 활동에 참여한다. • 활동을 한 뒤 느낌에 대해 이야기 나눈다. – 오늘 효도 쿠폰을 만들어 보니 어땠나요? – 쿠폰에 어떤 내용을 담았나요? – 집으로 가져가서 어떻게 사용하면 좋을까요? – 오늘 가서 사용해보기로 해요.				

인성교육 활동 계획안

연 령	만 5세	활동유형	게임	인성 덕목	효
활 동 명	어른들께 존칭을 사용해요.				
활동목표	• 낮춤말과 높임말을 구분한다. • 존칭의 의미를 알고 바르게 사용하는 태도를 기른다.				
활동자료	• 역할 머리띠, 낮춤말, 높임말 글자카드, 신호악기, 장애물				
활동내용	• 친구들, 어른들께 인사하는 방법을 알아본다. – 친구들을 만나면 어떻게 인사하나요? – 어른들을 만나면 어떻게 인사하나요? • 존댓말에 대해 이야기 나눈다. – (안녕하십니까) 이 말은 누구에게 사용하는 말일까요? – (잘가) 이 말은 누구에게 사용하는 말일까요? – 존댓말이 무엇일까요? – 누구에게 존댓말을 사용해야 할까요? • 다양한 존칭 카드를 보며 이야기 나눈다. – 어떤 말이 적혀있나요? – 존칭이 적혀 있는 카드를 찾을 수 있겠나요? – 어떤 친구가 나와서 찾아볼까요? • 활동을 소개한다. – 오늘은 어른의 역할 도우미 친구를 정해 '존칭을 사용해요' 게임을 해볼거예요. – 어떻게 게임을 할 수 있을까요? • 활동방법을 알아본다. [활동방법] 1. 2팀으로 나눈다. 2. 신호악기 소리에 맞추어 장애물을 지나간다. 3. 글자 카드가 있는 곳에 가서 존칭 카드를 찾는다. 4. 찾은 존칭카드를 할아버지, 할머니(역할도우미)에게 주고 돌아온다. • 약속을 알아본다. – 우리가 안전하게 게임을 하기 위해서는 어떤 약속을 지켜야 할까요? • 질서를 지켜 강당으로 이동한다. • 즐겁게 게임활동에 참여한다. • 활동을 평가한다. – '오늘 존칭을 사용해요' 게임을 해보았는 데 어땠나요? – 앞으로 어른들께는 어떤 말을 사용할 건가요? – 오늘부터 어른들께 높임말을 사용하는 예의바른 어린이가 되기로 해요.					

CHAPTER 3

일상생활교육의 실제

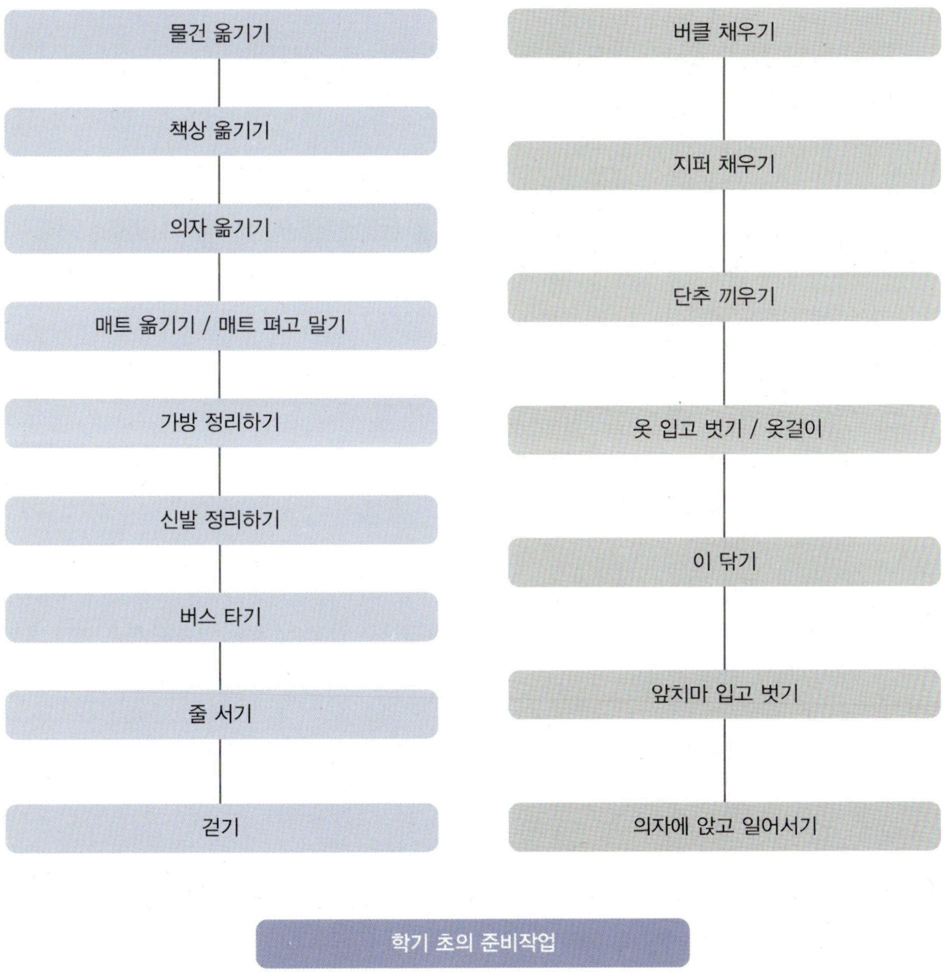

1 학기 초의 준비작업

걷기

1. 대상연령: 3세 이상
2. 선행학습: 없음
3. 교　　구: 의자, 책상
4. 제시방법

▸괜찮아, 넌 할 수 있어(클레르 프리드먼 저, 출판사: 세상모든책)

1) 동화를 들려준다.
2) 동화 내용을 회상한다.
   - 아기 토끼 데이지는 무엇을 배우고 있나요?
   - 엄마의 도움을 받지 않고 혼자서 깡충 뛰기를 해내고 싶지만 잘 안되나 봐요.
   - 아기 토끼 데이지가 금세 포기하려고 할 때 엄마는 어떻게 했나요?
   - 아기 생쥐는 엄마 생쥐에게 무엇을 배우고 있나요?
   - 아기 생쥐는 어떻게 되었나요?
   - 아기 오소리는 아빠 오소리에게 무엇을 배우고 있나요?
   - 어떻게 되었나요?
   - 아기 오리는 엄마 오리에게 무엇을 배우고 있나요?
   - 어떻게 되었나요?
   - 데이지는 무슨 일이든 새로운 것을 배우는 것은 누구에게나 어렵다는 것을 알았어요.
   - 우리 친구들도 오늘 교실에서 바른 자세로 부딪치지 않고 잘 걷는 연습을 해서 아기 토끼 데이지에게 보여 줄까요?

1) 바른 자세로 걷는 방법에 대해 이야기 나눈다.
   - 왜 바르게 걸어야 할까요?
2) 교실에서 걸을 때는 책상이나 교구장에 부딪치지 않고 걸어요.
   - 선생님이 하는 것을 잘 보고 따라 해보세요!
3) 걸을 때 책상과 교구장에 부딪치지 않고 걷는다.
4) 어깨를 펴고 앞을 보면서 조용히 걷는다.

5) 바른 자세로 조용히 걷는다.
6) 두발을 모으고 선다.
7) 유아에게 권유한다.

▸ 걸어보아요(안나 클라라 티돌름 저, 출판사: 사계절)

1) 동화를 들려준다.
2) 동화 내용을 회상한다.
 - 밖에 나갈 때 우리는 무엇을 준비할까요?
 - 무엇이 보이나요?
 - 너희들은 어떤 길을 경험해 보았나요?
 - 그때 어떤 느낌이 들었나요?
 - 길을 따라서 내려가면 무엇이 나올까요?
 - 어떤 길일까요?
 - 좁다란 길을 따라서 내려가면 무엇이 나올까요?
 - 어떤 느낌이 드는 길일까요?
 - 바람 부는 길을 따라서 내려가면 무엇이 나올까요?
 - 어떤 길일까요?
 - 언덕길을 따라서 내려가면 무엇이 나올까요?
 - 어떤 길일까요?
 - 기다란 길을 따라서 내려가면 무엇이 나올까요?
 - 저녁 길을 걸어 본 적이 있나요?
 - 저녁 길을 따라서 내려가면 무엇이 나올까요?

▸ 아장아장 걷다가(허은미 저, 출판사: 아이세움)

1) 동화를 들려준다.
2) 동화 내용을 회상한다.
 - 너희들이 아기일 때는 어떻게 걸었을까요?
 - 엉금엉금 기다가 뒤뚱뒤뚱 걷다가 껑충껑충 걸어서 깡충깡충 뛸 수 있게 되었네요.
 - 엉금엉금 걷는 동물은 무엇이 있을까요?
 - 뒤뚱뒤뚱 걷는 동물은 무엇이 있을까요?
 - 겅중겅중 걷는 동물은 무엇이 있을까요?

- 깡충깡충 걷는 동물은 무엇이 있을까요?
- 걷는 모습이 모두 어떤가요?
- 하지만 모두 걸을 수는 있답니다.

5. 흥미점

1) 신체의 움직임을 느낀다.
2) 소리를 내지 않고 부딪치지 않고 걷는다.
3) 발을 모으고 선다.

6. 오류의 통제

1) 사람과 부딪친다.
2) 소리가 크게 난다.
3) 사물에 부딪친다.
4) 자세와 걸음걸이가 바르지 않는다.

7. 직접목적

1) 바른 자세로 천천히 걷는다.
2) 내적 통제력을 기른다.
3) 신체를 조절하여 평행 감각을 습득한다.

간접목적

1) 환경에 적응한다.
2) 독립심, 집중력, 협응력, 질서감, 사회성을 기른다.

8. 변형 및 응용

1) 선 따라 걷기
2) 사람과 사람 사이 걷기
3) 물건과 물건 사이 걷기
4) 물건을 들고 걷기
5) 환경에서의 걷기
6) 음악에 맞추어 걷기
7) 매트 주위 걷기
8) 실내에서 안전하게 걷기

1) 유치원 실내 장소를 소개한다.
   - 이곳은 어디일까요?

2) 복도에서 뛰는 모습과 걷는 모습을 보여 주며 이야기 나눈다.
   - 두 그림이 어떤 점이 다른가요?
   - 복도에서는 어떻게 걸어야 할까요?
   - 왜 그렇게 해야 되나요?

3) 복도에서 바른 자세로 걷는 것에 대해 이야기 나눈다.
   - 어떻게 걷는 것이 바른 자세일까요?
   - 바른 자세로 걸어 볼 친구 있나요?

4) 계단에서 바른 자세로 걷는 것에 대해 이야기 나눈다.
   - 한 계단씩 오른쪽으로 올라가고 내려와요.

9. 언어: 걷는다. 전진한다. 올라간다. 내려온다. 부딪치지 않는다.

10. 비고

1) 신학기 때는 교사가 제시하며, 근육조절이 잘 되어있지 않는 유아는 교사가 손을 잡고 걷거나 걷는 모습을 보여 준다.
2) 걷기는 4, 5세 유아들에게는 일종의 교육 프로그램이며, 한 다리에서 다른 다리로의 무게 이동을 말하는 것으로 앞, 뒤, 옆 어느 방향으로도 할 수 있어야 한다.
3) 걷기 지도 시, 강조해야 할 점은 발은 똑바로 앞을 향해 내디뎌야 하고, 팔은 지나치게 흔들지 말고 자연스럽게 움직이면서 한 걸음의 폭이 적당해야 한다. 머리는 똑바로 들고 시선은 눈높이로 앞을 주시한다.
4) 사람이 앉아 있을 때는 등 뒤로 다닌다.
5) 누워 있을 때는 머리맡으로 다니지 않는다.
6) 물건을 밟거나 넘지 않는다.
7) 바른 자세로 걷는 태도를 관찰하여 평가한다.

줄 서기

1. 대상연령: 3세 이상
2. 선행학습: 걷기
3. 교　　구: 없음
4. 제시방법
   1) 줄을 서야 하는 상황을 생각하며 이야기 나눈다.
      - 줄서기 해 본 적이 있나요?
      - 왜 줄을 서야 할까요?
   2) 줄을 서야 할 장소와 줄서기가 필요한 이유에 대해 이야기 나눈다.
      - 언제 줄을 서야 할까요?
      - 화장실 갈 때, 손 씻을 때, 간식 먹을 때, 점심 먹을 때, 버스 탈 때 등.
   3) 줄을 설 때 약속에 대해 이야기를 나눈다.
   4) 한 줄 서기 방법과 좋은 점에 대해 이야기 나눈다.
      - 한 줄 서기를 하면 어떤 점이 좋을까요?
      - 한 줄 서기를 하지 않으면 어떤 점이 불편할까요?
5. 흥미점
   1) 줄을 섰을 때의 느낌
   2) 한 줄이 된다.
6. 오류의 통제
   1) 차례를 지키지 않는다.
   2) 앞사람을 민다.
7. 직접목적
   1) 줄 서는 방법에 대해 알고 실천해 본다.
   2) 줄을 서야 하는 이유를 알고 좋은 점을 안다.
   3) 줄을 서야 하는 필요성을 알고 지킨다.
   4) 질서를 지켜야 할 필요성에 대해 안다.

   간접목적
   1) 안전을 알고 질서를 지킨다.
   2) 집중력, 질서감, 협응력, 독립성, 사회성을 기른다.

8. 변형 및 응용

1) 다양한 상황에 따른 줄 서기
2) 한 줄 기차 줄 서기
3) 짝꿍과 손잡고 줄 서기
4) 공공시설 사용 시 한 줄 서기(공중 화장실, 무빙워크, 에스컬레이터)
5) 줄을 서서 차례차례 - 동시

줄을 서서 차례차례

손을 씻고 올 때도 차례차례

두 사람이 모이면 차례차례

계단을 올라갈 때도 차례차례

차를 타고 내릴 때도 차례차례

간식을 먹을 때도 차례차례

모든 일을 어디서나 차례차례

줄을 서서 차례차례

지은이: ______

__________ 차례차례

__________ 차례차례

__________ 차례차례

__________ 차례차례

__________ 차례차례

모든 일을 어디서나 차례차례

9. 언어: 맞추기

10. 비고: 한 줄 서기의 필요성을 알고 평가한다.

버스 타기

1. 대상연령: 3세 이상
2. 선행학습: 줄 서기
3. 교　　구: 버스
4. 제시방법
   1) 버스나 여러 가지 교통기관을 타본 경험에 대해 이야기 나눈다.
      - 버스를 타 본 적이 있나요?
      - 다른 교통기관을 이용해 본 적이 있나요?
      - 버스를 타고 내릴 때 어떻게 해야 하나요?
      - 사람들이 줄을 서지 않고 타거나 내리면 어떻게 될까요?
   2) 버스 안에서 지켜야 할 예절에 대해 이야기 나눈다.
      - 차례로 줄을 서요.
      - 차 안에서 일어나지 않아요.
5. 흥미점
   1) 차례대로 타고 내린다.
   2) 안전벨트를 맨다.
6. 오류의 통제
   1) 줄을 서지 않는다.
   2) 큰소리로 떠든다.
   3) 차 안에서 뛰어다닌다.
7. 직접목적
   1) 버스를 이용할 때 지켜야 할 예절이 있음을 안다.
   2) 차 안에서 지켜야 할 예절을 안다.
   3) 타는 사람을 배려하는 마음을 갖는다.

   간접목적: 질서감, 독립심, 협응력, 집중력을 기른다.
8. 변형 및 응용
   1) 대중교통기관 이용 시 지켜야 할 예절
   2) 지하철 안의 모습
9. 언어: 버스, 줄 서기, 탄다, 내린다.
10. 비고
    1) 차 안에서의 예절을 평가한다.
    2) 여러 사람이 이용하는 것이므로 다른 사람을 배려해야 함을 이야기한다.

신발 정리하기

1. 대상연령: 3세 이상
2. 선행학습: 신입 원아
3. 교　　구: 신발, 신발장
4. 제시방법
   1) 정리되지 않은 신발 사진을 보여 주고 이야기 나눈다.
      - 신발이 어떻게 되어 있나요?
      - 정리가 되어 있지 않은 신발을 보니 어떤가요?
   2) 신발을 정리해야 하는 이유에 대해 이야기 나눈다.
      - 왜 신발을 정리해야 할까요?
      - 신발을 정리하지 않으면 어떻게 될까요?
   3) 신발을 바르게 정리하는 방법에 대해 이야기 나눈다.
   4) 신발을 정리해본다.
      - 선생님과 함께 신발을 바르게 정리해 보자.
   5) 앉아서 신발을 벗는다.
   6) 신발 두 짝을 가지런히 모은다.
   7) 모은 신발을 오른손으로 잡는다.
   8) 신발을 바닥에 살짝 두드려 흙을 털어낸다.
   9) 신발 바닥이 보이게 뒤집어 든다.
   10) 왼손으로 오른손의 손등을 받친다.

11) 자신의 신발장 앞으로 간다.

12) 신발을 뒤집어 신발장에 넣는다.

13) 신발이 신발장 밖으로 나오지 않도록 밀어 넣는다.

14) 정리한 신발을 바라본다.

15) 정리된 신발을 본 기분이 어떤지 이야기 나눈다.

16) 유아에게 권유한다.

5. 흥미점

1) 신발을 가지런히 모은다.

2) 신발을 잡고 턴다.

3) 신발 바닥을 보이게 뒤집어 든다.

6. 오류의 통제

1) 신발의 좌우가 바뀐다.

2) 신발을 한 손으로 잡지 못한다.

3) 신발이 신발장 밖으로 나와 있다.

7. 직접목적: 신발을 바르게 정리하는 습관을 기른다.

간접목적: 독립심, 질서감, 집중력, 협응력을 기른다.

8. 변형 및 응용

1) 덧신 정리하기

2) 슬리퍼 정리하기

9. 언어: 신발, 신발장, 모은다, 잡는다, 뒤집는다, 넣는다.

10. 비고

1) 신발의 흙을 털 때는 너무 세게 털지 않도록 한다.

2) 신발을 바르게 정리하고 실천하는지 평가한다.

가방 정리하기

1. 대상연령: 3세 이상
2. 선행학습: 정리하기
3. 교　　구: 가방
4. 제시방법

▸제자리에 착착(손정원 저, 출판사: 한국몬테소리)

1) 동화내용을 회상한다.
   - 곰곰이는 자기물건을 어떻게 했나요?
   - 어질러진 방을 보면서 무슨 생각을 했을까요?
   - 어떻게 했나요?
   - 어떤 점이 편했나요?

▸모두 다 제자리에(로즈메리 웰스 저, 출판사: 달리)

1) 동화를 들려준다.
2) 동화 내용을 회상한다.
   - 이 친구 이름은 맥스입니다.
   - 이 그림에서 이상한 것이 있나요?
   - 이 친구는 맥스의 누나 루비입니다.
   - 루비누나가 맥스에게 무엇이라고 말했나요?
   - 맥스는 지금 무엇을 하고 있는 것 같나요?
   - 깜짝 거품 튜브를 어디에다 버렸나요?
   - 맥스는 개미를 어떻게 했나요?

- 맥스는 또 물건들을 어디에 넣었나요?
- 루비는 어떻게 정리했나요?
- 맥스는 어떻게 했나요?
- 루비는 맥스에게 뭐라고 말했나요?
- 물건을 제자리에 두면 어떤 점이 좋을까요?

▸정리하기 싫어(이다영 저, 출판사: 시공주니어)

1) 동화를 들려준다.
2) 동화 내용을 회상한다.
   - 멋쟁이 여우가 싫어하는 것은 무엇이었나요?
   - 오소리의 생일날 무엇을 준비했나요?
   - 여러분은 친구 생일날 무엇을 준비해 보았나요?
   - 오소리가 왜 준비한 선물을 찾을 수 없었나요?
   - 오소리 친구들이 어떻게 도와주었나요?
   - 여우의 방은 어떻게 변했나요?
   - 여우의 기분은 어떨까요?
3) 놀잇감이 정리되어 있지 않는 사진을 보여 주며 이야기 나눈다.
   - 물건들이 어떻게 되어있나요?
   - 왜 이렇게 되었을까요?
   - 흐트러져 있는 물건들은 어떻게 하면 좋을까요?
4) 놀잇감을 정리해야 하는 이유와 정리 방법에 대해 이야기 나눈다.
   - 우리가 놀잇감을 정리해야 하는 이유는 무엇일까요?
   - 놀잇감을 깨끗하게 할 수 있는 방법에는 어떤 것이 있을까요?
5) 사물함에 가방이 정리되어 있지 않은 사진을 보여 주며 이야기 나눈다.
   - 가방이 어떻게 되어 있나요?
   - 정리가 되어 있지 않은 가방을 보니 어떤가요?
6) 가방을 정리해야 하는 이유에 대해 이야기 나눈다.
   - 왜 가방을 정리해야 할까요?
   - 어떻게 정리하면 될까요?
7) 가방을 정리 정돈하는 방법을 알아본다.
   - 선생님과 함께 가방을 바르게 정리해 보자.

8) 활동할 장소로 이동한다.
9) 가방끈이 자신의 무릎 쪽으로 오게 놓는다.
10) 왼손으로 가방을 잡고 오른손으로 가방의 덮개를 잡는다.
11) 오른손을 잡아당겨 가방의 덮개를 연다.
12) 가방끈을 오른쪽으로 합쳐서 잡는다.
13) 가방끈을 두 번 정도 접는다.
14) 가방끈을 가방의 안쪽으로 밀어 넣는다.
15) 가방을 주시한다.
16) 두 손으로 가방의 덮개를 잡고 덮는다.
17) 가방 덮개의 아래쪽을 왼쪽에서 오른쪽으로 천천히 훑는다.
18) 가방을 세운다.
19) 정리된 가방을 보고 느낌을 이야기 나눈다.
20) 유아에게 권유한다.
21) 가방을 제자리에 정리한다.

5. 흥미점
1) 끈을 중앙으로 모은다.
2) 가방끈을 접는다.
3) 가방끈을 가방 안으로 밀어 넣는다.

6. 오류의 통제
1) 가방 덮개를 열지 못한다.
2) 가방끈을 모으지 못한다.
3) 가방끈이 밖으로 나온다.

7. 직접목적
1) 가방을 정리하는 방법을 안다.
2) 물건을 제자리에 정리하는 습관을 기른다.
간접목적: 독립심, 질서감, 집중력, 협응력을 기른다.

8. 변형 및 응용
1) 배낭 정리하기
2) 가방 안에 수저통, 물통, 출석카드 정리하기
3) 놀잇감 정리하기
4) 책 정리하기
5) 사물함 정리하기

6) 자신의 주변 정리하기

7) '그냥 두고 나갔더니'–노래(김성균 작사/작곡)

9. 언어: 가방, 열다, 닫다, 접다, 가방끈, 넣다.

10. 비고

1) 가방끈을 집어넣을 때는 안으로 쑥 넣는다는 느낌이 나도록 한다.

2) 가방을 바르게 정리할 수 있는지 관찰하여 평가한다.

매트 옮기기/매트 펴고 말기

〈매트 옮기기〉

1. 대상연령: 3세 이상
2. 선행학습: 걷기
3. 교　　구: 매트, 매트꽂이
4. 제시방법
   ▸ 요술매트(아나이스 보즐라드 저, 출판사: 문학과지성사)
   1) 동화를 들려준다.
   2) 동화 내용을 회상한다.
      - 동화 속에 누가 나왔나요?
      - 엘리는 매트를 타고 어떤 일들을 할 수 있었나요?
      - 엘리의 요술매트처럼 우리가 재미있게 교구를 할 수 있도록 도와주는 것이 있대요. 함께 찾아볼까요?
   3) 매트가 어디에 사용되는지에 대해 이야기 나눈다.
   4) 매트를 바르게 정리하는 방법을 알아본다.
      - 선생님과 함께 매트를 옮겨보자!
   5) 매트를 본다.
   6) 매트의 중앙을 양손으로 잡는다.
   7) 매트꽂이에서 매트를 꺼내 바닥에 세워 놓는다.
   8) 매트를 천천히 들어 올려서 매트꽂이에 옮긴다.
   9) 유아에게 권유한다.
5. 흥미점
   1) 매트를 들어 올릴 때 무게감을 느낀다.
   2) 매트를 옮긴다.
6. 오류의 통제: 매트를 떨어뜨린다.
7. 직접목적
   1) 매트 옮기는 법을 안다.
   2) 환경에 적응한다.

간접목적: 집중력, 협응력, 사회성, 질서감, 독립심을 기른다.

8. 변형 및 응용: 다양한 크기와 재질의 매트 옮기기

9. 언어: 매트, 옮긴다, 들어 올린다, 들어 내린다.

10. 비고

1) 매트 잡는 법을 정확하게 제시한다.

2) 매트 옮기기 제공 후 매트 펴고 말기로 자연스럽게 연결한다.

〈매트 펴고 말기〉

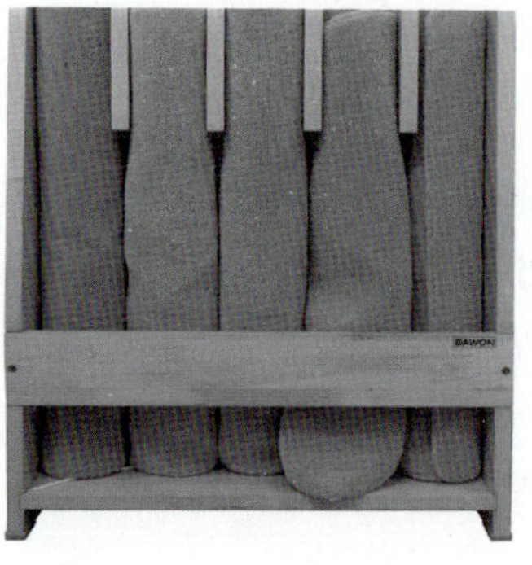

1. 대상연령: 3세 이상

2. 선행학습: 매트 옮기기

3. 교　　구: 매트, 매트꽂이

4. 제시방법

* 신입생, 어린 유아일 경우에는 교사와 유아가 각자의 매트를 가지고 한다.

1) 매트를 펴는 방법에 대해 이야기 나눈다.

- 오늘은 선생님과 함께 매트를 펴고 말기를 해 봐요.

2) 매트를 양손으로 잡고 활동할 장소에 옮긴다.

3) 매트를 바닥에 세우고 수평으로 놓는다.

4) 매트 위 왼쪽에 왼손을 놓고 옆에 오른손을 놓는다.

5) 오른손으로 매트를 왼쪽에서 오른쪽으로 훑는다.

6) 양쪽 끝을 잡고 손목을 돌리면서 매트를 편다.

7) 동일한 방법으로 매트를 끝까지 편다.

8) 다 편 매트 밑 왼쪽에 왼손을 놓고 옆에 오른손을 놓는다.
9) 오른손으로 매트를 왼쪽에서 오른쪽으로 훑는다
10) 매트를 마는 방법에 대해 이야기 나눈다.
11) 펼쳐진 매트를 잠시 응시한 후, 이제는 "매트를 말아봅시다"라고 말한다.
12) 매트 위에 한 손을 올리고 매트를 2/3 정도 내린다.
13) 양손으로 매트를 잡고 동일한 방법으로 만다.
14) 매트를 한 손씩 잡아 뒤집어서 끝까지 만다.
15) 매트를 수직으로 세운다.
16) 매트를 매트꽂이에 정리한다.
17) 매트를 펴고 만 후 어떤 기분이 드는지 이야기 나눈다.
18) 유아에게 권유한다.

5. 흥미점

1) 끝이 가지런히 말아진 매트를 본다.
2) 매트의 끝을 다림질 하듯 편다.
3) 매트를 뒤집는다.

6. 오류의 통제: 매트의 양끝이 정확하게 말아지지 않았다.

7. 직접목적

1) 매트를 펴고 만다.
2) 스스로 활동할 장소를 정한다.

간접목적: 질서감, 독립심, 협응력, 집중력, 사회성을 기른다.

8. 변형 및 응용

1) 다양한 크기와 재질의 매트 펴고 말기
2) 실생활에서 물건 펴고 말기
3) 달력, 큰 그림, 도화지, 세계 전도, 우산 펴고 말기
4) 수건, 옷, 양말 등 말기

9. 언어: 잡는다, 놓는다, 편다, 만다, 뒤집는다, 양끝을 맞춘다.

10. 비고

1) 매트 펴고 말기는 유아가 활동할 장소를 스스로 확보하는 작업이므로 환경 내에서 정확하게 지도해야 한다.
2) 유아들은 때때로 매트 위에 앉고 싶어 한다. 그러나 매트는 책상과 같은 역할을 하므로 앉는 곳이 아니라는 것을 알려 주어야 한다.
3) 매트를 바르게 펴고 말 수 있는지 관찰하여 평가한다.

의자 옮기기

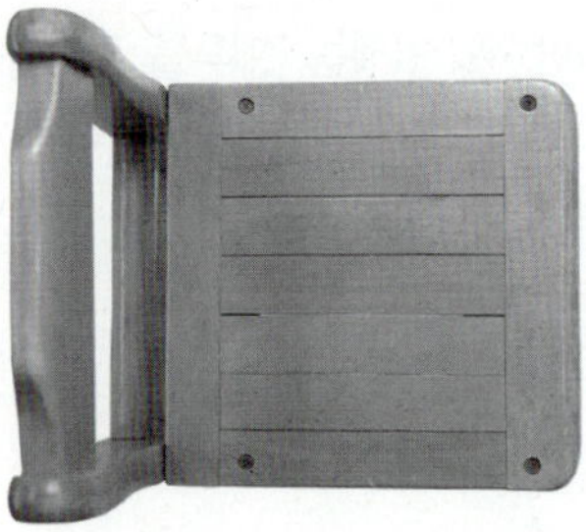

1. 대상연령: 3세 이상
2. 선행학습: 걷기
3. 교　　구: 의자, 책상
4. 제시방법

1) 동화를 들려준다.

▸ 짝을 찾아요(창작동화)

> 사이가 좋은 책상친구와 의자친구가 있었어요. 어느 날 한 친구가 와서 의자친구를 슬쩍 빼 쓰고는 제자리에 두지 않았어요. 책상친구와 떨어진 의자친구는 너무 외로웠어요. 지우개는 연필이랑, 못은 망치랑, 칫솔은 치약이랑, 서로 사이좋게 지내는 모습이 부러웠어요. "모두 제 짝이 있는데…" 짝을 못 찾고 슬퍼진 의자친구는 그만 그 자리에서 엉엉 울고 말았답니다.

2) 동화 내용을 회상한다.
- 의자친구는 왜 울고 있나요?
- 의자친구의 짝은 누구인가요?
- 책상의 짝은 누구인가요?
- 우리가 의자친구를 제자리로 갈 수 있도록 찾아줄까요?

▸ 파란의자(클로드 부종 글·그림, 최윤정 옮김, 출판사: 비룡소)

1) 동화를 들려준다.
2) 동화 내용을 회상한다.

- 어떤 친구들이 나왔나요?
- 두 친구는 어디를 걷고 있었나요?
- 사막에서 무엇을 보았나요?
- 두 친구는 의자를 가지고 어떻게 놀았나요?
- 누구를 만났나요?
- 낙타가 어떻게 말했나요?
- 의자는 앉으라고 있는 거예요.

1) 의자를 사용함으로써 좋은 점에 대해 이야기 나눈다.
2) 의자를 바르게 옮기는 방법에 대해 이야기 나눈다.
3) "오늘은 선생님과 함께 의자 옮기기를 해볼까요?"
의자의 측면에 가서 선다.
4) 한 손은 의자 등받이 중앙 부분을 잡고 나머지 한 손은 의자의 앉는 부분의 중앙을 잡고 천천히 들어올린다.
5) 의자를 놓을 장소에 가서 멈춘다.
6) 바닥에 앞쪽 다리 하나를 놓고 나머지 하나를 놓은 후, 뒤쪽 다리를 동시에 놓는다.
7) 의자를 놓고 난 후 어떤 기분이 드는지 이야기 나눈다.
8) 유아에게 권유한다.

5. 흥미점

1) 의자를 소리 나지 않게 들고 옮긴다.
2) 의자의 무게를 느낀다.
3) 의자 다리 앞부분부터 바닥에 놓는다.

6. 오류의 통제

1) 의자를 바닥에 내려놓을 때 큰 소리가 난다.
2) 의자를 옮기는 법이 바르지 않다.

7. 직접목적

1) 의자 옮기는 방법을 안다.
2) 환경에 적응한다.

간접목적: 질서감, 독립심, 집중력, 협응력, 사회성, 주의력을 기른다.

8. 변형 및 응용

1) 지정된 장소에 의자 놓기

2) 의자를 선에 맞추어 놓기

3) 책상, 물건 옮기기

9. 언어: 의자, 옮긴다, 잡는다, 등받이, 앞쪽, 뒤쪽.

10. 비고

1) 연령이 어린 유아의 경우에는 힘이 부족하거나, 몸의 균형이 조절되지 않아 의자를 배에 붙이고 운반할 수도 있다.

2) 의자를 바르게 옮길 수 있는지 관찰하여 평가한다.

책상 옮기기

1. 대상연령: 3세 이상
2. 선행학습: 걷기, 의자 옮기기의 활동
3. 교　　구: 교실의 1인용 책상, 2인용 책상
4. 제시방법

〈생활도구 사진을 보며 이야기 나눈다.〉

- 우리 주변에서 볼 수 있는 도구들 중에서 집에서 볼 수 있는 도구는 무엇일까요?
- 청소를 할 때 필요한 도구는 무엇이 있을까요?
- 우리 교실에서 볼 수 있는 도구들은 무엇이 있을까요?
- 우리 친구들이 재미있는 미술 활동을 하려면 어떤 도구가 필요할까요?
- 여기 있는 책상을 다른 곳으로 옮기고 싶어요. 어떻게 옮겨야 할까요?
- 유아가 책상을 옮겨 본다.
- 책상을 다른 곳과 부딪히지 않게 하려면 어떻게 옮기면 좋을까요?
- 책상을 소리 나지 않게 옮기려면 어떻게 해야 될까요?

〈1인용 책상〉

1) 책상을 바르게 옮기는 방법에 대해 이야기 나눈다.
   - 선생님과 함께 책상을 옮겨 보자.
2) 책상의 양옆 중앙을 한 손씩 잡는다.
3) 네 손가락은 책상 밑을 잡고 엄지는 책상 위에 놓는다.

4) 책상을 허리 부분까지 자연스럽게 들어 올린다.
5) 책상을 옮긴다.
6) 놓을 장소로 옮긴 후 책상을 바닥에 놓는다.
7) 바닥에 앞쪽 다리 하나를 놓고 나머지 하나를 놓은 후 뒤쪽 다리를 놓는다.
8) "책상을 제자리에 옮기자"라고 말하고 동일한 방법으로 옮긴다.
9) 책상을 옮긴 후 어떤 기분이 드는지 이야기 나눈다.
10) 유아에게 권유한다.

〈2인용 책상〉

1) 큰 책상을 바르게 옮기는 방법에 대해 이야기 나눈다.
2) 교사와 유아가 책상 양쪽에 마주보고 서서 양끝을 잡는다.
3) 교사는 한 손씩 책상 잡는 방법을 보여 준다.
4) 유아가 먼저 들게 한 후, 유아가 든 책상 높이에 맞춘다.
5) 옆으로 한발씩 맞추어 걸으면서 옮긴다.
6) 바닥에 앞쪽 다리 하나를 놓고 나머지 하나를 놓은 후 뒤쪽 다리를 놓는다.
7) "책상을 제자리에 옮겨보자"라고 말하고 동일한 방법으로 옮긴다.
8) 큰 책상을 함께 옮긴 후 어떤 기분이 드는지 이야기 나눈다.

5. 흥미점

1) 옮길 때 발을 맞춘다.
2) 두 사람이 함께 옮긴다.
3) 책상을 바닥에 내려놓을 때 소리나지 않게 놓는다.
4) 옆으로 걷는다.
5) 책상의 무게감을 느낀다.
6) 책상 다리 앞부분부터 바닥에 놓는다.

6. 오류의 통제

1) 책상을 바닥에 내려놓을 때 큰소리가 나거나 끌리는 소리가 난다.
2) 친구 또는 물건과 부딪힌다.
3) 책상이 한쪽으로 기울거나 흔들린다.

7. 직접목적

1) 책상 옮기는 방법을 배운다.
2) 환경을 적응한다.

간접목적

1) 독립심, 집중력, 협응력, 사회성, 질서감을 기른다.

2) 협동심을 기른다.

8. 변형 및 응용

1) 뒤로 잡고 옮기기

2) 책상을 선에 맞추어 옮기기

3) 실생활에 적용하기(식탁 준비, 청소할 때, 그룹 활동할 때)

9. 언어: 책상, 들어 올린다, 내린다.

10. 비고

1) 2인용 책상을 옮길 때에는 두 사람의 협응이 중요하다.

2) 책상을 옮길 수 있는지 관찰하여 평가한다.

물건 옮기기

1. 대상연령: 3~4세
2. 선행학습: 걷기
3. 교　　구: 쟁반, 주전자, 양동이
4. 제시방법

〈쟁반 옮기기〉

1) 수수께끼를 낸다.
   - 우리 교실에 있는 물건입니다. 어떤 물건인지 알아 맞혀 보세요.
     (나는 흰색이에요/나는 네모 모양이랍니다/내 위에는 다른 물건들이 놓여 있어요/나는 물건들을 올려서 운반합니다/나는 교구장 위에 있답니다)
   - 이 물건은 무엇일까요?
2) 쟁반의 생김새와 쓰임에 대해 이야기 나눈다.
   - 쟁반은 어디에 쓰는 걸까요?
3) 쟁반을 옮기는 방법에 대해 이야기 나눈다.
   - 교구장 위에 있는 쟁반을 저기 있는 책상 위로 옮기려고 해요. 어떻게 옮겨야 할까요?
   - 그럼 ○○○가 나와서 쟁반을 옮겨 볼까요?
4) 유아가 옮기는 모습을 본 후 이야기 나눈다.
   - ○○○는 쟁반을 어떻게 옮겼나요?
   - 만약 물건이 놓여 있는 쟁반을 한 손으로 옮기면 어떻게 될까요?

5) 쟁반을 바르게 잡고 옮기는 방법을 알아본다.

6) 쟁반을 옮긴다. 쟁반 양쪽 손잡이 부분을 한 손씩 잡는다.

- 선생님이 쟁반을 옮겨 볼게요.

7) 네 손가락은 손잡이 아랫부분에 넣고 엄지손가락은 위에서 손잡이를 감싸 잡는다.

8) 쟁반을 든다.

9) 활동할 장소로 옮긴다.

10) 쟁반을 내려놓는다. 소리가 나지 않도록 쟁반의 앞부분을 먼저 바닥에 놓고 뒷부분을 내려놓는다.

11) 동일한 방법으로 제자리에 정리한다.

12) 쟁반을 옮긴 후 어떤 기분이 드는지 이야기 나눈다.

13) 유아에게 권유한다.

〈주전자 옮기기〉

1) '주전자' 손유희를 한다.

(나는 작고 뚱뚱한 주전자~ 손잡이 있고 주둥이 있죠~ 부글부글 물이 끓으면 쭉~ 기울여 따라 주세요.)

2) 주전자의 생김새와 쓰임에 대해 이야기 나눈다.

- 주전자를 본 적 있나요?
- 주전자는 어떻게 생겼나요?
- 주전자는 주둥이가 왜 있을까요?
- 물이 담긴 주전자를 한 손으로 잡으면 어떻게 될까요?

3) 물이 주둥이로 나오는 것을 보여 준다.

- 물이 나오지 않게 하려면 어떻게 잡아야 할까요?

4) 주전자를 바르게 옮기는 방법을 알아본다.
   • 선생님이 주전자를 옮겨 볼게요.
5) 주전자를 살펴본 후 오른손 네 손가락은 주전자의 손잡이에 넣고 잡은 후 엄지손가락으로 잡는다.
6) 주전자를 오른쪽으로 기울인다.
7) 기울인 주전자의 밑부분을 왼손으로 받치고 들어 올린다.
8) 활동할 장소로 옮긴다.
9) 주전자를 내려놓는다. 오른쪽 밑부분부터 놓고 왼손을 뺀 후 오른손을 뗀다.
10) 동일한 방법으로 제자리에 정리한다.

〈양동이 옮기기〉

1) 양동이의 생김새와 쓰임에 대해 이야기 나눈다.
2) 양동이를 바르게 옮기는 방법을 알아본다.
3) 양동이를 옮긴다.
   • 선생님이 양동이를 옮겨 볼게요.
   양동이를 살펴본 후 한 손씩 양동이 끝의 손잡이를 잡는다.
4) 양동이 손잡이를 세우고 한 손씩 손잡이 가운데 부분으로 옮긴다.
5) 양동이를 들어 올린 후 활동할 장소에 옮긴다.
6) 양동이를 내려놓는다. 앞부분, 뒷부분의 순서로 내려놓는다.
7) 양동이의 손잡이를 내려 놓는다.
8) 동일한 방법으로 제자리에 정리한다.
9) 유아에게 권유한다.

5. 흥미점

1) 소리 나지 않게 물건을 놓는다.

2) 다양한 형태와 용도의 물건을 옮긴다.

6. 오류의 통제

1) 옮기는 물건을 떨어뜨린다.

2) 물건을 내려놓을 때 소리가 난다.

7. 직접목적: 물건을 소리 나지 않게 옮길 수 있다.

간접목적: 독립심, 집중력, 질서감, 협응력, 사회성을 기른다.

8. 변형 및 응용

1) 실생활에 적용하기

2) 바구니에 과일, 빵 담아보기

9. 언어: 주전자, 양동이, 쟁반, 옮긴다, 손잡이, 든다, 내린다, 손잡이.

10. 비고

1) 어린 연령의 유아에게는 손잡이와 높이가 있는 쟁반을 준비한다. 쟁반이 기울어져도 쟁반 안의 내용물이 쏟아지지 않게 하기 위해서이다.

2) 쟁반 안에 레이스 비닐류를 깔아주어 내용물이 미끄러지지 않게 준비한다.

3) 쟁반은 밝은 색으로 준비한다.

4) 양동이는 유아용으로 준비하여 처음에는 양손으로 옮기는 것을 보여 주고 익숙해지면 한 손으로 옮긴다.

5) 주전자는 투명하고 무게가 있는 것으로 준비한다.

6) 물건을 옮길 수 있는지 관찰하여 평가한다.

의자에 앉고 일어서기

1. 대상연령: 3세 이상
2. 선행학습: 걷기, 물건 옮기기 등
3. 교　　구: 의자 2개, 책상
4. 제시방법
   1) 여러 모양의 의자 사진을 보며 이야기 나눈다.
      - 의자도 여러 가지 종류가 있대요.
      - 우리 교실에는 어떤 의자가 있을까요?
      - 의자는 왜 필요할까요?
   2) 의자의 모습을 보며 사용방법을 알아본다.
      - 의자도 앉고 일어서는 방법이 있어요. 함께 알아볼까요?
   3) 의자에 앉고 일어서 본다.
      - 선생님과 함께 의자에 앉고 일어서기를 해 보아요.
   4) 의자 오른쪽 옆에 오른손을 갖다 대고 엄지는 앞쪽으로, 네 개의 손가락은 뒤를 감싸서 잡는다. 동일한 방법으로 왼손도 잡는다.
   5) 몸이 들어갈 만큼의 공간을 생각해서 의자를 들어서 뺀다.
   6) 의자의 오른쪽 앞, 왼쪽 앞을 먼저 놓고 뒤는 동시에 소리 나지 않게 놓는다.
   7) 의자에 앉는다. 옆으로 비스듬히 앉은 후, 다리와 몸을 정면으로 한다.
   8) "의자에서 일어서 보자"라고 말하고 옆으로 앉은 후 일어난다.
   9) 의자를 들여 놓을 때도 뺄 때와 동일하게 한다.

10) 의자에 앉고 설 때 어떤 기분이 드는지 이야기 나눈다.

11) 유아에게 권유한다.

5. 흥미점

1) 의자에 앉고 설 때 옆으로 앉는다.

2) 소리 나지 않게 의자를 넣고 뺀다.

6. 오류의 통제

1) 바른 자세로 앉지 못한다.

2) 의자를 넣고 뺄 때 소리가 크게 난다.

3) 의자를 제자리에 정리하지 못한다.

7. 직접목적: 의자에 바르게 앉고 정리할 수 있다.

간접목적: 질서감, 독립심, 집중력, 협응력, 사회성을 기른다.

8. 변형 및 응용: 생활 속에서 다양한 공간에 앉고 일어서기

9. 언어: 앉다, 뺀다, 옆, 넣다, 일어서다.

10. 비고

1) 연령에 따라서 의자 옮기기와 앉고 일어서기를 같이 제공할 수 있다.

2) 의자에 앉고 정리할 수 있는지 관찰하여 평가한다.

앞치마 입고 벗기

1. 대상연령: 3세 이상
2. 선행학습: 걷기, 옮기기
3. 교　　구: 유아용 앞치마, 성인용 앞치마
4. 제시방법
   1) 언제 앞치마를 사용하는지 이야기 나눈다.
      - 앞치마를 입어본 적이 있나요?
      - 친구들은 언제 앞치마를 입어보았나요?
      - 우리 주변에서 앞치마를 입고 일하시는 분은 누가 있을까요?
      - 왜 앞치마를 입는 걸까요?
   2) 앞치마를 입는 방법을 알아본다.
   3) 앞치마를 입어본다.
      - 선생님과 함께 앞치마를 입어보아요.
   4) 유아용, 교사용 앞치마를 책상에 놓는다.
   5) 앞치마를 펼쳐 목 끈을 머리부터 쓰고 허리 부분의 양 끈에 붙여져 있는 찍찍이를 붙인다. 혹은 앞치마를 반으로 접고 양 끈을 앞으로 해서 양 끈에 붙여져 있는 찍찍이를 붙인 후 앞치마를 정면으로 돌린 후 목 끈을 머리에 올린다.
   6) 앞치마를 정리하는 방법을 알아본다.
   7) 활동을 마친 후 "앞치마를 벗어 정리하자"고 말하고 허리 부분에 있는 양 끈의 찍찍이를 떼고 목 끈을 머리에서 벗는다.
   8) 앞치마를 제자리에 정리한다.
   9) 앞치마를 입을 때 어떤 기분이 드는지 이야기 나눈다.

5. 흥미점

1) 앞치마를 입고 벗는다.

2) 앞치마를 정리한다.

3) 앞치마의 모양과 색, 재질에 관심을 가진다.

6. 오류의 통제

1) 바르게 정리하지 않았다.

2) 양 끈의 찍찍이가 떨어진다.

7. 직접목적: 앞치마를 입고 벗을 수 있다.

간접목적: 질서감, 독립심, 집중력, 협응력을 기른다.

8. 변형 및 응용

1) 재질이 다른 앞치마

2) 작업의 용도에 따른 다양한 앞치마

9. 언어: 앞치마, 입다, 벗다.

10. 비고

1) 여러 종류의 앞치마를 준비하여 상황에 맞는 것을 선택할 수 있도록 한다.

2) 앞치마를 입고 벗고 정리할 수 있는지 관찰하여 평가한다.

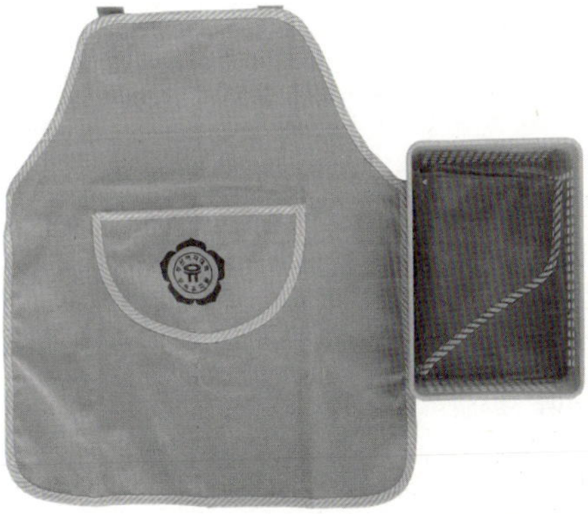

이 닦기

1. 대상연령: 3세 이상
2. 선행학습: 소근육 활동
3. 교　　구: 모형 이, 칫솔, 색깔이 있는 분필 1개, 쟁반, 모래시계, 주전자, 용기, 비닐매트, 스펀지
4. 제시방법

▸ 이 닦기 대장이야!(이윤정 저, 출판사: 웅진주니어)

1) 동화를 들려준다.

2) 동화 내용을 회상한다.

- 이 친구의 이름은 콩인데 친구들은 '스컹크'라고 부른대요!
- 왜 그럴까요?
- 콩이가 싫어하는 것은 무엇이었나요?
- 콩이가 가장 좋아하는 포도 맛 사탕을 왜 먹을 수 없었을까요?
- 콩이는 치과에서 어떤 것들을 보았나요?
- 콩이의 입안에서 어떤 냄새가 났나요?
- 콩이의 이 안에는 무엇이 살고 있었나요?
- '충치균'은 어떻게 하면 생길까요?
- 충치가 생기지 않게 하려면 어떤 음식을 먹어야 될까요?
- 충치가 생기지 않게 하려면 가장 중요한 일은 무엇일까요?
- 이가 튼튼하면 어떤 점이 좋을까요?

▸ 싹싹 이 닦기(기무라 유이치 저, 출판사: 웅진주니어)

1) 동화를 들려준다.
2) 동화 내용을 회상한다.
   - 우리 친구들은 언제 이를 닦나요?
   - 이는 무엇으로 닦나요?
   - 이를 닦고 나면 그 다음 무엇을 하나요?
   - 이를 닦고 난 후 기분이 어땠나요?

〈모형 이 닦기〉

1) 왜 이를 닦아야 하는지에 대해 이야기 나눈다.
2) 모형 이를 가지고 이 닦기를 해본다.
   - 선생님과 함께 이 닦기를 해보자.
3) 교구를 활동할 장소로 옮긴다.
4) 주전자를 가지고 싱크대에 가서 물을 받아와 용기에 붓는다.
5) 모형 이의 여러 곳을 분필로 칠한다.
   - 이것은 모형 이입니다.
   - 우리가 음식을 먹고 나면 이 모습이 어떨까요?
   - 이 분필로 음식물 찌꺼기를 그려 놓을게요.
   - 이 모습이 어때요?
   - 어떻게 하면 좋을까요?
6) 이 닦는 방법에 대해 이야기 나눈다.
   - 언제 이를 닦아야 할까요?
   - 이를 하루에 몇 번 닦아야 할까요?
   - 이를 닦을 때 무엇이 필요할까요?
   - 이는 어떻게 닦아야 할까요?
7) 모래시계를 놓고 "모래가 다 내려갈 때까지 이를 닦도록 해요"라고 말한다.
8) 칫솔을 물이 있는 용기에 담그고 턴 후 오른손으로 칫솔을 들고 모형 이로 이 닦는 방법을 제시한다.
9) 모래시계의 모래가 다 내려갈 때까지 반복한다.
10) 칫솔을 물이 있는 용기에 헹구어 털고 제자리에 정리한다.
11) 스펀지로 주위의 물을 닦고 용기의 물은 싱크대에 버리고 스펀지로 닦는다.
12) 이를 깨끗이 닦고 난 후 어떤 기분이 드는지 이야기 나눈다.

13) 유아에게 권유한다.

14) 교구를 제자리에 정리한다.

5. 흥미점

1) 모형 이로 닦는다.

2) 음식물 찌꺼기는 분필로 그려 사용한다.

3) 모래시계를 사용한다.

4) 분필이 깨끗하게 지워진다.

6. 오류의 통제

1) 모형 이에 분필이 남아있다.

2) 교구가 정리되어 있지 않다.

7. 직접목적

1) 깨끗하게 이 닦는 방법을 안다.

2) 스스로 이 닦는 습관을 기른다.

3) 이를 깨끗이 닦아야 하는 이유를 안다.

간접목적

1) 위생관념을 안다.

2) 질서감, 독립심, 협응력, 집중력을 기른다.

8. 변형 및 응용

1) 식사 후 양치질하기

2) 식사예절

9. 언어: 칫솔, 치약, 이 닦기, 모래시계, 분필, 음식물 찌꺼기

10. 비고

1) 학기 초에 자기 칫솔과 물 컵에 이름을 적어 가지고 오게 하여 매일 식사 후에 실시하도록 한다. 매일 컵과 칫솔을 깨끗이 씻어 소독하거나 햇빛이 잘 드는 곳에 두도록 한다. 식사 후 3분이 지나면 입안에 남은 찌꺼기는 충치를 일으킬 수 있는 화학적 변화가 시작된다. 하루에 3번, 식사 후 3분 이내, 3분 동안 이를 닦는다.

2) 식사할 때 수저나 그릇 부딪치는 소리, 음식 씹는 소리를 내지 않는다.
어린이는 어른이 수저를 든 다음에 수저를 든다.

3) 식사 중 책을 보지 않는다. 음식을 먹는 도중 왔다 갔다 하지 않는다. "잘 먹었습니다"라고 감사를 표한다.

4) 이를 닦는 필요성을 알고 바르게 닦는지 관찰을 통해 평가한다.

옷 입고 벗기/옷 걸기

형이 “빨리해”라고 말하자

“조금만 기다려. 지금 동생이 하고 있으니까”라고 엄마가 말한다.

형이 “내가 해줄까?”라고 하니까 동생이 “싫어”라고 대답한다.

동생은 혼자서 하고 싶어 한다.

매일 아침 등원한 어린이들은 입고 왔던 윗옷을 벗고 옷걸이에 걸고 나서 실내에 들어간다. 만 3살이 갓 된 이 어린이는 잠바를 옷걸이에 거는 것이 벅차지만 무엇이든지 혼자서 하고 싶어 고집스럽게 단추 채우기에 도전하고 있다. 형이 안절부절 하면서도 인내심 있게 동생의 모습을 보고 있다. 몇 번을 시도해도 빠져버리는 단추를 보면서 겨우 도움을 청하는 듯한 얼굴을 하였다.

이 시기의 어린이에게서 ‘혼자서 할거야!’라고 하는 강한 욕구를 볼 수 있는 사람은 몇 명이나 될까요?

이처럼 연령이 다른 어린이들은 생활을 함께 하면서 서로의 심신 발달에 큰 영향을 주고 받는다.

1. 대상연령: 3세 이상
2. 선행학습: 옷개기
3. 교　　구: 잠바, 옷걸이
4. 제시방법

▸ 쏘옥 옷 입기 놀이(기무라 유이치 저, 출판사: 웅진주니어)

1) 동화를 들려준다.
2) 동화 내용을 회상한다.

- 강아지가 혼자서 입으려고 한 옷은 무엇이었나요?
- 그런데 다 입고 나니 어떻게 되었나요?
- 무엇을 잘못 입고 있었나요?
- 고양이가 혼자서 입으려고 한 옷은 무엇이었나요?
- 그런데 또 다시 입고 보니 어떻게 잘못 입었나요?
- 이때 나타난 우리 친구 다슬이는 어떤 옷을 입고 있었나요?
- 다슬이가 어떻게 윗옷과 바지를 벗고, 잠옷을 입었는지 이야기해 보세요.
- 우리 친구들도 다슬이처럼 혼자서 옷을 입고 벗을 수 있나요?
- 어떻게 하면 되는지 방법을 배워 볼까요?

〈옷 벗기〉

1) 옷을 입어야 하는 이유에 대해 이야기 나눈다.
   - 옷은 왜 입어야 될까요?
   - 옷은 몸을 보호하고 아름답게 꾸미고 예의를 지키기 위해 입는 거예요.
2) 옷 거는 방법에 대해 이야기 나눈다.
   - 옷은 어떻게 정리할까요?
3) 옷걸이를 가져와 책상에 놓는다.
   - "선생님이 옷을 벗어 볼게요"라고 말하고 앉아서 유아 쪽으로 등을 돌린다.
4) 양손을 뒤로 돌려 왼손은 오른쪽 소매 끝을 잡고 오른손은 비틀면서 앞으로 해서 뺀다. 자세를 바로 하여 왼쪽 소매는 오른손으로 벗는다.
5) 잠바의 앞면을 양쪽으로 펼쳐 놓는다.
6) 옷걸이를 잠바에 끼워 넣고 양 손으로 덮는다.
7) 잠바의 첫 단추를 잠근다.
8) 옷걸이를 들고 사물함에 건다.

〈옷 입기〉

1) 옷 입는 방법에 대해 이야기 나눈다.
2) 옷걸이를 책상에 놓는다.
3) 잠바의 단추를 연다.

4) 잠바의 앞면을 양쪽으로 펼치고 옷걸이를 뺀다.
5) 상표가 붙어 있는 쪽에 앉는다.
6) 두 손을 들어 보이고 왼손은 왼쪽 소매 속으로, 오른손은 오른쪽 소매 손으로 넣어 잠바를 머리 뒤로 천천히 넘겨 입는다.
7) 거울을 보며 옷맵시를 정리한다.
8) 옷걸이를 정리한다.

5. 흥미점

1) 옷걸이에 옷을 건다.
2) 양쪽 소매에 팔을 넣고 머리 뒤로 옷을 넘긴다.

6. 오류의 통제

1) 옷을 머리 뒤로 입을 때 얼굴을 가린다.
2) 옷 단추가 열려 있다.
3) 옷이 옷걸이에 흘러내린다.

7. 직접목적

1) 혼자서 옷을 입고 벗는 습관을 기른다.
2) 옷을 정리하는 습관을 기른다.

간접목적: 독립심, 집중력, 조정력, 질서감을 기른다.

8. 변형 및 응용

1) 실생활에서 스스로 옷 입고 벗기
2) 인형 옷 입혀주기
3) 옷가게 놀이

9. 언어: 옷 입기, 옷 벗기, 단추, 옷걸이, 소매

10. 비고

1) 큰 유아의 경우에는 옷을 머리 뒤로 넘기지 않고 옆으로 돌려서 입을 수 있다.
2) 옷은 때와 장소, 쓰임에 따라 맞게 입어야 한다.
3) 몸이 지나치게 드러나는 옷을 입지 않는다.
4) 속옷이나 잠옷을 입고 나가지 않는다.
5) 실내에서는 모자를 벗는 것이 예의바른 행동이다.
6) 스스로 옷을 입고 벗어서 정리할 수 있는지 관찰하여 평가한다.

단추 끼우기

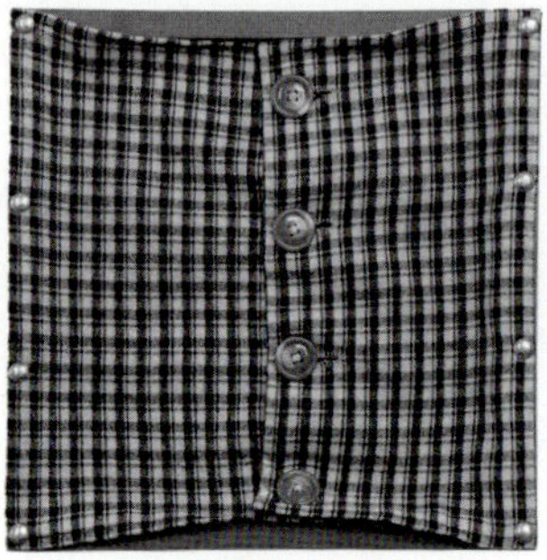

1. 대상연령: 3세 이상
2. 선행학습: 옮기기 활동
3. 교　　구: 옷 틀(단추 끼우기)
4. 제시방법

▸ '단추와 단추 구멍'(창작동화)

1) 동화를 들려준다.

현정이는 분홍 코트를 참 좋아합니다.
아침에 유치원에 갈 때에도 분홍 코트를 꼭 입고 갑니다.
수민이의 코트 속에는 단추와 단춧구멍이 살고 있어요.
그런데 단춧구멍은 단추를 싫어했어요.
"단춧구멍아, 사이좋게 지내자."
"난 단추 네가 싫어!! 네가 언제나 날 가리잖아."
단춧구멍은 단추가 자신을 가리는 것이 못마땅했어요.
"저리 비켜. 너 때문에 내가 안 보이잖아."
"야~. 이러지마. 나, 떨어질 것 같아."
단춧구멍이 단추를 흔드는 바람에 단추가 뚝 떨어지고 말았어요.
"야~. 이제 내 얼굴도 보인다."
그러나 더 이상 단추가 떨어진 분홍 코트를 현정이는 입지 않았어요.

(계속)

"단추가 떨어진 나는 이제 쓸모없게 되었구나. 왜 그걸 몰랐을까?"
"단추야, 돌아와~. 내가 미안해~~."
바로 그 때 엄마가 현정이의 떨어진 단추를 달아주었어요.
"단추야 미안했어. 네가 얼마나 소중한지 알게 되었어. 우리 이제 사이좋게 지내자."
"그래 좋아! 사이좋게 지내자."
이제 현정이는 유치원을 갈 때도, 놀이터를 갈 때도, 마트에 갈 때도, 언제나 분홍 코트를 입었답니다.

2) 동화내용을 회상한다.
- 동화 속에 누가 나왔나요?
- 현정이의 분홍 코트에는 누가 살고 있었나요?
- 단추가 떨어지게 되자 어떤 일이 일어났나요?
- 현정이가 분홍 코트를 다시 입을 수 있도록 우리가 도와줄 수 있는 방법은 없을까요?

1) 단추 끼우는 방법에 대해 이야기 나눈다.
- 옷에는 어떤 종류의 단추가 달려 있는지 알아본다.
- 어떤 종류의 단추를 경험해 보았는지 물어본다.
- 선생님과 함께 단추 끼우기를 해보자.

2) 교구를 활동할 장소로 옮긴다.
3) 옷 틀의 왼쪽 옷자락이 위로 오도록 놓는다.
4) 한 손은 세 손가락으로 단추 구멍이 있는 옷자락을 잡는다.
5) 한 손은 세 손가락으로 단추를 잡고 단추 구멍으로 밀어 넣는다.
6) 반쯤 나온 단추를 왼손으로 받아 구멍에서 뺀다.
7) 동일한 방법으로 진행한다.
8) 양손으로 단추 구멍의 옷자락을 펼친 후 단추가 달린 옷자락도 펼친다.
9) 단추가 달린 옷자락부터 닫고 단추 구멍의 옷자락을 닫는다.
   교사는 "단추를 닫아 보자"라고 말한다.
10) 한 손은 세 손가락으로 단추를 잡는다.
11) 한 손은 단추 구멍이 있는 옷자락을 잡는다.
12) 단추 구멍에 단추를 반쯤 끼운다.
13) 한 손은 단추를 잡고 한 손은 옷자락을 잡은 후 단추를 빼낸다.

14) 동일한 방법으로 진행한다.
15) 단추가 없다면 어떻게 되는지 이야기 나눈다.
16) 유아에게 권유한다.
17) 교구를 제자리에 정리한다.

5. 흥미점
1) 단추를 빼고 끼운다.
2) 옷자락을 양옆으로 펼친다.

6. 오류의 통제
1) 단추와 단추 구멍이 맞지 않는다.
2) 단추를 끝까지 채우지 않는다.

7. 직접목적: 단추 끼우기를 한다.
간접목적: 독립심, 질서감, 집중력, 협응력을 기른다.

8. 변형 및 응용: 실생활에서 스스로 옷 입고 벗기.

9. 언어: 단추, 단추 구멍, 끼운다, 뺀다.

10. 비고
1) 어린 유아에게는 큰 단추를 준비한다.
2) 단추를 끼우고 뺄 수 있는지 관찰하여 평가한다.

지퍼 채우기

1. 대상연령: 3세 이상
2. 선행학습: 옮기기의 활동
3. 교　　구: 옷 틀(지퍼 채우기)
4. 제시방법

▸ 지퍼가 고장났다(알랭 M. 베르즈롱 저, 출판사: 시공주니어)

1) 동화를 들려준다.

2) 동화 내용을 회상한다.

- 오늘은 좀 특별한 날이래요.
- 무슨 날일까요?
- 여러분도 발표를 해본 적이 있나요?
- 그때 기분이 어땠어요?
- 도미니크는 발표를 앞두고 너무 떨려서 화장실에 가고 싶어졌대요.
- 그런데, 볼일을 보고 나오려고 하니 문제가 하나 생겼죠?
- 어떤 문제가 생겼나요?
- 그때 앙토니가 도미니크를 찾으러 왔어요.
- 도미니크가 지퍼가 고장 나서 못 가고 있다고 앙토니에게 말하자 앙토니는 선생님을 데리고 왔지요.
- 선생님은 도미니크에게 어떤 말을 했나요?
- 선생님은 도미니크에게 화장실에서 수업을 하자고 했지요.

- 그래서 도미니크는 화장실에서 발표를 하게 되었네요.
- 고장 난 지퍼는 어떻게 고치면 좋을까요?
- 기름을 이용해 지퍼를 고쳐줬대요.

3) 지퍼 채우는 방법에 대해 이야기 나눈다.
- 선생님과 함께 지퍼 채우기를 해보자.

4) 교구를 활동할 장소로 옮긴다.
5) 지퍼의 손잡이 부분을 들어 보여 준다.
6) 오른손 세 손가락으로 지퍼 손잡이를 잡고 왼손으로 천을 눌러 고정시킨다.
7) 지퍼를 잡은 오른손을 조금 내린 뒤 왼손을 지퍼 위쪽을 누르고 천천히 지퍼를 내린다.
8) 왼손은 지퍼가 내려감에 따라 조금씩 따라 내려온다.
9) 지퍼를 완전히 내린 뒤 천 아래에 양손 세 손가락을 넣고 엄지는 위에 놓고 지퍼를 분리시킨다.
10) 이때 왼손은 위로 오른손은 아래 방향으로 당긴다.
11) 하나씩 양손으로 잡고 펼쳐 보인다.
12) 다시 하나씩 닫는다.
13) 교사는 "지퍼를 채워보자"라고 말한다.
14) 지퍼 왼쪽과 오른쪽 부분을 위에서 아래로 끝이 맞물리도록 끼운다.
15) 왼손은 끼워진 밑부분을 잡고 오른손 세 손가락으로 지퍼 손잡이를 잡고 조금씩 올린다.
16) 왼손은 지퍼가 올라감에 따라 조금씩 따라 올라간다.
17) 손잡이를 바르게 한다.
18) 유아에게 권유한다.
19) 지퍼를 올렸다 내릴 때 어떤 느낌이 드는지 이야기 나눈다.
20) 교구를 제자리에 정리한다.

5. 흥미점

1) 지퍼를 올렸다 내릴 때 느낌을 안다.
2) 지퍼가 열리고 잠긴다.

6. 오류의 통제

1) 지퍼의 밑 부분을 잘 끼우지 못한다.
2) 지퍼를 분리시키지 못한다.

7. 직접목적: 지퍼 열고 닫는 법을 안다.

간접목적: 독립심, 질서감, 집중력, 협응력을 기른다.

8. 변형 및 응용
   1) 지퍼 달린 옷 입고 벗기
   2) 실생활에 적용하기
9. 언어: 지퍼, 손잡이, 누른다, 올린다, 내린다, 연다, 닫는다.
10. 비고: 지퍼를 열고 닫을 수 있는지 관찰하여 평가한다.

버클 채우기

1. 대상연령: 4세 이상
2. 선행학습: 단추 끼우기, 지퍼 올리기 활동
3. 교 구: 옷 틀(버클 채우기)
4. 제시방법

〈자료 내용을 보고 공통점을 찾아본다〉

- 가방에 있는 버클은 왜 있는 걸까요?
  (가방이 열리지 않게 고정해 주기도 하고 예쁘게 꾸며 주기도 해요.)
- 구두에 있는 버클은 왜 있는 걸까요?
  (구두가 벗겨지지 말라고 고정시켜 주는 거예요.)

1) 버클 채우는 방법에 대해 이야기 나눈다.
   - 선생님과 함께 버클 채우기를 해볼까요?
2) 교구를 활동할 장소로 옮긴다.
3) 왼손 세 손가락으로 가죽 끈을 오른쪽으로 밀어 넣으면 오른손 세 손가락으로 받아 가죽 끈을 고리에서 빼낸다.
4) 동일한 방법으로 진행한다.
5) 오른손 세 손가락으로 가죽 끈을 잡아 오른쪽으로 당겨 버클 핀을 뺀다.
6) 버클 핀은 왼손 세 손가락으로 잡아서 젖히고 가죽 끈을 놓는다.
7) 동일한 방법으로 진행한다.
8) 왼손은 고리를 잡고 오른손은 끈을 당겨 뺀 후 제자리에 놓는다.
9) 동일한 방법으로 진행한다.
10) 양쪽 자락을 벌려 분리된 것을 확인하고 다시 가죽을 포갠다.

11) 오른손은 끈을 잡고 왼손은 고리를 잡아 끈을 고리에 끼운다.

12) 동일한 방법으로 진행한다.

13) 오른손 세 손가락은 가죽 끝을 잡아 오른쪽으로 재끼고, 왼손 세 손가락은 구멍 안에 버클 핀을 끼우고 끈을 왼쪽으로 놓는다.

14) 동일한 방법으로 진행한다.

15) 오른손 세 손가락은 끈을 잡아 고리 안에 밀어 넣고, 왼손은 잡아서 당긴다.

16) 동일한 방법으로 진행한다.

17) 유아에게 권유한다.

18) 교구를 제자리에 정리한다.

5. 흥미점

1) 버클 모양을 본다.

2) 버클 고리 속으로 가죽 끈이 들어가고 나오는 것을 본다.

3) 버클 핀을 완전히 젖힌다.

4) 버클과 가죽이 분리된 모양과 다 채운 모양을 본다.

6. 오류의 통제

1) 버클 핀을 빼지 않고 가죽 끈을 빼내려 한다.

2) 버클 핀이 구멍으로 나와 있지 않다.

7. 직접목적

1) 버클을 채우고 푸는 방법을 안다.

2) 손끝의 미세한 근육의 조정 능력을 기른다.

간접목적: 질서감, 독립심, 협응력, 집중력을 기른다.

8. 변형 및 응용

1) 버클 달린 옷 입고 벗기

2) 실생활에 적용하기

9. 언어: 버클, 버클 핀, 밀어 넣는다, 가죽 끈, 고리.

10. 비고: 버클을 열고 닫을 수 있는지 관찰하여 평가한다.

전화 주고 받기

위험한 물건 전달하기

도움 청하기

감사와 공손

기침하기 / 코 풀기

손 씻기

화장실 사용하기

인사하기

문 열고 닫기

사회와 인간관계-예의범절

2 사회와 인간관계-예의범절

3세의 어린이가 문손잡이를 돌리면서 놀고 있고, 어떤 어린이는 작은 열쇠 구멍에 먼지나 작은 이물질을 넣으려고 하고 있다. 이것은 어린이가 있는 가정에서는 흔히 볼 수 있는 광경이지만 어른들은 그것을 보고 어린이의 장난이라고 생각하고 정지시킨다. 그러나 어린이의 이런 행동을 잘 관찰해 보면 손목을 돌리는 행동과 작은 구멍에 주의를 향하는 행동은 어린이의 성장에 필요하고, 대뇌의 발달에 필요한 자극과 성장 후의 정신적 기초가 되는 주의력이나 집중력을 만들기 위한 것이다. 그래서 우리는 어린이의 행동을 다른 방법으로 만족할 수 있도록 생각해야 한다.

예를 들면, 열고 닫기가 가능한 화장품 통을 준비하여 문손잡이를 돌리는 행동에 대응시킨다면 예쁜 화장품 통의 뚜껑은 문의 손잡이보다 더욱 매력적일 수 있다. 또, 적당한 크기의 구멍이 뚫린 투명한 빈병에 이쑤시개를 준비하여 병 구멍에 넣도록 했더니 열쇠 구멍에 먼지를 넣는 행동은 없어지게 되었다.

이러한 사례를 보면 어린이는 자기 발달에 필요한 것은 가르치지 않아도 본능적으로 알고 있지만, 어른들의 입장에서는 이런 행동이 가진 의미를 이해하는 것은 힘들다. 다시 말하면 어린이 스스로가 자기 교육력을 나타내기 때문에 어른들은 어린이의 행동을 잘 관찰하고 필요한 것을 준비하여 환경을 정비해야 한다.

이처럼 몬테소리 교육법은 '어린이로부터 배워서 환경을 정비한다'는 것이 중요하다. 문 손잡이를 돌리거나 열쇠 구멍에 물건을 넣는 어린이의 행동으로부터, 그 행동의 의미를 배우고 우리 주변의 물건 속에서 그 의미를 더욱 더 적절하게 대응하는 것을 선택하고 준비하여 교육적인 효과를 가진 교재와의 만남을 가지게 해야 한다.

문 열고 닫기

1. 대상연령: 3~6세
2. 선행학습: 걷기, 옮기기의 활동
3. 교　　구: 손잡이가 달린 문
4. 제시방법

〈유아들에게 자기 집 문의 모양을 알아 오도록 한다〉

- 문의 종류를 소개한다.
- 어떤 모양의 문을 보았나요?
- 이런 모양의 문은 어디서 보았나요?
- 친구들의 집에는 어떤 모양의 문이 있나요?
- 우리 교실의 문은 어떤 모양인가요?

〈문의 종류에 대해 이야기나눈 후 사용법을 알아본다〉

- 문은 어떻게 사용하는 것일까요?
- 문을 열고 닫을 때 어떤 약속을 지켜야 할까요?
- 선생님과 함께 문을 열고 닫아 보는 활동을 해볼까요?

1) "선생님과 함께 문을 열어보자."
왼손은 문의 손잡이 아래쪽에 대고 오른손은 손잡이를 잡는다.
2) 손잡이를 시계 방향으로 끝까지 돌려 문을 조금 연 다음, 손잡이를 다시 시계 반대방향으로 돌린다.
3) 손잡이에서 손을 뗀 후, 문의 걸쇠가 튀어나오는 것을 바라본다.
4) 오른손으로 손잡이를 잡고 몸쪽으로 당기면서 뒤로 세 걸음 물러선다.
5) 문고리에서 손을 떼고 열려 있는 공간을 바라본다.
   - 문이 열렸구나!! 이제 문을 닫아 보자.
6) 문을 열 때와 동일한 방법으로 진행한다.
7) 오른손으로 손잡이를 잡고 앞으로 걸어간다. 손잡이를 시계 방향으로 끝까지 돌리고 문을 조용히 닫는다.
8) 손잡이를 시계 반대방향으로 돌린 후 손잡이에서 손을 뗀다.
9) 유아에게 권유한다.

5. 흥미점
   1) 손잡이의 모양과 감촉을 느낀다.
   2) 문을 열고 닫을 때 걸쇠가 들어가고 나오는 것을 본다.
   3) 걸쇠가 걸리는 소리를 듣는다.
6. 오류의 통제
   1) 손잡이를 완전히 돌리지 않아 문이 열리지 않는 것을 본다.
   2) 문 여닫는 소리가 크게 들린다.
   3) 손을 다치거나 다른 유아와 부딪힌다.
7. 직접목적: 문을 열고 닫을 수 있다.
   간접목적: 독립심, 질서감, 집중력, 협응력을 기른다.
8. 변형 및 응용: 미닫이문, 창문, 블라인더 등 열고 닫기
9. 언어: 문, 걸쇠, 열다, 닫다, 손잡이.
10. 비고
   1) 유아에게 왜 문을 조심스럽게 열고 닫아야 하는지를 먼저 이야기한 후 자연스럽게 활동을 하게 한다.
   2) 방문을 열기 전에 미리 알린다(노크).
   3) 문지방을 밟지 않는다.
   4) 문을 소리 나지 않게 여닫고 처음 상태로 해 둔다.
   5) 어른 앞에서 문을 열고 나갈 때는 뒷걸음으로 걸어가며 뒷모습을 보이지 않는다.
   6) 조용하게 문을 열고 닫을 수 있는지 관찰하여 평가한다.

인사하기

1. 대상연령: 3세 이상
2. 선행학습: 없음
3. 교　　구: 유아들이 모일 수 있는 공간
4. 제시방법

▸ 예쁘게 인사해요(이은경 저, 출판사: 효리원)

1) 동화를 들려준다.
2) 동화 내용을 회상한다.
   - 하루 중 어느 때인 것 같나요?
   - 왜 그렇게 생각하나요?
   - 아침에 일어나서는 어떻게 인사할까요?
   - 음식을 먹기 전에는 어떻게 인사할까요?
   - 음식을 먹고 난 후에는 어떻게 인사할까요?
   - 어른들을 만나면 어떻게 인사할까요?
   - 어른들이 장난감을 줄 때에는 어떻게 인사할까요?
   - 친구와 싸울 경우 어떻게 인사할까요?
   - 헤어질 때는 어떻게 인사할까요?

▸ 잘 먹었습니다(하니 이은경 저, 출판사: 효리원)

1) 동화를 들려준다.
2) 동화 내용을 회상한다.
   - 이 친구 이름은 영아예요.
   - 영아네 가족은 누구누구가 있었나요?
   - 어떤 소리들이 날까요?
   - 영아는 가족들에게 무엇을 주었나요?
   - 영아는 식사를 하기 전에 어떻게 인사를 하였나요?

▸ 인사하기(사자이야기)(하니 스스무 저, 출판사: 그린북)

1) 동화를 들려준다.
2) 동화 내용을 회상한다.

- 사람들을 만날 때는 어떻게 하나요?
- 사람들만 인사를 할까요? 다른 동물들도 어떻게 인사를 하는지 알아봐요.
- 책에서 어떤 동물들이 나왔나요? 동물들은 무엇을 하고 있었나요?
- 아프리카 초원에 사는 얼룩말들은 친구들과 어떻게 인사를 하나요?
- 원숭이는 또 어떤 방법으로 인사를 했나요?
- 혀를 내밀어 핥아주면서 인사를 하는 동물들은 어떤 동물이었나요?
- 사자들은 서로 어떻게 인사를 할까요?
- 인사가 왜 중요하다고 생각하나요?
- 동물들의 인사도 사람들의 인사보다 깊고 넓을 수 있단다

1) 인사를 나눈 경험에 대해 이야기 나눈다.
   - 우리 친구들은 어떻게 인사를 하면 좋을까요?
2) 인사를 바르게 하는 방법을 알아본다.
   - 선생님과 함께 예쁘게 인사하는 방법을 배워 보아요.
3) 인사를 하면 좋은 점에 대해 이야기 나눈다.
   - 인사는 왜 할까요?
   - 인사는 상대방을 존경하고 반가움을 나타내는 예절이에요.
   - 인사말은 상대방에게 친밀감을 나타내는 자기표현의 방법이에요.
4) "선생님과 함께 인사를 해보자"라고 말하며 상체를 펴고 발을 모은다.
5) 손은 공수자세로 모으고 상대방 눈을 바라본다.
   - 여자일 경우에는 오른손이 왼손을 감싸 쥔다.
   - 남자일 경우에는 왼손이 오른손을 감싸 쥔다.
6) 밝은 표정으로 허리를 직각으로 숙여 "안녕하십니까?"라고 말한다.
7) 천천히 상체를 편다.

▸ 또박 또박 반갑게 인사해요(안미연 저, 출판사: 상상스쿨)

1) 동화를 들려준다.
2) 동화 내용을 회상한다.
   - 어떤 동물인 것 같나요?
   - 여우 박사님은 무엇을 만드는 과학자일 것 같나요?
   - 여우 박사님이 만든 아기여우 포포는 무엇을 할 수 있었나요?
   - 포포가 처음 유치원에 가는 날 어떻게 인사를 했었나요?

- 여우 박사님이 포포에게 잘 못 입력한 것은 무엇이었나요?
- 그래서 키키 귀뚜라미에게 어떤 부탁을 했었나요?

3) 상황에 따라 바르게 인사를 해야 하는 이유에 대해 알아본다.
   - 밖에 나갈 때는 어떻게 인사를 해야 될까요? – "다녀오겠습니다."
   - 어떻게 답을 해야 될까요? – "잘 다녀오너라!"
   - 어른을 만났을 때는 어떻게 인사를 해야 될까요? – "안녕하세요."
   - 어른이 무엇을 주면 어떻게 인사를 해야 될까요? – "고맙습니다."
   - 친구에게 잘 못했을 때는 어떻게 인사를 해야 될까요? – "미안해."
   - 음식을 먹기 전에는 어떻게 인사를 해야 될까요? – "잘 먹겠습니다."
   - 헤어질 때는 어떻게 인사를 해야 될까요? – "안녕히 계세요."
   - 집에 들어와서는 어떻게 인사를 해야 될까요? – "다녀왔습니다."

▸마들린느의 예절수업(안미연 저, 출판사: 상상스쿨)

1) 동화를 들려준다.
2) 동화 내용을 회상한다.
   - 누군가를 만나면 우리는 어떻게 할까요? – "안녕하세요?"
   - 여왕님에게 인사할 때는 어떻게 할까요?
   - 강아지랑 인사할 때는 어떻게 할까요?
   - 여러 사람을 만나면 어떻게 인사할까요?
   - 멀리 떨어져 있을 때 어떻게 인사할까요?
   - 뭔가 해달라고 할 때는 어떻게 말할까요? – "부탁해."
   - 상대방은 어떻게 대답할까요? – "고마워."
   - '고마워요'라고 말할 때는 어떤 경우일까요?
   - 누군가가 우리에게 말을 할 때에는 어떻게 해야 할까요?
   - 말을 끊어도 괜찮을 때는 어떤 경우일까요?
   - 다른 사람들과 잘 지내려면 어떻게 하면 될까요?
   - 다른 사람에게 실수를 했을 경우에는 어떻게 말할까요? - "미안해요. 잘못했어요."
   - 미안하다고 말할 때 가장 중요한 것은 무엇일까요?

5. 흥미점

1) 인사를 하면서 상대방의 표정을 본다.
2) 손을 앞으로 가지런히 모은다.
3) 인사를 주고받음으로써 느끼는 감정을 안다.

6. 오류의 통제

1) 상대방의 얼굴을 보지 않는다.

2) 인사말을 하지 않는다.

7. 직접목적

1) 바르게 인사하는 방법을 알고 실천할 수 있다.

2) 인사를 하면 좋은 점에 대해 안다.

간접목적: 독립심, 집중력, 협응력, 질서감을 기른다.

8. 변형 및 응용

1) 세계 여러 나라의 인사법과 인사말을 안다.

2) 악수하기

3) 국기에 대한 경례 예절

- 국기에 대한 예절(바로 서서 왼쪽 가슴에 오른손을 얹고 국기를 바라본다.)
- 제복과 제모인 경우(거수경례)

4) 일상생활 속에서의 인사

- 아침에 일어나서 부모님께 "안녕히 주무셨어요?"
- 잠자리 전 부모님께 "안녕히 주무십시오."
- 외출하는 어른께 "안녕히 다녀오십시오."
- 외출 후 집으로 어른이 들어올 때 "안녕히 다녀오셨어요."
- 어른을 배웅할 때 "안녕히 가십시오."

5) 정중한 인사와 정중하지 못한 인사

6) 목례

7) 큰절(생신, 설날)과 평절(어른에게 방 안에서 인사할 때)

- 큰절 - 남자(왼손이 위로 올라오고 양손을 겹친다.)
  여자(오른손이 올라오고 양손을 겹친다.)

8) 친구와 인사할 때와 어른께 인사할 때의 다른 것

9) 상황에 맞는 인사말 표현하기(고마워, 미안해)

10) 존댓말 사용하기

11) 세계의 인사(오승아 작사, 윤영배 작곡) - 노래

12) 세계 여러 나라의 인사말

〈세계 여러 나라의 인사〉
① 한국: 고개를 숙이며 "안녕하세요."
② 에스키모: 코를 비비며 "부댄디."
③ 중국: 양 팔꿈치를 잡고 허리를 굽히면서 "니하오마."
④ 인도: 손에 입을 대었다 떼면서 "살라모아."
⑤ 하와이: 한 사람이 상대방의 목을, 한 사람은 상대방의 허리를 감싸 안고 왼쪽 뺨을 비비며 "알로하."
⑥ 베트남: 합장하고 인사하며 "쌤바이노."
⑦ 이스라엘: 서로 양팔을 펼쳐 어깨를 주무르며 "샬롬."
⑧ 프랑스: 왼쪽, 오른쪽 뺨을 차례로 맞대며 "봉주르."
⑨ 아메리카 인디언: 손바닥을 들어올리며 "하우."
⑩ 티베트: 자기 귀를 당기며 혀를 길게 내민다.

9. 언어: 인사, 굽힌다, 편다, 인사말.

10. 비고

1) 유아에게 인사의 중요성에 대해 먼저 이야기한 후 자연스럽게 인사할 수 있도록 지도한다.
2) 집을 나설 때와 돌아올 시간을 말한다.
   예정 시간보다 늦을 경우에는 부모님께 알린다.
   돌아와서는 인사한다.
3) 웃어른에게 장난스런 인사말을 하지 않는다.
4) 바르게 인사하는 것이 습관화될 수 있도록 지도한다.
5) 바르게 인사하는 방법을 알고 실천하는지 관찰하고 평가한다.

화장실 사용하기

1. 대상연령: 3세 이상
2. 선행학습: 없음
3. 교　구: 다양한 화장실
4. 제시방법

▸화장실에 누가 있을까?(진 윌리스 저, 출판사: 미래M&B)

1) 동화를 들려준다.
2) 동화 내용을 회상한다.
   - 아이들은 어디에 있는 화장실에 갔나요?
   - 화장실에 누가 있을 거라고 생각했나요?
   - 동물 친구들은 화장실을 어떻게 사용하는지 모를 거라고 생각했나 봐요. 우리 친구들은 화장실을 어떻게 사용해야 하는지 알고 있나요?
   - 그럼 동물 친구들에게 화장실은 어떻게 사용해야 하는지 가르쳐 줄까요?

▸끙끙 응가 놀이(기무라 유이치 저, 출판사: 웅진주니어)

1) 동화를 들려준다.
2) 동화 내용을 회상한다.
   - 고양이 야옹이, 병아리 삐삐, 강아지 바둑이, 아기공룡 돌돌이는 무엇을 하고 있었나요?
   - 친구 다슬이는 무엇을 하고 있었나요?
   - 대변을 보고 나서는 어떻게 했나요?
   - 우리 친구들도 다슬이처럼 화장실을 어떻게 사용해야 하는지 함께 알아볼까요?

1) 우리 교실에 있는 화장실의 위치를 확인한다.
   - 유치원에 화장실은 어디에 있나요?
   - 화장실을 가고 싶으면 어떻게 해야 할까요?
2) 화장실에 있는 물건을 알아본다.
   - 어떤 물건들이 있나요?
   - 어떻게 사용하는 물건인가요?
3) 화장실 사용방법에 대해 알아본다.
4) 그룹별로 원아들과 함께 화장실에 간다.

5) 화장실 문을 오른손으로 '똑똑' 두드린다.
6) 안에서 인기척이 없으면 문을 열고 들어간다.
7) 옷을 무릎까지 내린다.
8) 변기 중앙에 바로 앉아 용변을 본다.
- 소변이나 대변을 본 후 휴지를 몇 칸 뜯어서 사용하는 것이 좋을까요?

9) 용변을 본 후 적당량의 휴지를 사용한다.
10) 휴지를 2번 접어 용변을 닦는다.
11) 닦은 휴지는 반으로 접어 휴지통에 버린다.
12) 옷을 입는다.
13) 물 내리는 손잡이를 아래로 내린다.
14) 용변을 확인한다.
15) 세면대로 가서 손을 씻은 후 수건으로 닦는다.
- 손은 왜 깨끗이 씻어야 할까요?

16) 올바른 방법으로 화장실을 사용한다.

5. 흥미점

1) 화장실 사용법을 배운다.
2) 물소리를 듣는다.
3) 휴지를 사용한다.

6. 오류의 통제

1) 물을 내리지 않았다.
2) 손을 씻지 않았다.

7. 직접목적

1) 화장실의 올바른 사용법을 안다.
2) 몸과 주변을 깨끗하게 유지하는 습관이 중요함을 안다.

간접목적: 질서감, 협응력, 집중력, 독립심을 기른다.

8. 변형 및 응용: 실생활에 적용하기 - 공공 화장실

9. 언어: 화장실, 변기, 휴지, 용변, 1칸, 2칸, 휴지통.

10. 비고

1) 좌변기 사용 시 발바닥 그림을 바닥에 붙여서 표시해 둔다.
2) 화장실 사용 순서를 그림 카드 또는 문장 카드로 만들어 벽에 붙여둔다.
3) 공공 시설물을 이용할 때 소중히 사용하고 처음 모양대로 해놓는다.

4) 대변이나 소변을 참지 않고 화장실에 가도록 지도한다.
5) 유아 스스로 화장실을 바르게 사용하는 것을 도와준다.
   - 소중하게 다루기
   - 차례차례
   - 아껴 쓰기
   - 정돈하기
   - 깨끗이 사용하기
6) 화장실 사용방법을 알고 실천하는지 관찰하여 평가한다.

손 씻기

1. 대상연령: 3세 이상
2. 선행학습: 주전자, 양동이 옮기기
3. 교　　구: 스펀지, 대야, 양동이, 주전자, 비누, 손 닦는 수건
4. 제시방법

▸ 첨벙첨벙 목욕해요(기무라유이치 글, 우다가와사치코 그림, 이연승 옮김, 출판사: 중앙출판사)

1) 동화를 들려준다.
2) 동화 내용을 회상한다.
   - 옷을 혼자서 벗을 수 있나요?
   - 어디부터 시작해서 옷을 벗어볼까요?
   - 몸을 혼자서 씻을 수 있나요?
   - 어디부터 시작해서 몸을 씻어볼까요?
   - 목욕을 하고 난 뒤 몸은 어떻게 변했을까요?
   - 목욕을 하고 난 뒤 기분은 어떨까요?

1) 손을 씻어야 하는 이유에 대해 이야기 나눈다.
   - 왜 꼭 손을 씻어야 할까요?
   - 바깥놀이를 하던 손으로 음식을 먹으면 어떻게 될까요?
2) 손 씻기 방법에 대해 알아본다.
   - 손을 어떻게 하면 깨끗이 씻을 수 있는지 알고 있나요?
   - 옷에 물이 묻지 않으려면 어떻게 해야 할까요?

- 물로만 손을 씻으면 어떻게 될까요?
- 각종 바이러스와 세균 감염을 막지 못한다.

3) "오늘은 선생님이 손 씻기를 보여줄게요"라고 말하고 소매를 걷는다.
4) 주전자를 두 손으로 들고 "물을 선까지 받아 오자"라고 말한다.
5) 싱크대에 가서 물을 받아온다.
6) 대야에 물을 붓고 주전자 입구를 스펀지로 닦고 제자리에 놓는다.
7) 물에 양손을 앞뒤로 적시고 양손을 모아 물기를 뺀 후, 손에 비누를 칠하고 제자리에 놓는다.
8) 손가락을 하나씩 돌려가며 씻고 손바닥과 손등을 씻는다.
9) 양손을 비벼가며 헹구고 두 손을 모아 물기를 뺀다.
10) 대야의 물을 양동이에 버리고 양동이의 물을 싱크대에 버린다.
11) 교사는 "한 번 더 물을 선까지 받아 오자"라고 말한다.
12) 주전자의 물을 대야에 붓는다.
13) 손을 깨끗이 헹구고 수건으로 손을 닦은 후 제자리에 정리한다.
14) 대야의 물을 양동이에 버리고 양동이의 물을 싱크대에 버린다.
15) 교구를 제자리에 정리한다.
16) 손을 깨끗이 할 때 생기는 좋은 점을 생각해본다.
    - 손을 깨끗이 하면 어떤 좋은 점이 있을까요?
17) 손을 깨끗이 하지 않았을 때 생기는 나쁜 점을 생각해본다.
18) 유아에게 권유한다.

5. 흥미점

1) 비누 거품을 본다.
2) 손가락을 돌려가며 씻는다.
3) 물을 부을 때 나는 소리를 듣는다.
4) 깨끗해진 손을 본다.

6. 오류의 통제

1) 물이 바닥에 떨어진다.
2) 손에 비눗기가 남아 있다.
3) 손에 때가 남아 있다.

7. 직접목적

1) 손을 깨끗이 하는 이유를 안다.
2) 손 씻기 방법을 알고 실천한다.

간접목적: 질서감, 집중력, 협응력, 독립심, 근육 조절을 기른다.

8. 변형 및 응용

1) 손톱 씻는 솔을 사용한다.
2) 발 씻기, 목욕하기
3) 더러운 손, 깨끗한 손 비교하기
4) 안전교육(뽀로로 손 씻기 동영상)
5) 동화 - 깨끗한 내가 참 좋아요

9. 언어: 손, 손바닥, 손등, 씻는다, 붓는다, 깨끗하다, 더럽다, 헹군다, 돌린다.

10. 비고

1) 손 씻는 순서 카드를 그림 또는 문장 카드로 만들어 제시한다.
2) 올바른 손 씻기 방법을 알고 실천하는지 관찰하여 평가한다.
3) 음식을 먹기 전, 화장실 사용 후에 손을 씻어야 하는 이유를 알게 한다.

기침하기/코 풀기

1. 대상연령: 3세 이상
2. 선행학습: 없음
3. 교　　구: 휴지, 휴지통, 손수건
4. 제시방법

▸얍 감기야 덤벼라(케이트 로언 저, 출판사: 시공주니어)

1) 동화를 들려준다.
   - '병균'에 관련된 부분만 제시한다.
2) 동화 내용을 회상한다.
   - 샘이 감기에 걸렸네요. 아마 친구들한테서 옮은 거 같대요.
   - 우리는 왜 감기에 걸리나요? 그리고 기침이나 재채기를 할 때 왜 휴지로 가려야 할까요?
   - 기침을 하거나, 코를 풀 때 어떻게 하면 친구들에게 감기를 옮기지 않게 하고, 다른 친구들을 배려하는 행동인지 선생님과 함께 배워 볼까요?

▸세균은 옮기라고 있는 게 아니에요(엘리자베스 베르딕 저, 출판사: 한언)

1) 동화를 들려준다.
2) 동화 내용을 회상한다.
   - 에취 에취! 콜록 콜록! 이럴 땐 어떻게 해야 할까요?
   - 언제 손을 씻어야 할까요?

〈기침하기/재채기하기〉

1) 겨울철에 잘 걸리는 질병에는 어떤 병이 있는지 이야기 나눈다.
   - 감기에 걸려본 적이 있나요?
   - 감기에 걸리면 어떤 증상이 생기나요?
2) 감기에 걸려본 경험을 이야기 나눈다.
3) 감기에 걸렸을 때 나오는 기침에 대해 이야기 나눈다.
   - 기침을 한 적이 있나요?
   - 기침이 나올 때 어떻게 행동하나요?
4) 기침 예절에 대해 알아본다.
   - 기침이 날 때 어떻게 해야 할까요?
5) "기침(재채기)이 나올 때는 선생님처럼 해보세요."
   ① 손수건이 있을 경우 – 손수건을 입 앞으로 가져간다.
   ② 손수건이 없을 경우 – 한 손을 입 앞으로 가져간다.
6) 고개를 돌려 기침을 한 후 휴지를 다른 한 손으로 뽑아 손을 닦는다.
7) 휴지를 접어 입 주변을 닦고, 휴지통에 버린다.
8) 손을 씻는다.

〈코 풀기〉

1) 휴지가 있는 쪽으로 걸어간다.
2) 휴지를 두 손으로 뽑아 반으로 접는다.
3) 접은 휴지를 코에 대고 한쪽 코만 누른 후 코를 푼다.
4) 반대쪽 코도 같은 방법으로 진행한다.
5) 코를 푼 휴지를 반으로 접어 코밑을 닦고 반으로 접어 휴지통에 넣는다.
6) 손은 깨끗이 씻는다.
7) 유아에게 권유한다.

5. 흥미점

1) 한 번에 한쪽 코를 막고 푼다.
2) 휴지를 접는다.

6. 오류의 통제: 콧물이 얼굴에 남아 있다.

7. 직접목적

1) 타인을 배려하는 마음을 기른다.

2) 코 푸는 방법을 배운다.

3) 기침할 때의 예절을 알고 지킬 수 있다.

간접목적: 질서감, 협응력, 집중력, 독립심을 기른다.

8. 변형 및 응용

1) 입 닦기

2) 하품하기

9. 언어: 코, 푼다, 접는다, 한쪽, 기침, 재채기.

10. 비고

1) 기침이나 재채기를 할 때 왜 손으로 가려야 하는지에 대해 이야기 나눈다.

2) 보는 사람이 없다고 휴지를 함부로 버리거나 아무 곳에나 침을 뱉지 않는다.

3) 기침할 때의 행동을 관찰하여 평가한다.

감사와 공손

1. 대상연령: 3세 이상
2. 선행학습: 인사하기의 활동
3. 교　　구: 교사, 유아
4. 제시방법

▸약속해, 뿅뿅(애플비 편집부 저, 출판사: 애플비)

1) 동화를 들려준다.
2) 동화 내용을 회상한다.
   - 약속은 무엇인가요?
   - 약속을 해본 적이 있나요?
   - 약속을 어긴 적이 있나요?
   - 약속은 왜 지켜야 할까요?
   - 약속은 나 혼자서 정할까요?
   - 약속을 하기 위해 필요한 것은 무엇일까요?

▸다시는 떼쓰지 않을게요!(안나 카살리스 글, 마르코 캄파넬라 그림, 출판사: 키득키득)

1) 동화를 들려준다.
2) 동화 내용을 회상한다.
   - 꼬마 생쥐 모모가 떼를 쓰고 있네요!
   - 어떤 떼를 쓰고 있나요?
   - 또또는 어떤 약속을 부모님과 했나요?
   - 약속을 하면 우리는 어떻게 하나요?
   - 여러분도 떼를 쓴 적이 있나요?
   - 떼를 쓰고 나면 기분이 어땠나요?
   - 떼를 쓰지 않고 다른 방법으로 할 수 없나요?

▸반짝반짝 빛이 나는 행복한 습관 감사(한예소 저, 출판사: 꿈꾸는 나무)

1) 동화를 들려준다.
2) 동화 내용을 회상한다.
   - 감사하는 마음은 어떤 마음일까요?

- '감사'는 눈으로 볼 수 있나요?
- 어떨 때 감사하는 마음을 가졌나요?
- 누구한테 가장 감사하는 마음이 들었나요?
- 왜 감사하는 마음을 가졌나요?
- 감사하는 마음이 없다면 어떨까요?

▸ 내 맘대로 할래(이민혜 그림, 이지현 저, 출판사: 시공주니어)

1) 동화를 들려준다.
2) 동화 내용을 회상한다.
   - 누구일 것 같나요?
   - 악어 딱순이가 꿀식이를 보고 어떤 마음이 들었나요?
   - 왜 그런 마음이 들었을까요?
   - 친구들도 고집을 부릴 때가 있나요?
   - 고집을 부릴 때는 어떤 모습일까요?
   - 어른들은 어떻게 말하였나요?

▸ 예의바른 코끼리 엘리(부키 동화나라 플래시 동화)

1) 동화를 들려준다.
2) 동화 내용을 회상한다.
   - 엘리는 사람들을 왜 좋아하나요?
   - 엘리는 버스에서 어떻게 했나요?
   - 엘리는 친구 집에 가서 어떻게 했나요?
   - 예의바른 엘리의 행동을 배워 볼까요?

▸ 고맙습니다(앨리스 B. 맥긴티 저, 출판사: 봄봄)

1) 동화를 들려준다.
2) 동화 내용을 회상한다.
   - 해가 뜨는 모습을 본 적이 있나요?
   - 해가 뜨면 우리는 무엇을 할까요?
   - 파란 하늘을 보면 기분이 어떨까요?
   - 하늘에게 어떤 마음이 들까요?
   - 그네를 타본 경험이 있나요?

- 그네를 탈 때 어떤 기분이 들까요?
- 잔디에 앉아 본 적이 있나요? 어떤 기분이었나요?
- 산들 바람이 불면 어떤 놀이를 할 수 있을까요?
- 연이 높게 날아갈 때 어떤 기분이 들까요?
- 산에 가면 많이 볼 수 있는 것은 무엇일까요?
- 나무 위에 앉아 있으면 어떤 기분이 들까요?
- 하늘에 구름이 많으면 무슨 일이 일어날까요?
- 비가 오면 누가 제일 좋아할까요?
- 비 온 후 풍경의 모습은 어떻게 달라 보일까요?
- 창문 앞에서 너희들은 어떤 것을 본 적이 있나요?
- 하늘에 있는 별을 본 적이 있나요?
- 별을 보면 누가 생각나나요?
- 친구들 뺨에 뽀뽀를 해준 사람은 누구인가요?
- 밤이 되면 우리는 무엇을 할까요?
- 만약 밤이 없다면 우리는 어떻게 될까요?

▸미안하다고 안 할래!(사만사 버거 저, 출판사: 크레용하우스)

1) 동화를 들려준다.
2) 동화 내용을 회상한다.
   - 책에서 나오는 '미안하다'는 문장을 색지로 가린다.
   - 우리 친구들이 할 수 있는 일들은 어떤 것이 있을까요?
   - 오늘 마사라는 친구를 소개할게요.
   - 마사도 친구들처럼 아주 많은 일들을 하고 있는 것 같아요.
   - 어떤 일들을 하는지 한 번 알아볼까요?
   - 나쁜 행동은 어떤 것일까요?
   - 그런데 마사가 하지 않는 말은 무엇일까요?
   - 마사가 나쁜 행동을 하고 나서 어떤 생각을 했었나요?
   - 엄마, 아빠, 동생은 마사가 하지 않는 말에 어떤 반응을 했었나요?
   - 마사는 어떤 마음을 가졌나요?
   - 마사가 골똘히 생각한 후 조그맣게 어떤 말을 했었나요?
   - 엄마, 아빠, 동생은 어떤 말인지 알 수 있었나요?
   - 마사는 큰소리로 무슨 말을 했었나요?

- 엄마, 아빠, 동생, 마사 모두 어떤 기분이 들었나요?
- 그 후 마사는 말썽을 피울 때마다 크고 씩씩하게 어떤 말을 했었나요?

〈여러 가지 상황에 맞는 인사법〉

- 아침에 유치원 오면서 부모님께 인사드리고 왔나요?
- 친구들이 어딘가를 갈 때에는 어떻게 인사하나요?
- 유치원을 다녀와서는 어떤 인사를 하나요?
- 길거리에서 어른을 만나면 어떻게 인사하나요?
- 친구를 만나면 어떻게 인사를 하나요?
- 선물을 주고 있어요. 어떻게 인사를 하나요?

〈친구에게 무거운 짐을 들어달라고 부탁할 때〉

1) "○○○야, 미안하지만 내 짐을 같이 좀 들어줄 수 있니?
2) 짐을 들어 준 친구에게 미소를 지으며 "고마워"라고 말한다.

〈친구에게 (생일) 선물을 받았을 때〉

1) "○○○야, 생일 축하해" 말하면서 생일 선물을 건네준다.
2) 선물을 받은 친구는 미소를 지으며 "○○○야, 정말 고마워"라고 말한다.

▸고맙다고 말해요(야후꾸러기 플래시 동화)

1) 동화를 들려준다.
2) 동화 내용을 회상한다.
   - 두리 두바는 어떨 때 고맙다고 이야기 하나요?
   - 친구들은 고맙다는 말을 한 적이 있나요?
   - 고맙다는 말은 어떨 때 사용하는 걸까요?

▸고맙송(삼성 '고맙습니다' 캠페인 CF송)

나나나나나나 나를 안아줄 나나나나나나 나를 지켜 줄 나나나나나나 당신께 고맙다고 전해요. 오오~ 나나나나나 당신의 관심에 나나나나나 당신의 사랑에 나나나나나나 당신께 고맙다고 전해요. 당신께 고맙다고 말해요.

5. 흥미점

1) 상대방의 눈을 바라보며 웃는 얼굴로 말한다.

2 "고마워", "고맙습니다" 등 감사의 인사말을 나눈다.

6. 오류의 통제

1) 행동과 표정이 어색하다.

2) 표현이 적절하지 않거나 표현하지 못한다.

3) 큰 소리로 말한다.

7. 직접목적

1) 공손과 감사하는 마음을 표현할 수 있다.

2) 상황에 따른 예절이 있음을 안다.

간접목적: 독립심, 집중력, 질서감, 협응력을 기른다.

8. 변형 및 응용

1) 상황에 맞는 감사의 인사말

2) 대상에 맞는 감사의 인사말

3) 실수, 잘못에 대해 사과의 인사말

4) 위로하는 말

5) 부탁하는 말

6) 화해하는 말

7) 어른께 두 손으로 물건 드리기

8) 어른이 주시는 물건을 일어서서 두 손으로 받기

9) 책, 서류, 신문은 받는 사람이 볼 수 있도록 드리기

10) 손잡이가 있는 물건은 받는 사람이 편하도록 손잡이가 있는 쪽으로 드리기

11) 음식이나 찻잔은 쟁반에 받쳐서 드리기

12) 차나 음료의 양은 그릇의 7/10 정도 담아서 드리기

9. 언어: 고맙습니다, 감사합니다.

10. 비고

1) 역할극 놀이를 통해 상황에 따라 표현해 보도록 한다.

2) 공손한 태도로 감사하는 마음을 표현할 수 있는지 관찰하여 평가한다.

도움 청하기

1. 대상연령: 3세 이상
2. 선행학습: 인사하기의 활동
3. 교　　구: 교사, 유아
4. 제시방법

▸ 도와줘!(양혜정 저, 출판사: 행복한 책읽기)

1) 동화를 들려준다.

2) 동화 내용을 회상한다.

- 산길을 걸어가고 있던 호랑이에게 무슨 일이 있었나요?
- 호랑이는 누구에게 도움을 청했나요?
- 호랑이가 멧돼지에게 도움을 청했을 때 멧돼지는 어떻게 했나요?
- 왜 도망쳤을까요?
- 멧돼지는 호랑이가 쫓아오자, 누구에게 도움을 청했나요?
- 여우도 멧돼지의 말을 못 알아듣고 도망을 치고 말았어요. 그리고 토끼에게도 여우가 도움을 청하지만 겁을 먹고 도망쳤어요.
- 벼랑 끝에 섰을 때 동물 친구들은 어떻게 호랑이를 도와 주었나요?
- 호랑이는 눈의 티를 빼 준 동물들에게 어떻게 말했나요?
- 우리 친구들은 도움이 필요할 때 어떻게 말하나요? 그리고 도와준 사람에게는 어떻게 인사해야 할지 함께 배워볼까요?

▸ 도와줄게 뿡뿡(애플비 편집부 저, 출판사: 애플비)

1) 동화를 들려준다.

2) 동화 내용을 회상한다.

- 뿡순이가 뿡뿡이에게 같이 방 치우는 것을 도와달라고 했을 때 뿡뿡이는 어떻게 했나요?
- 삑삑이는 어떻게 대답했나요?
- 삑삑이가 선반 위의 책을 꺼내려다가 뿡뿡이에게 도와달라고 했을 때 어떻게 대답했나요?
- 뿡뿡이는 다른 친구들이 도움 청할 때 '하기 싫어' 했지만, 자기가 도움을 청하자 친구들은 불평 없이 도와주었어요.
- 우리 친구들은 다른 친구가 도움을 청했을 때 어떻게 하나요?
- 도와준 친구에게 어떻게 인사를 해야 할까요? 우리 함께 배워볼까요?

〈다른 사람에게 용무가 있을 때〉

1) 교사는 유아들이 이야기하고 있거나 활동을 하고 있는 곳으로 간다.
2) 교사는 양해를 구하기에 적당한 때를 기다린다.
3) 제3자에게 "미안하지만, ○○에게 용건이 있어"라고 양해를 구한 다음, 필요한 사람에게 자신의 용건을 말한다.
4) 용건을 다 말한 후 제3자에게 "고마워"라고 말하고 그 자리를 떠난다.

〈놀이기구를 탈 때〉

1) 자신이 해본 놀이에 대해 이야기 나눈다.
   - 어떤 놀이를 해보았나요?
   - 가장 재미있었던 놀이는 무엇이었나요?
2) 놀이를 하면서 위험했던 상황을 이야기한다.
   - 어떤 점이 위험하다고 생각했나요?
   - 위험한 일이 생겼을 때 어떻게 행동했나요?
   - 도움을 어떻게 청해야 할까요?
3) 놀이하는 방법에 대하여 이야기 나눈다.
   - 안전하고 즐겁게 놀이하는 방법에는 무엇이 있을까요?
4) 바깥 놀이터에서 놀이기구를 타고 있는 친구에게 다가가 "나도 타고 싶은데 양보해 줄 수 있겠니?", "미안하지만, 내가 탈 수 있도록 잠깐만 멈추어 줄 수 있겠니?"라고 말하여 양해를 구한다.
5) 친구가 놀이기구를 멈추어 주면 "고마워"라고 말한 후 탄다.
6) 동일한 방법으로 다른 모든 유아도 차례로 놀이기구에 탄다.

〈다른 사람 앞을 지날 때〉

- 사람 뒤로 지나갈 수 없는 상황으로 앞을 지나갈 때는 머리를 약간 숙이고 앞에 있는 사람들에게 "실례합니다"라고 양해를 구하면서 지나간다.

〈계단〉

- 계단을 오르내릴 때는 한두 계단 떨어져서 간다.
- 계단 통행법(우측 보행), 바르게 줄서기

〈엘리베이터〉

- 엘리베이터를 탈 때 어른이 먼저 타고 내린다.

〈복도〉

- 큰 소리를 지르거나 뛰지 않는다.
- 복도(우측보행), 한줄 서기

〈집안에서〉

- 큰소리로 떠들지 않는다.
- 창밖으로 물건을 버리지 않는다.

〈친구와 함께 놀 때〉

- 혼자만의 고집을 부리지 않는다.

〈물건을 쓰고 싶을 때〉

1) 미리 이야기하고 허락을 받는다.
2) 내 것처럼 소중히 쓴다.
3) 다 쓴 후에 '고맙다'는 인사말을 한다.
4) 제자리에 갖다 놓는다.

5. 흥미점: 상황에 맞게 도움을 청해 본다.

6. 오류의 통제

1) 행동과 표정이 어색하다.
2) 표현이 적절하지 않거나 표현하지 못한다.

7. 직접목적

1) 타인에 대한 배려를 한다.
2) 규율을 통한 예의범절을 익힌다.
3) 안전하게 놀이하는 방법을 알고 놀이를 할 수 있다.
4) 안전에 대해 알고 실천한다.

간접목적: 독립심, 질서감, 집중력, 협응력을 기른다.

8. 변형 및 응용

1) '유괴'극 놀이(유괴 상황에 대처하는 법)
2) 가족이나 다른 사람에게 도움청하기
3) 상황에 맞는 말과 행동하기
4) 말을 들어 주는 방법
5) 잘 이야기하는 방법
6) 다양한 놀이기구를 안전하게 이용하는 방법
7) 차 안에서 안전벨트 착용하기
8) 안전한 놀이와 위험한 놀이 구분하기

9. 언어: 실례합니다. 도와주세요. 부탁합니다.

10. 비고

1) 교사가 일상생활 속에서 자연스럽게 좋은 태도와 정중한 행동을 보여 준다.
2) 부모님 성함을 말할 때는 ○자 ○자라고 말한다.
3) 다른 사람의 물건을 함부로 만지지 않는다.
4) 안전하게 놀이하는 행동을 관찰하여 평가한다.
5) 질서와 규칙을 지키는 행동을 관찰하여 평가한다.

위험한 물건 전달하기

1. 대상연령: 3세 이상
2. 선행학습: 물건 옮기기의 활동
3. 교　　구: 가위, 칼, 송곳, 쟁반
4. 제시방법

▸ 잠깐, 조심해(종이비행기 저, 출판사: 중앙출판사)

- '가정에서의 안전사고'를 예방할 수 있도록 지도할 때 사용한다.
- 가정에서의 위험할 수 있는 각 상황에서 조심해야 할 사항들을 질문한 후, 상기시킨다.

1) 동화를 들려준다.

2) 동화 내용을 회상한다.

- 집에서 어떤 것들을 조심해야 하나요?
- 침대에서 뛰면 어떻게 되나요?
- 콘센트는 어떻게 조심해야 할까요?
- 목욕탕에서는 어떻게 조심해야 할까요?
- 집에서 우리가 사용하는 것 중에 위험한 것은 무엇이 있나요?
- 또, 어떤 것들을 조심해야 할까요?

〈'위험한 물건' 사진을 보며 이야기 나눈다〉

- 이것을 어디에서 보았나요?
- 이것은 어디에 사용하는 물건일까요?
- 어떻게 사용하는 것일까요?
- 안전하게 사용하려면 어떻게 해야 할까요?
- 함부로 휘두르면 위험해요.

- 들고 다니면 위험해요.
- 가위로 옷이나 머리카락을 자르면 안돼요.

〈사용법과 물건을 건네주는 방법에 대해 이야기 나눈다〉

1) 교구를 활동할 장소로 옮긴다.
2) "선생님이 가위를 어떻게 잡는지 보여 줄게요"라고 말하고, 가위를 양손으로 잡아서 들어 올린다.
3) "선생님이 너에게 가위를 건네줄게요"라고 말하고, 유아에게 가위의 손잡이 부분을 건넨다. 가위의 손잡이 부분을 잡고 세운 후, 다른 한 손은 날 부분을 감싸 잡는다. 손잡이에 있는 윗부분의 손도 옮겨 감싼다.
4) 옆의 친구에게 가위를 전달한다.
5) 모든 유아들에게 같은 방법으로 진행한다.
6) 맨 마지막 유아에게 가위를 건네받은 후 "교실에서 가위를 가지고 다닐 경우에는 지금처럼 하도록 해요"라고 말한다.
7) 가위를 가위꽂이에 꽂아 놓는다.

〈뾰족한 물건 건네주기〉

1) 뾰족한 부분이 아래로 가도록 하여 두 손으로 잡는다.
2) 가위를 건네주고 받기와 같은 방법으로 진행한다.

5. 흥미점

1) 위험한 물건을 다루어 본다.
2) 위험한 물건을 주고받는다.

6. 오류의 통제: 뾰족한 부분을 상대방에게 전달한다.

7. 직접목적: 위험한 물건을 안전하게 전달한다.

간접목적: 독립심, 질서감, 협응력, 집중력을 기른다.

8. 변형 및 응용

1) 실생활에 적용하기
2) 스테이플러 → 여러 장의 종이를 묶어준다.
   (손가락이 끼지 않도록 조심한다.)
3) 테이프 커터기
4) 펀치
5) 교실의 흥미영역 놀이 시 주의사항
   (쌓기영역) → 블록은 던지지 않는다.

(역할놀이) → 작은 모형을 콧구멍이나 입에 넣지 않는다.

(미술활동) → 날카로운 물건을 안전하게 사용한다.

6) 안전한 물건과 위험한 순간 구분하기

9. 언어: 위험한 물건, 가위, 송곳, 손잡이

10. 비고

1) 위험한 물건을 어떻게 다루어야 하는지 이야기 나눈다.

2) 도구의 바른 사용방법을 알고 안전하게 사용한다.

3) 도구의 사용법을 관찰하여 평가한다.

전화 주고 받기

1. 대상연령: 만 3세 이상
2. 선행학습: 말하기
3. 교　　구: 전화기
4. 제시방법
   1) 전화를 사용해본 경험에 대해 이야기 나눈다.
      - 이것은 무엇인가요?
      - 우리 친구들은 전화를 걸거나 받아 본 적이 있나요?
      - 누구에게 전화를 해보았나요?
      - 어떻게 이야기를 해보았나요?
   2) 전화 통화할 때의 예절에 대해 이야기 나눈다.
      - 전화할 때 어떤 기분으로 어떤 목소리로 해야 할까요?
      - 왜 그렇게 생각하나요?
      - 친구를 바꿔 달라고 할 때 어떻게 말하면 좋을까요?
      - 전화를 잘못 걸었을 때는 어떻게 해야 할까요?
      - 잘못 걸린 전화를 받았을 때는 어떻게 해야 할까요?
   3) 두 명의 유아를 초대해서 전화통화를 해보도록 한다.
5. 흥미점
   1) 전화를 걸고 받을 때의 느낌
   2) 전화번호를 누른다.
6. 오류의 통제
   1) 전화번호를 잘 못 누른다.
   2) 상황에 따른 언어를 사용하지 못한다.
7. 직접목적
   1) 전화 통화할 때의 예절을 안다.
   2) 바르고 고운 말을 사용하여 전화 통화를 할 수 있다.

   간접목적: 독립심, 질서감, 협응력, 집중력을 기른다.

8. 변형 및 응용
   1) 다양한 형태의 전화기
   2) 상황에 따른 전화 예절
   3) 위험한 상황에 처했을 때 긴급 전화 사용방법
9. 언어: 전화기, 0~9, #, *
10. 비고: 예절 바르게 전화통화하는지 언어적 상호작용을 통하여 평가한다.

3 동작의 분석과 조정을 위한 활동

1) 운동교육

1960년대 운동교육이론의 제창자인 프로스티크(Frostig)는 학습장애분야의 지각-운동 발달과 훈련의 연구를 활발하게 행하였다. 그녀는 위르너(Werner. H.), 스트라우스(Strauss. A. A), 리티넨(Lehtinen. L. E.) 등의 연구 영향을 받았다. 프로스티크는 주로 시지각 발달검사(Developmental Test of Visual perception: DTVP, 1961, 1964) 및 DTVP에 의해 평가된 시각과 시-운동능력을 발달시켜 치료하기 위하여 자신이 만든 훈련 프로그램(1964)에 아동의 지각-운동 발달을 촉진하고자 하였다. 그 후 특히 학습장애아 또는 뇌손상아의 교육적 치료의 교육방법의 하나로서 운동교육(movement education)의 이론과 실제에 대하여 연구 발표하였다. 프로스티크에 의해 발표된 운동교육은 오늘날 장애상태가 중도·중복화 되어가는 장애아동교육의 실제적 지도에 유용한 방법이 되고 있다. 프로스티크의 운동교육이론은 1970년대에 이르러 그 이론과 실제의 훈련방법이 체계화되었다.

운동교육은 1970년대에 들어 여러 나라에서 급격하게 발전되었다. 운동교육이론은 미국의 M. Frostig 박사와 B. Cratty를 중심으로 독일의 E. Kiphard, 스위스의 S. Navile 박사의 뛰어난 연구업적을 배경으로 축적되었다.

이러한 교육의 이론적 배경은 "신체는 어떠한 사람에게도 중요한 소유물이며, 감정과 움직임을 가장 직접적으로 표현할 수 있다"는 프로스티크 박사의 기본적인 생각을 기본으로 하고 있다.

운동교육은 예전의 체육의 장점에 포함되어 있는 건강의 증진, 체력의 향상, 신체의 발달과 관리, 운동 기능의 습득, 보건 및 안전 등을 포괄함과 동시에 정신적, 지적발달을 중시하고, 과제해결의 여러 능력과 창의적 운동을 통해서 살아 있는 기쁨, 다른 사람에 대한 의식, 또래와 협력하는 즐거움 등을 스스로 발견해 나가는 것을 의도하고 있다.

운동교육은 발달에 필요한 신체운동의 경험을 통해 아동의 신체운동 기능의 확대와 운동의 속성 기능에 필요한 감각운동 기능의 향상과 신체의식의 형성을 도모하면서 심리적 제 기능을 발달시킨다. 최종적인 목표는 '아동의 건강과 행복감'을 높이는 데 있다. 즉, 운동교육은 신체의 운동을 통하여 아동이 자기의 신체를 능숙하게 사용하도록 학습하고, 의사전달 기능과 인지 기능을 발달시켜 창조적인 자기를 표현하는 것을 배우고, 동시에 정서적인 발달을 수반해 가는 것이다. 운동교육은 운동의 경험을 통해 신체운동 기능의 발달과 더불어 학습능력, 즉 지각, 인지, 연합능력, 개념형성을 촉진시키는 것을 목표로 하고 있다.

(1) 운동교육의 4대 기본 과제

교육의 목표를 달성하기 위하여 다음 4개의 기본 과제가 있다.

① 감각운동 기능의 향상
② 신체의식 기능의 향상
③ 시간, 공간, 그 인과관계의식 능력의 향상
④ 심리적 제 기능의 향상

가. 감각운동 기능을 기른다

운동은 독립해서 존재하는 것이 아니며, 운동에는 감각과 지각의 경험이 수반되고 있다. 감각과 운동이 연합될 때 신체를 자유로이 의식적으로 움직이거나 목적적 동작이 가능하게 된다. 여기에는 '감각을 기른다', '기본적인 움직임을 기른다'라는 2가지의 과제가 포함되어 있다. 더욱이 신체적 능력의 조화로운 발달을 촉진하기 위해서는 운동의 속성을 포함시킨 프로그램이 필요하게 된다.

① 감각을 기른다.

감각에는 시각, 청각, 촉각, 전정 감각, 고유 감각 등이 있다.

- 시각 능력을 기른다: 시각집중을 촉진하기 위해 공과 같이 움직이는 물건과 풍선 등을 이용해서 운동의 경험을 시킨다.

- 청각을 기른다: 피아노, 북, 종 등의 음이 나오는 물건과 여러 가지 종류의 음악을 이용하여 청각집중을 촉진한다.
- 촉각을 기른다: 마사지, 매트 위에서 옆으로 회전, 푸울을 사용한 활동은 자연스러운 활동 속에서 신체 전체에 촉자극이 주어진다. 또한 여러 가지 손유희에 의한 손에서부터의 촉각 자극도 매우 중요하다.
- 전정 감각을 기른다: 운동 도구(트램블린, 롤링카, 스쿠터 보드) 등을 이용하여 수직성, 회전성, 수평성의 가속도성의 운동자극을 경험시키는 것으로 이러한 전정 감각을 기른다.
- 고유 감각을 기른다: 놀이도구를 사용한 활동 중에서 근육과 관절에 자극을 줌으로써, 고유 감각을 기른다.

② 기본적인 움직임을 기른다.

운동교육에 따른 기본적인 움직임을 기르는 내용으로서 큰 운동은 자세 능력, 이동 능력, 조작 능력의 3가지로 나누어져 있다.

- 자세 능력을 기른다: 앉기, 네발 기기, 한쪽 발 서기 등
- 이동 능력을 기른다: 배 뒤집기, 네발로 이동, 보행, 주행, 위로 발 바꾸어 뛰기, 점프 등의 능력으로서, 매트, 터널, 의자, 점프 등의 놀이기구를 이용하여 이동 능력을 길러준다.
- 조작 능력을 기른다: 공, 적목, 핀, 끈 등의 물건 조작을 통해서 눈과 손, 눈과 발의 협응성 능력과 시지각 능력을 길러준다.

더불어, 운동교육을 구체적으로 전개해 갈 때 행동의 요소로서 운동의 속성을 다양하게 조합시킴으로써 더욱 더 운동 기능을 향상시킬 수 있다.

③ 운동의 속성

- 협응: 전신운동에서 몇 가지 근력군을 동시적, 협동적으로 사용하는 것이다.
- 리듬: 일정한 순서로 반복되는 운동의 흐름, 즉 운동의 형태이다. 또한 일정한 순서로 되풀이되는 강약이 있는 박자와 구성 단위음을 악기와 발을 밟아 리듬

을 맞추는 등의 신체를 움직이게 함으로써 모방하거나 창조하는 것이다.

- 유연성: 신체의 어느 부분을 다른 부분과 서로 연관시켜 쉽게 움직이는 능력이며, 관절을 힘껏 굽혔다 폈다하는 것이다.
- 스피드: 일련의 운동이 행해지는 속도이다.
- 민첩성: 신체운동에 있어서 급속한 반응 능력이다. 운동을 선도하고, 민첩하게 방향전환을 하거나, 때로는 빠르게 자세를 바로 세우는 능력이다.
- 균형: 마루 면에 닿는 부분을 가능한 적게 하여 자세를 유지하는 것이다. 균형에는 정적 균형, 동적 균형, 물적 균형 3가지 종류가 있다.
- 근력: 전신 또는 신체의 일부를 사용할 때의 능력이다.
- 지구력: 지구력에는 신체활동을 지속시켜 피로에 대항하는 능력으로서 산소를 가장 효율적으로 사용하는 심폐 지구력이다.

나. 신체의식 능력을 기른다

신체의식 능력은 심리적, 신체적으로 정상 발달의 기본적인 능력이다. 신체의식이란 '환경으로부터 분리되어 있지만, 환경과는 상호작용을 가지며, 환경을 지배하고 있는 행위를 하는 사람으로서 자기 자신을 아는 것이다'라고 정의되고 있다.

프로스티그(Frostig) 박사는 운동프로그램을 위한 신체의식을 다음의 3가지로 구분하고 있다.

① 신체상: 전체 구심성의 자극이 신체상에 영향을 준다. 즉, 신체를 움직이게 하는 것으로 신체 내부에서의 감각 자극, 신체 외부에서의 촉감각 자극, 근육에서의 근감각 자극 등이 신체의 움직임과 연합되어 공간에서 자기의 신체를 기점으로 인식할 수 있게 된다.

② 신체도식: 골격의 여러 가지 부분을 자동적으로 적절하게 조정하거나, 자세를 유지하기 위해 근육을 긴장시키거나 이완시키는 것, 넘어지지 않고 이동하는 것, 물건을 효과적으로 이동시키는 것 등을 가리키며, 양측성 운동과 정중선교차(正中線交叉) 운동 등의 기본이 되고 있다. 이러한 능력은 아동이 의식적으로 자세를 유지하는 것을 배우는 것으로 발전한다. 신체도식 속

에는 측면우위(편측의 우위성)와 방향우위(방향성: 공간 내에서 좌우의 의식)의 개념이 포함되어 있다.

③ 신체개념: 인간은 2개의 눈을 가지고 있고, 2개의 다리가 있다는 신체 사실에 대한 지식이다.

다. 시간, 공간과 관련된 인과관계 의식 능력을 기른다

자신을 둘러싸고 있는 환경에 대한 의식은 모든 사물과 사상(事象)이 시간과 공간 속에서 일어난다. 이러한 사물과 사상은 시간과 공간 속에서 존재하는 것으로 지각되고 또 서로 연결되어 있는 것으로 지각된다.

① 시간의식을 기른다.

시간의식 능력은 사상(事象)의 변화를 통해서 경험된다. 시간의식은 신체리듬과 수 개념의 기초가 되는 것으로, 움직임을 빨리 하거나 천천히 하거나 해서 시간의 개념을 기르거나, 도형에 맞추어서 움직임의 속도를 변화시키는 등의 방법으로 도움을 주어 발전시킬 수 있다.

② 공간의식을 기른다.

공간의식 능력은 공간에서의 움직임을 통해서 거리와 위치관계가 자기 신체의 연장으로써 의식하게 된다. 공간의식은 정글짐에 오르거나, 평균대에서 뛰어내리거나 장애물에 닿지 않고 걷거나, 공간을 나누어 사용하는 활동에 따라 공간의식 능력이 길러질 수 있다.

③ 시지각 능력을 기른다.

시지각 능력은 문자학습의 기초가 된다. 시지각 능력을 기르기 위해서는 프로스티그 박사의 시지각 능력 워크시트에 따른 책상에서의 학습과 로프와 모양판을 사용하는 활동이 있다.

라. 심리적 여러 기능을 기른다

운동교육에서 심리적으로 여러 기능을 기르는 것은 창조적 운동, 연합 능력, 사회성 능력을 도와서 발전시키는 것이다.

① 창조적 운동을 기른다.

아동에게 여러 가지 운동을 경험시키는 가운데 그들 자신에게 도전이 되는 것을 시키는 것에 의해 창조성의 능력이 길러질 수 있다. 창조적 활동은 지적 활동의 기초에 연결되는 활동이 된다.

② 연합 능력을 기른다.

시각운동의 연합(돌 차기 놀이, 맞추기 놀이), 청각운동의 연합(음악에 맞춘 운동, 음을 분별하는 동작) 등 연합의 여러 과정에서 사고력, 판단력을 통해서 능력이 증가된다.

③ 사회성 능력을 기른다.

운동교육(Movement Education) 전개의 기본은 집단에 의한 프로그램이다. 집단으로 프로그램을 실행함에 따라 아동 또래의 모방과 협조성이 보이며, 즐거움도 증가하고 사회성 능력이 길러져 가는 것이다.

(2) 운동교육의 목표

운동교육은 자기의 몸을 움직이는 것이며 여러 활동을 적절히 행하기 위해 필요한 요소로서, 감각·운동 기능의 습득과 신체의식, 특히 공간과 시간의 의식, 사물에 대한 기본적 인식 또는 자기의식을 포함하여 여러 능력의 형성을 도모해 나가면서 심리적 제반 기능을 높여 궁극적으로는 아동이 '건강과 행복감'을 느끼도록 하는 데 있다. 즉 아동은 운동교육을 통하여 몸을 알고 적절하게 사용하는 것을 학습하며, 의사전달 기능 혹은 인지 기능을 발달시켜 창조적으로 자기를 표현하고 정서의 성숙과 사회성의 발달을 촉진시키는 데 있다. 중심적 목표는 건강과 행복감을 높여 감각운동의 여러 가지 기능과 신체의식을 발달시키는 데 있다.

운동교육에 의한 학습은 아동의 발달과정을 배려하며 아동의 생존의 기쁨 또는 행복감의 정서적 요구를 중시하고, 행동의 요소로서 운동의 속성이 다양하게 갖추어진 운동으로 되어있는 여러 기능과 의식을 향상시키는 것에 의한 결과로써, 의지 전달 기능 또는 인지 기능을 발달시켜 창조적으로 자신을 표현하는 '모든 능력의 적절한 발달'을 목표로 하고 있다.

2) 몬테소리의 운동교육

몬테소리는 어린이의 발달은 신체적인 측면과 정신적 측면이 서로 밀접하게 관련되어 있다고 하였다. 어린이들에게 '일상생활 연습'은 교구를 통해서 보다 정교한 운동을 시도하고, 개념을 이해시키고 신체의 움직임을 자극하기 위해서이다.

신체의 운동이 중요한 것은 신체적 발달 및 건강과 밀접한 관련이 있지만 무엇보다 정신적 발달과 관련되어 있기 때문이다. 어린이들은 신체적 운동을 통해서 정신세계를 발달시켜 간다. 신체를 끊임없이 움직이면서 세계에 대한 이해를 확장시키고, 새로운 세계로의 탐험을 가능하게 해주며, 세계에 익숙해질 수 있는 연습을 가능하게 해준다. 운동이 발달하는 가장 중요한 시기는 생후 6~15개월 사이이며 독립적으로 걷고 뛸 수 있게 된다.

어린이는 어른과 다른 목표와 필요를 가지고 다른 속도로 발달해 간다. 어린이들은 운동을 통해서 그들의 내적 자아와 특성을 개발해 나간다. 어린이들은 활발한 운동을 통하여 교육적 효과를 얻고 남은 에너지를 소진함으로써 일탈 행동을 막을 수 있다. 어린이들의 운동이 교육적인 효과를 가져오는 과정은 손으로 만지고 느껴 보고 조작해 봄으로써 감각적인 자극을 받는다.

감각이라는 통로를 통해 흡수된 자극은 어린이의 무의식 세계 속에 남아 생애동안 학습과 인격적 발달에 영향을 미치게 된다. 살아있는 생명체는 어떤 목표점을 향해 움직인다. 어린이들의 운동은 특정한 목표점을 향해 나아가는 과정임을 인식하여 어른들이 올바른 방향으로 인도해야 할 것이다. 어린이의 삶 전체는 운동을 통해서 지적 능력의 발달과 언어를 발달시키고 놀이와 작업을 통해 사회성을 기른다.

(1) 운동심리

몬테소리 교육에서의 운동심리란 유아가 일상생활 속에서의 움직임이 일련된 연습을 통해 지성과 의지를 발달시키면서 일을 습득하고 자신이 창조한 것을 발달시켜 나가는 것을 말한다.

움직임은 최초 생명의 발달에 있어서 무엇보다도 중요하다. 움직임은 생명의 한 부분이며 전체 발달을 위한 것으로, 몸의 기능을 용이하게 하고 원활하게 하여 인간의 전 생애를 통해 계속되는 것이다. 움직임과 생명은 연결되어 개인의 형성에 중요한 역할을 한다.

몬테소리는 "감각과 운동은 하나이다. 움직임이 없는 사람은 두뇌가 없는 육체의 덩어리로서 발달하게 된다. 또한 정신적 발달은 운동과 결부되어 운동에 의존하는 것"이라고 주장하며 운동을 중요시하는 것은 교육의 본질이라고 하였다. 그러므로 움직임과 정신을 연결짓는 것이 운동심리이다.

몬테소리는 "운동은 인간의 마음을 형성하는 것이다. 마음과 운동은 하나의 사이클로서 정신발달의 움직임과 밀접한 관계를 가지면서 항상 움직이기 때문에 운동은 지성의 구성을 위한 본질적 요소"라고 하였다.

인간의 지성 활동을 담당하는 신경조직은 세 부분으로 이루어져 있다. 제1의 감각기관의 신경, 제2의 뇌의 중추, 제3의 근육의 신경이다. 환경으로부터의 자극을 감각기관이 받아들여서 뇌로 전하며 뇌가 지각하고 판단해서 그것에 적응할 행동을 운동 신경에 의해서 근육으로 전달되어 마지막으로 운동이 일어난다." 따라서 몬테소리가 말한 신경계는 모든 부분이 하나가 되어서 인간에게 환경과의 관계를 가지게 하는 것이다.

몬테소리의 운동과 정신의 관계를 그림으로 나타낸 것이 그림 3-1이다.

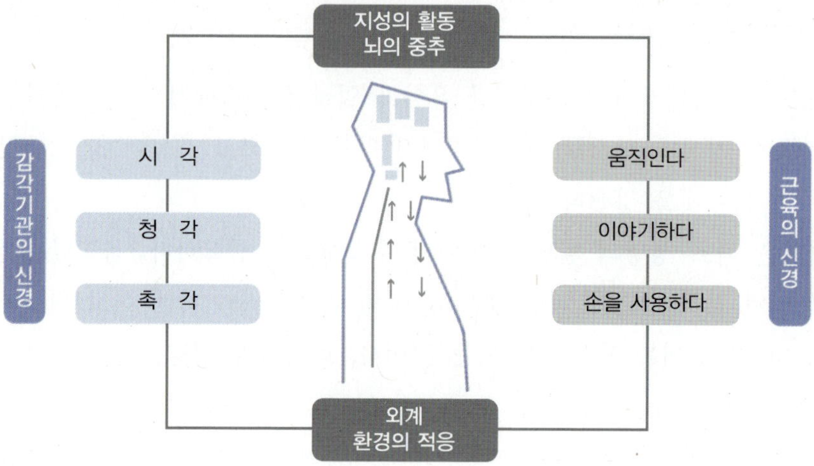

그림 3-1 몬테소리 「나의 핸드북」

운동에 의한 교육은 상당히 복잡한 것으로 어린이가 그 신체에 필요한 모든 조절된 운동을 위한 것이다. 방임된 어린이는 난잡한 운동으로 무엇이든지 잡는다. 실제 어린이는 이러한 운동으로 인해 인간에게 필요한 운동을 정리하기 위한 훈련을 하고 있는 것이므로, 어른들은 어린이가 정지 상태로 있는 무익한 시도는 멈춰야 한다. 오히려 어린이의 운동에 질서를 세워 어린이를 목표 있는 활동으로 이끌어내야 한다. 어린이는 운동의 방향이 정해지면, 운동은 일정의 목표를 추구하게 되어 차분하고 낙천적인 인격이 된다(몬테소리 저, 鼓常良 譯, 『나의 핸드북』, 昭和 42년, 유아교육 연구소 21항).

운동으로 의지가 형성되고 이 의지는 외부의 움직임을 조절하게 한다. 의지의 모든 발달은 움직임에 의해 설명된다. 정신의 목적은 이런 발달을 완전히 소유하는 것으로, 표현을 위한 모든 수단은 생각과 함께 행동된다. 정신은 구체적인 운동을 통한 작업으로서 현실화된다. 그러므로 운동 기능을 통한 의지적 활동은 정신발달의 지성의 요소로서 운동과 정신의 조화는 대단히 중요하다.

의지력은 반복에 의해 실제로 움직여 가지 않으면 안 된다. 자기 자신이 자신의 움직임의 주도권을 잡을 수 있도록 조정 능력을 창조해 가야 한다.

교육은 몬테소리 교육의 기본적이며 중요한 부분을 차지한다. 조화 있는 개인의 움직임은 환경이나 타인과의 관계를 유지하는 생활을 위해서도 발달되어야 한다.

운동의 참 목적은 모든 생명과 세계의 정신적, 보편적 조화에 이바지해야 한다. 자연의 질서 속에 있는 모든 생물은 자신만을 위한 것이 아닌 하나의 목적을 가지고 계획된 움직임에 기초해서 존재하고 있는 것이다.

3) 운동의 민감기

부지런하게 움직이는 사람은 누구에게나 호감을 가지며, 말과 행동이 일치하는 사람은 누구에게서나 존경받으며, 마음에 결정한 것을 실행하는 사람은 사람들의 신뢰를 얻는다. 그리고 누구나 이런 사람이 되고 싶어 한다.

3세부터 6세 무렵의 운동의 경험은 이런 사람이 될 수 있는 하나의 열쇠이다. 왜냐하면 이 시기는 무엇을 하더라도 열심히 노력하는 시기이며 수의근육으로 자신의 의지를 조정하게 된다. 또한 자신의 가장 내면적인 힘의 의지에 의해서 목적에 맞게 몸을 움직이게 하는 것을 습득하므로 다양한 종류의 신체 사용법을 습득해야만 한다.

(1) 몸 전체를 움직인다

5세의 어린이들이 삽을 가지고 마당에서 구멍을 파기 시작했다. 구멍이 커지자 누군가가 "수영장을 만들자"라고 말을 꺼내자 수영장을 만들 목적으로 더욱 더 힘을 가하게 되었다. 평상시에는 목이 마르면 "엄마, 보리차 주세요"라고 부탁하지만 어린이는 급히 냉장고로 달려가 혼자서 물을 꺼내 마시고는 다시 파기 시작했다. 모든 아이가 그 다음날도 각자의 도구를 가지고 힘차게 전력을 다해서 구멍을 파고 있는 모습에 감동해 지켜보고 있었다. 아이는 온몸의 힘을 사용해 구멍을 파는 것을 좋아한다.

한 어린이가 사촌 형과 씨름을 하기 시작했다. 유치원생인 어린이는 넘어지고, 엎어져도 꺾이지 않고 다시 일어났다. 점점 상기되자 땀이 나서 윗옷과 셔츠를 벗어 벌거숭이가 되었다. 얼굴이 새빨개져도 꺾이지 않고 전력을 다하고 있는 어린이를 보고 엄마는 "우리 아이는 장해!"하면서 감격했다. 이처럼 이 시기의 아이는 전력을 다해 몸 전체를 사용하는 것을 좋아한다.

어느 날 시간이 지나도 어린이들이 돌아오지 않자 엄마들은 걱정을 하고 있는데 아이들은 생생한 모습으로 돌아왔다. "어떻게 된 거니, 지금까지 밥도 먹지 않고!" 하면서 혼내려고 했지만, 아이들의 얼굴을 보고는 깜짝 놀랐다. "우리들은 모험을 하고 왔어요! 강 너머 저쪽을 쭉 돌고 왔어요!" 아이들의 얼굴은 반짝반짝 빛나고 있었다. 놀랍게도 다섯 시간이나 그 마을 경계가 되는 강가의 길을 자전거로 한 바퀴 돌고 왔다고 한다. 모두들 배가 고플텐데도 만족스러운 얼굴을 하고 있었다. 이처럼 있는 힘을 다해 움직인 아이들은 공복조차 초월한 기쁨을 맛보는 것이다.

달리고, 뛰고, 날고, 회전하는 등 몸 전체를 힘을 내서 자유자재로 움직이는 것을 유아기에 체험하지 못했던 아이는 초등학교 이상의 단계에서는 무슨 일이든 전력으로 도전하는 것이 어렵게 된다. 인간이 뭔가에 도달하기 위해서는 자신의 한계에 도전해서 전력을 다할 때 일보 전진하거나 극복하는 것이 가능하다. 유아기 때 몸 전부를 사용해 전력으로 노력한 경험은 그 사람의 인생 과정에서 자신의 힘을 다해서 노력하는 것을 아끼지 않을 것이다.

(2) 균형을 잡다

아이는 선 위를 걷는 것을 좋아한다.

- 차도나 보도 경계의 흰 선 위를 걷다.
- 주차장에 쓰인 숫자 위를 걷다.
- 방바닥 선의 가장자리를 걷다.
- 화단 경계의 기와 위를 걷다.

아이가 선을 따라 걷는 것은 평형감각을 익히고 있는 것이다. 어떤 원에서는 운동장과 건물 사이에 통나무를 두어 아이들이 통나무 위를 건너오게 한다. 아이들은 평형감각을 익히는 모든 기회를 찾아 이용하는 것이다.

아이는 무거운 것을 드는 것을 매우 좋아해서 자기 힘으로 겨우 들어 올릴 수 있는 것에 도전하여 온힘을 다해서 들어 올린다. 예를 들면, 아빠의 무거운 가방을 든다거나 어린 동생을 안는 광경은 어느 가정에서도 볼 수 있다. 이것은 무거운 것을 들어보고 자기 몸과 균형 관계를 확인하는 것이다. 이렇게 하면서 아이에게는 '강함'과 '균형감각'이 생기기 시작한다.

다섯 살 아이가 있는 집이 이사하는 날이다. 엄마는 아이에게 "자, 오늘은 아빠, 엄마도 매우 바쁜 날이니까 너도 정신 차려 일을 도와주어야 한다. 여기 있는 짐은 네가 옮겨야 해. 이 짐은 네 책임이야!" 아빠와 엄마가 땀을 흘리며 일하고 있을 동안 어린이도 힘을 다해서 맡겨진 짐을 옮겼다. 그날 저녁, 이사를 끝내고 아빠와 엄마가 한숨을 돌리고 있을 때 어린이도 상쾌한 얼굴을 하고 있었다. 엄마는 정말 현명하게 "오늘은 아빠도 엄마도 바쁘니까 방해하지 말아라"라고 하지 않고, 아이에게 조금 버거운 짐을 한곳에 모아두고 짐을 옮기는 것을 맡긴 것이다. 어린이는 온힘을 다해 자신의 책임을 다하는 기회를 부여받은 것이다. 무거운 것을 힘껏 드는 일은 이 시기의 아이에게는 필요하고 커다란 기쁨이기도 하지만, 역할을 분담하고 책임을 가지는 것은 더욱 신명나는 일이기도 하다. 빈손의 아이에게는 '가지다'라는 기회를 갖지 못하기 때문에 강함이 자라나지 않는다.

선 위에서 균형을 잡고 무거운 것과의 균형관계를 가지면서 걷는 것은 이 시기에 매우 중요하다. 이 시기에 익힌 균형감각은 후에 탄력 있는 몸의 움직임을 만들어 내는 열쇠가 된다.

몬테소리는 일상생활에서 균형감각을 키우기 위해 선 따라 걷기, 물건 옮기기, 쟁반에 물체를 얹어서 운반하기, 평균대 위에서 걷기 등을 제안하며, 역할을 맡기는 것은 어린아이의 균형감각을 키우기 위한 기회라고 하였다.

(3) 일상생활의 활동을 하는 어린이

1년 2개월이 된 영아가 맨발로 뜰에서 방으로, 방에서 뜰로 쉴 새 없이 걸어 다니고, 구슬에 실을 꿰고 있는 2년 4개월이 된 영아 역시 방 안을 분주히 돌아다닌다. 소란하게 움직이고 돌아다니는 이 영아들도 '특정의 어떤 활동'을 만나면 크게 변해간다. 무질서하게 보이는 어린이들의 움직임 속에는 인격형성에 필요한 요소가 숨겨져 있기 때문에, 몬테소리는 어린이의 움직임을 '운동'과 '정신성'의 결합을 통해 구축하는 인간성에 주목하였다.

단추 채우기나 빵칼 사용 시 어린아이에게 손의 움직임을 명확하게 하는 활동을 통해 아이의 내재적 생명충동을 불러일으키는 것이 가능하였다. 활동에 의해 방향 지워진 충동은 차분함으로 변해 가고 어린이의 인격은 육체화되어 가는 것이다. 이처럼 어린이들은 매일 '일상생활의 활동'을 통해 생활 속에서 직면하는 본질에 접촉해 가면서 운동기관과 그 기능을 발달시켜 최종적으로 어린이 내부의 독립심을 획득하여 '자립'으로 걸어가는 것이다.

일상생활의 활동은 유치원에서 뿐만 아니라 가정에서도 부모와 아이가 서로의 인격을 존중하면서 주변 상황을 향해 가는 것이 중요하며, 어린이 내부에 숨어있는 힘센 에너지를 이해해야만 한다.

몬테소리는 유아의 특성을 관찰을 통해 발견하고 유아의 자연스런 발달을 돕는 근육활동을 일상생활 속에서 경험하도록 하였다.

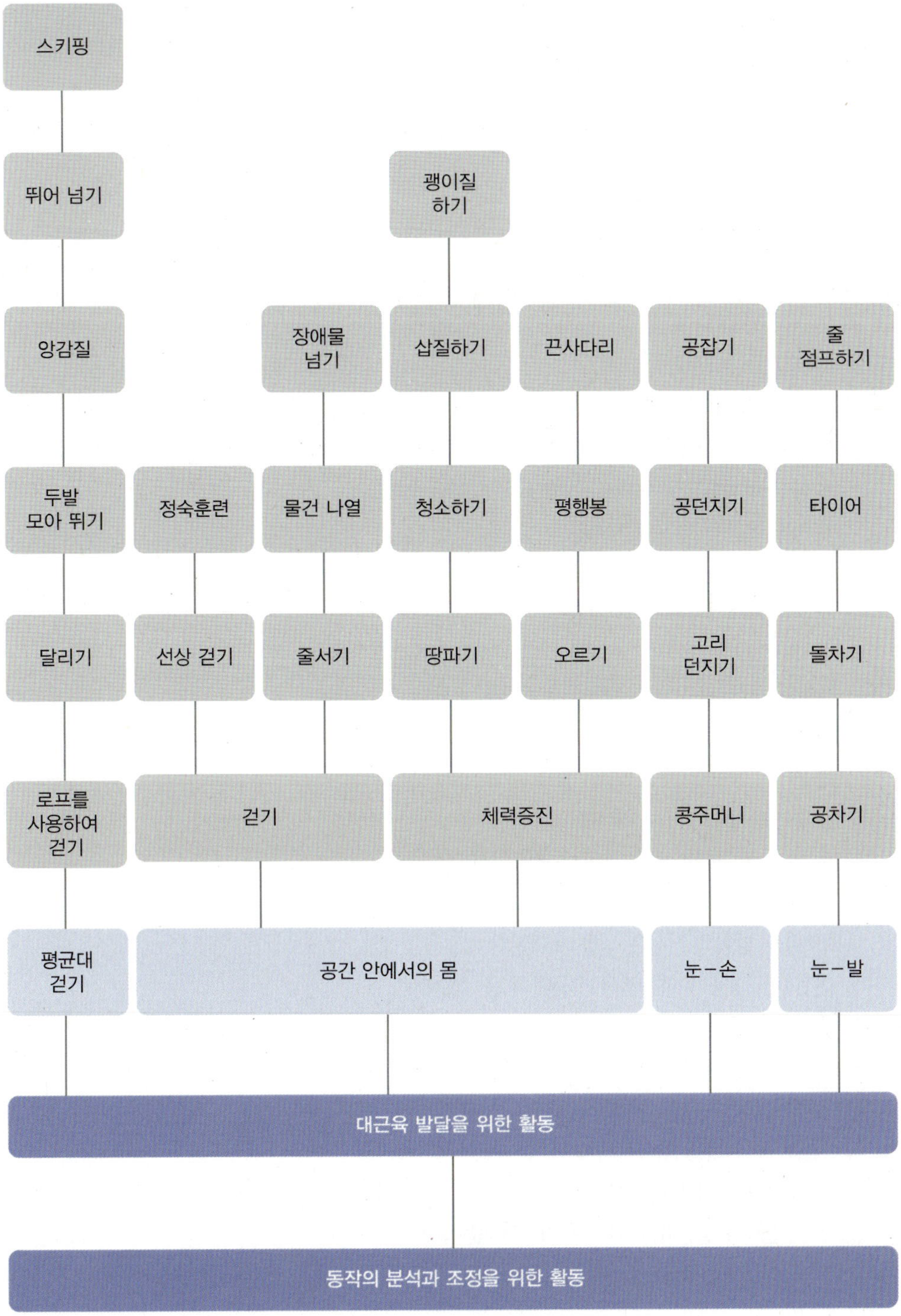
스키핑
뛰어 넘기
앙감질
두발 모아 뛰기
달리기
로프를 사용하여 걷기
평균대 걷기
정숙훈련
선상 걷기
장애물 넘기
물건 나열
줄서기
걷기
괭이질 하기
삽질하기
청소하기
땅파기
끈사다리
평행봉
오르기
체력증진
공간 안에서의 몸
공잡기
공던지기
고리 던지기
콩주머니
눈–손
줄 점프하기
타이어
돌차기
공차기
눈–발
대근육 발달을 위한 활동
동작의 분석과 조정을 위한 활동

4 대근육 발달을 위한 활동

평균대 걷기

1. 대상연령: 3세 이상
2. 선행학습: 걷기의 활동
3. 교　　구: 평균대, 매트
4. 제시방법: 대그룹 제시

〈평균대 탐색하기〉

1) 내 몸을 튼튼하게 할 수 있는 방법에 대해 이야기 나눈다.
   • 몸이 건강해지기 위해서 어떻게 하면 좋을까요?
   • 어떤 운동을 하고 싶나요?
   • 운동을 하면 어떤 점이 좋을까요?
2) 평균대를 소개하고 활동 방법을 이야기 나눈다.
3) 준비된 장소로 유아를 초대하고 활동명을 알려준다.
   유아와 함께 평균대에 대해서 이야기를 나눈다.
   이름, 생김새, 무엇으로 만들어졌는지, 특징에 대해서 말한다.
4) 평균대를 사용할 때 주의할 점에 대해 이야기를 한다.
   • 친구를 밀거나 끌어내리지 않는다.
5) 두 손을 평균대에 놓고 평균대 위로 올라간다.
6) 평균대 위에서 천천히 일어선다.
7) 두 팔을 벌리고 시선은 앞을 내다본다.
8) 천천히 균형을 유지하면서 평균대 위를 걷는다.
9) 끝에 가서 평균대 위에서 아래로 내려온다.
10) 유아를 관찰하고 관찰한 것을 기록한다.
11) 교사는 발달목록을 작성하여 유아의 신체발달을 돕는다.
12) 활동 후 느낌을 이야기 나눈다.
   • 평균대를 사용해서 신체활동을 해보니 어땠나요?
   • 안전하게 활동하기 위해서 어떻게 했나요?

5. 흥미점

1) 움직임
2) 평균대 걷기

6. 오류의 통제

1) 평균대에서 균형을 잡지 못한다.
2) 시선이 아래로 향한다.

7. 직접목적

1) 정적·역동적 균형을 촉진한다.
2) 운동감각의 발달을 촉진한다.
3) 균형감각 성취의 중대성에 대한 중추조절을 한다.
4) 신체와 공간을 인식한다.
5) 목적 있는 움직임을 한다.

간접목적: 질서감, 독립심, 협응력, 집중력을 기른다.

8. 변형 및 응용

1) 뒤로 걷기
2) 양팔을 벌려 중간 지점에서 뒤로 걷기
3) 옆으로 걷기
4) 평균대 중앙에서 사물을 집고 앞으로 걷기
5) 머리 위에 콩 주머니를 얹고 앞뒤로 걷기
6) 손등에 사물을 얹고 손바닥으로 옮겨 양팔을 벌려 앞으로 걷기
7) 몸 뒤로 손을 깍지 끼고 걷기, 팔짱하고 걷기
8) 눈을 감고 평균대 앞으로 걷기
9) 고양이 걸음: 네발로 고양이 걸음으로 걷기
10) 공 가지고 걷기
11) 넓이가 좁은 평균대 걷기
12) 한 발로 서서 균형 잡기
13) 평균대 위에서 몸을 움츠렸다가 펴기
14) 둘이서 손을 잡고 옆으로 걷기
15) 한 발로 서서 균형을 잡은 후 몸을 앞으로 숙이기
16) 후프 통과하여 걷기
17) 옆으로 걸어와서 후프 통과하기
18) 블록 2~3개를 올려놓고 블록을 넘어서 걸어가기

19) 공을 가지고 평균대에 올라가서 공을 위로 던지고 받기 혹은 바닥에 튕기고 걷기
20) 평균대 아래에 물건 줍기
21) 평균대 옆으로 몸을 웅크리고 걷기
22) 평균대와 의자를 이어놓고 걷기
23) 평균대 두 개를 사용하여 네발로 걷기
24) 평균대 두 개를 사용하여 옆으로 이동하기
25) 두 줄 평균대 건너기
26) 평균대 밑으로 빠져나가서 매트 구르기
27) 기어서 평균대 밑으로 빠져나가기
28) 훌라후프를 굴리면서 평균대 걷기
29) 두 유아가 훌라후프 안에서 걷기
30) 콩 주머니를 던져서 받고 걷기
31) 운동기구의 종류 늘리기

9. 언어: 평균대, 걷다.

10. 비고

1) 평균대는 좁고 높은 공간에서 앞으로 나아가야 하기 때문에 유아들에게는 무섭고 두려운 놀이이다.
2) 평균대는 유아의 발달단계에 맞는 넓이나 높이로 준비한다.
3) 균형을 잡는다는 것은 신체 중력의 중심이 몸을 잘 지지하여 주는 것이다.
4) 평균대 위에서 움직이면서 균형 잡기 동작은 역동적 균형이다.
5) 적절한 위치에 평균대를 둔다.
6) 유아들이 자유롭게 사용하도록 한다.
7) 바닥에 매트를 깐다.
8) 평균대를 건너갈 때 앞 친구와의 간격 정하기
9) 질서를 지켜서 안전하게 활동하기
10) 평균대의 바른 사용 방법을 관찰을 통해 평가한다.

1) 로프를 사용하여 걷기

로프에는 굵은 것, 가는 것, 긴 것, 짧은 것, 색상이 다양한 것이 있다. 각종 로프를 모두 갖추고, 재질 등의 특성을 살리면 재미있는 운동교육 프로그램을 전개할 수 있다. 움직임이 느린 아동에 대해서는 이동의 기본적인 능력을 기르거나, 신체 조작 능력을 기르거나, 신체 의식 능력을 기르는 데 특히 유용한 놀이도구가 된다. 또한 로프는 운동 기능만이 아니라 창조성이나 색과 형태의 지각 능력을 기르기 위해 사용할 수 있다.

(1) 목적

- 다양한 걷기 방법을 기억한다.
- 눈과 발의 협응 동작을 촉진한다.
- 집중력을 기른다.

(2) 전개

① 로프를 바닥에 직선으로 놓고, 그 위를 앞으로 걷기, 뒤로 걷기, 옆으로 걷기, 발을 cross시켜 걷기 등의 과제를 부여한다. 더욱이 발을 cross시키면서 뒤로 걷거나 옆으로 걷기를 시킨다.
② 로프 위를 발끝이나 발뒤꿈치로 걷는다.
③ 로프를 곡선이나 지그재그로 놓고, ①의 과제를 실시한다.
④ 로프로 원, 삼각, 사각 등의 형태를 만들어 형태를 의식하면서 그 위를 걷는다.
⑤ 로프를 거미집 모양으로 만들어, 로프에 닿지 않도록 주의하면서 걷는다.
⑥ 그룹에서 할 수 있는 발전적인 과제로서, 아동에게 로프를 들게 하고 사각형을 만들게 한다. 그 사각형이 흐트러지지 않도록 주의하면서 각 방향으로 걷는다.

가. 로프를 조작

- 내용
  - 신체 조작 능력을 기른다.

- 신체 의식 능력을 기른다.

• 전개

① 로프를 말아 신체의 일부에 올리고, 떨어지지 않게 걷는다.

② 로프의 끝을 잡고 큰 파도, 작은 파도를 만든다.

③ 로프의 끝을 잡고 공간에서 돌리거나 던지거나 한다.

④ 앉은 채로 로프의 양끝을 양손으로 잡고, 로프의 중앙부에 발을 걸어, 발을 뻗치거나 굽히거나 한다.

⑤ 로프를 어깨넓이 정도로 묶고, 양손으로 양끝을 잡고, 신체를 뻗치거나 굽히거나 회전시키거나 한다. 양손으로 로프를 잡고 넘는다.

나. 로프로 점프

• 내용

- 신체 조작 능력을 기른다.
- 점프하는 힘을 기른다.

• 전개

① 로프로 시냇물을 만들고, 시냇물에 빠지지 않도록 점프한다. 움직임이 느린 아동은 뛸 때의 타이밍을 잡는 것이 힘들기 때문에, "하나, 둘, 셋"이라고 소리를 내는 것이 좋다. 또, 살찐 아동은 이 과제가 어려운 경우가 많기 때문에 실패하지 않도록 작은 스텝을 밟게 한다.

② 냇가를 한쪽 발로 뛰기, 뒤로 뛰기, 옆으로 뛰기 등의 과제를 시킨다. 간단한 것에서부터 어려운 것으로 아동에게 도전하는 기대를 갖도록 한다.

③ 로프의 높이에 변화를 줘서 뛰어 넘는 방법(한쪽 뛰기, 양쪽 뛰기) 등을 공부한다.

다. 로프에 의한 그룹 프로그램

- 목적
  - 사회성을 기른다.
  - 신체 의식 능력을 기른다.
  - 공간 의식을 기른다.

- 전개

① 로프의 양끝을 묶어 원을 만든다. 로프를 한 손으로 잡고 음악에 맞춰 신나게 걷거나 달린다. 아동들이 질리지 않도록 오른쪽으로 돌거나, 왼쪽으로 도는 등 방향을 변화시키는 것이 중요하다. 움직임이 느린 아동은 집단의 가운데에서 즐거운 분위기로 활동하는 것으로 참가 의식을 높인다.

② 원 상태에서 로프를 양손에 잡고, 원형줄다리기를 한다. 5~10초간 앞으로 당기는 것으로 팔의 근육을 키우는 동시에 등척성 운동으로 신체 의식 능력을 키울 수 있다. 부하를 가하는 신체 부위를 변화시켜 신체 부위를 발견하게 한다.

③ 원 상태에서 원의 중심으로 향하게 앉고, "원 가운데로 왼손을 넣어 주세요", "오른발을 넣어 주세요" 등의 지시에 의해 원의 가운데로 신체 부위를 넣는다. 할 수 있으면 "신체의 세 부분을 넣어 주세요" 등으로 제시를 바꾼다. 움직임이 느린 아동은 신체 의식 능력이 미약한 상태임을 고려하여 충분한 시간을 주어 반복한다.

④ 원 상태에서 원의 중심으로 향하게 앉아 양손으로 로프를 가볍게 쥐고, 탬버린 소리에 맞춰 리드미컬하게 로프를 보낸다. 로프를 보내는 속도는 아동의 상태에 의해 가감한다.

⑤ 아동들에게 로프를 건네주고 좋아하는 꽃이나 음식을 마룻바닥에 모양을 만들게 한다. 이러한 활동은 아동의 이미지를 표현하거나, 다른 아동들과의 대화에 의해 주제가 결정되기 때문에 강조성이나 사회성이 길러진다. 소극적인 아동에게는 그룹으로 활동하는 것으로 자신감을 회복할 수 있다.

⑥ 로프를 사용하여 기차놀이를 하는 것으로 사회성을 키운다.

달리기

달리기(running)는 두 발을 바꾸어 달리는 동안 순간적으로 공중에 떠 있는 시간이 있다는 점이다. 달리기를 할 때는 대부분 발의 앞꿈치에서 무게를 받게 된다. 달리기는 앞, 뒤, 옆으로 모두 할 수 있지만 앞으로 달리는 것이 가장 먼저 이루어진다.

1. 대상연령: 2세 이상
2. 선행학습: 걷기의 활동
3. 교　　구: 교사
4. 제시방법: 대그룹 제시
   1) 준비된 장소로 유아를 초대하고 활동명을 알려준다.
   시작, 정지 신호를 약속하고 출발점과 도착점을 표시한다.
   2) 유아가 뛸 수 있게 정확한 방법을 설명한다.
   3) 유아를 관찰하고 관찰한 것을 기록한다.
   4) 교사는 발달목록을 작성하여 유아의 신체 발달을 돕는다.
5. 흥미점
   1) 움직임
   2) 달리기
6. 오류의 통제: 발의 위치가 적절하지 않다.
7. 직접목적
   1) 몸과 공간을 인식하여 움직임을 조절한다.
   2) 달리기를 할 수 있는 능력을 기른다.
   간접목적: 질서감, 독립심, 협응력, 집중력을 기른다.
8. 변형 및 응용
   1) 제자리에서 달리기
   2) 원을 만들어 원 주위 달리기
   3) 음악 혹은 다른 소리에 맞춰 달리기
   4) 점핑하기(jumping)
   5) 흐름의 변화 탐색 – 빨리 뛰다가 신호 소리에 멈추기
   6) 방향의 변화 탐색 – 뒤로, 옆으로, 지그재그, 대각선으로 달리기
   7) 힘의 변화 탐색 – 무겁게, 가볍게 달리기

8) 발바닥이 마룻바닥에 닿도록 해서 달리기
9) 발끝으로 달리기
10) 팔을 몸 옆에 붙여서 달리기
11) 기계가 돌아가는 모습처럼 달리기 – 자전거, 톱니바퀴
12) 수준의 변화 – 키를 크게, 작게 유지하면서 빠르게, 느리게 달리기
13) 범위의 변화 탐색 – 큰 걸음, 작은 걸음으로 달리기
14) 줄 밑으로 달리기
15) 공을 끼고 달리기
16) 사람과의 관계 탐색 – 짝 손잡고 달리기
17) 릴레이 선수
18) 농구·축구할 때, 잡기 놀이할 때

9. 언어: 달린다, 출발, 도착

10. 비고

1) 유아는 뛰고 달리는 것을 좋아한다.
2) 신체를 다양한 방법으로 달리기를 하는 기회가 증가됨에 따라 달리기의 패턴도 성숙하게 된다.

두 발 모아 뛰기

두 발 모아 뛰기(jumping)는 발가락을 밀어 올리며 양발로 바닥에서 뛰어오르고 다시 내려서는 것이다. 두 발 모아 뛰기는 높은 물체에 닿기 위해 높이 뛰는 것과 장애물을 뛰어넘고자 할 때 멀리 뛰는 것 그리고 높은 곳으로부터 뛰어내리기의 세 가지가 있다. 팔을 위로 뻗어 올리면 더 높이 뛰어오를 수 있으며, 날아오르듯이 뛰어올랐다가 발끝부터 발바닥, 발뒤꿈치가 닿으면서 착지한다.

1. 대상연령: 3세 이상
2. 선행학습: 깡충 뛰기의 활동
3. 교　　구: 교사
4. 제시방법: 대그룹 제시
   1) 수수께끼를 낸다.
      - 이 동물은 호주에 많이 살고 있어요.
      - 앞에 주머니가 있어요.
      - 뛰기를 아주 잘해요.
      - 캥거루는 뛰기의 명수예요. 캥거루가 얼마나 잘 뛰는지 한 번 볼까요?
      - 캥거루는 뛸 때 어떻게 뛰었죠?
      - 두 발을 모으고 뛰었어요.
      - 캥거루는 뛸 때 두 발을 모아서 뛰어요. 우리 친구들도 캥거루처럼 두 발을 모아서 뛸 수 있나요?
   2) "선생님이 두 발을 모아서 뛰어볼게요. 우리 친구들도 함께 해봐요"라고 하며 두 발을 모아 힘껏 뛴다.
   3) 유아를 관찰하고 관찰한 것을 기록한다.
   4) 교사는 발달목록을 작성하여 유아의 신체발달을 돕는다.
5. 흥미점
   1) 움직임
   2) 두 발을 모아 뛰는 것
6. 오류의 통제: 몸을 적절하게 사용하지 못한다.

7. 직접목적
   1) 몸과 공간을 인식하며 움직임을 조절한다.
   2) 뛰어오르기를 할 수 있는 능력을 기른다.
   간접목적: 질서감, 독립심, 협응력, 집중력을 기른다.
8. 변형 및 응용
   1) 신호에 의한 방향 전환
   2) 수직적, 수평적, 뛰어넘기
   3) 두 손 뻗어 뛰어넘기
   4) 토끼, 캥거루, 개구리 흉내 내기
9. 언어: 두 발 모아 뛰기, 뛰어오른다, 내린다, 멀리 뛴다, 높이 뛴다.
10. 비고: 3가지 방향의 점핑
   1) 낮은 장애물에서 내려오기 – 18개월
      • 높은 곳으로 점핑할 때 한 발로 도약 – 18개월
      • 두 발로 도약 – 24~33개월
   2) 수직적 점핑(높이뛰기) – 23개월~25개월
   3) 수평적 점핑(멀리뛰기)
      • 장애물 위에서 두 발 모아 뛰어내리기 – 2세
      • 두 발 모아 뛰어오르기 – 28개월
      • 멀리뛰기(5세) – 약 90cm
      • 높이뛰기(5세) – 약 30cm
      • 능숙한 형태의 뛰기 – 6세

앙감질

앙감질(hopping)은 한쪽 발에서 다른 발로 몸무게를 이동하는 것으로 몸의 한 발이 공중에 떠 있게 되며, 뒤따라 같은 발로 착륙하는 움직임 패턴이다. 앙감질은 어떤 방향으로도 할 수 있으며 좋아하는 발로 먼저 시작하는 것이 일반적이다. 앙감질은 속도나 거리감보다는 부드러움과 리듬감이 있어야 하는 움직임으로 보다 성숙한 균형감이 있어야 하는 리듬적인 동작이라고 할 수 있다. 걷기를 한 후에 달리기를 할 수 있는 것과 마찬가지로 두 발 모아 뛰기를 한 후에 앙감질이 가능하다.

1. 대상연령: 2세 이상
2. 선행학습: 뛰기, 두 발 모아 뛰기, 대근육 발달을 위한 동작활동
3. 교　　구: 교사
4. 제시방법: 대그룹 제시
   1) 활동을 할 유아를 초대한다.
   2) 한 번에 한 동작씩 설명한다.
   3) 유아를 관찰하고 관찰한 것을 기록한다.
   4) 교사는 발달목록을 작성하여 유아의 신체발달을 돕는다.
5. 흥미점
   1) 움직임
   2) 한 발로 뛰는 것
6. 오류의 통제: 한 발로 뛸 때 같은 발만 계속 사용하는 것
7. 직접목적
   1) 몸과 공간을 인식하여 움직임을 조절한다.
   2) 방향 감각을 인식한다.
   3) 한 발로 뛸 수 있는 능력을 기른다.

   간접목적: 독립심, 협응력, 집중력, 질서감을 기른다.
8. 변형 및 응용
   1) 한 발로 뛰다가 신호에 따라 다른 발로 뛰기
   2) 가볍게·무겁게 뛰기, 천천히·빠르게 한 발로 뛰기
   3) 장애물을 한 발로 뛰기
   4) 높게 한 발로 뛰기

5) 팔짱을 끼고 한 발로 하기
6) 팔을 앞으로 뻗고 뛰기
7) 달리기와 한 발로 뛰기
8) 발을 바꾸어 가면서 리듬에 맞춰 step-hop을 반복하면서 뛰기
9) 힘의 변화 탐색 – 왼발로 두 번 무겁게 앙감질하고 오른발로 두 번 부드럽게 앙감질
10) 음악에 맞추어서 앙감질하기
11) 팔을 옆에 붙이고 앙감질
12) 몸을 웅크려서 앙감질하기
13) 옆으로 앙감질하기
14) 반 바퀴·한 바퀴 돌면서 앙감질하기
15) 자기 공간에서 앙감질하기
16) 다른 장소로 이동하면서 앙감질하기
17) 훌라후프 안으로 앙감질하기(훌라후프 6개 정도)
18) 공을 튀면서 앙감질하기
19) 짝과 손잡고 앞으로 앙감질하기
20) 홉핑할 때 올라간 발의 반대 팔을 올리면서 홉핑하기
21) 말 뛰기(Galloping)
22) 미끄러지기(Sliding)

9. 언어: 앙감질

10. 비고: 유아들이 한 발로 뛰기를 할 경우 한 발로 오랫동안 뛰지 못하기 때문에 바꾸어 뛰도록 한다.

뛰어넘기

뛰어넘기(leaping)는 세 번째로 발달되는 이동기술로 성숙한 수행은 7세인 것으로 보인다. 뛰어넘기는 달리기 스텝의 연장으로 한 다리에서 다른 다리로 몸무게를 이동시켜 건너뛰는 동작이다. 달리기와 유사하나 공중에 떠 있는 시간이 좀 더 길며 무릎과 발목에 힘을 좀 더 주어야 하는 점이 다르다. 달리는 스텝의 높이와 거리가 증가함에 따라 공중에 떠 있는 시간이 길어진다. 높이 나는 것처럼 한 발로 경쾌하게 뛰어오르고 내려올 때는 탄력 있고 유연하게 다른 발로 내딛는다.

1. 대상연령: 3세 이상
2. 선행학습: 달리기, 대근육 발달을 위한 동작활동
3. 교　　구: 장애물 4~5개
4. 제시방법: 대그룹 제시
   1) 준비된 장소로 유아를 초대하고 활동명을 알려준다.
   장애물(로프, 훌라후프 등)을 일정한 간격을 두고 놓는다.
   2) 교사의 신호에 따라 뛰어가 장애물에 부딪히지 않고 넘는다.
   3) 반복해서 장애물을 넘는다.
   4) 유아를 관찰하고 관찰한 것을 기록한다.
   5) 교사는 발달목록을 작성하여 유아의 신체발달을 돕는다.
5. 흥미점
   1) 움직임
   2) 장애물에 부딪히지 않고 넘는다.
6. 오류의 통제
   1) 장애물에 부딪친다.
   2) 몸의 균형을 잡지 못해 넘어진다.
7. 직접목적
   1) 몸과 공간을 인식하여 움직임을 조절한다.
   2) 방향 감각을 인식한다.
   3) 뛰어넘기를 할 수 있는 능력을 기른다.

   간접목적: 질서감, 독립심, 협응력, 집중력을 기른다.

8. 변형 및 응용
   1) 장애물의 간격 좁히기
   2) 장애물 수 증가하기
   3) 웅덩이 뛰어넘기
9. 언어: 뛰어넘기
10. 비고: 유아는 어떤 장애물을 뛰어넘을 때나 지정된 지점에 도달하고자 할 때 자연적으로 뛰어넘기를 하게 한다.

스키핑

스키핑(skipping)은 이동 운동형태 중 불규칙한 리듬 동작으로 hop-step-hop-step 패턴을 포함해 짧고 긴 리듬과의 연합에 기인한다. 스키핑은 걷기와 앙감질이 결합된 동작으로 같은 발로 앙감질을 하면서 잇따라 걷기 스텝이 뒤따라오는 것이다. 이것은 두 동작이 동시에 일어나는 것이기 때문에 불규칙적인 박자에 맞추어지며, 스텝보다는 리드미컬한 패턴에 맞추어야 하는 것이다. 유아 단계에서의 스키핑 능력은 상당한 개인차를 보인다.

1. 대상연령: 4~6세
2. 선행학습: 걷기, 앙감질, 대근육 발달을 위한 동작활동
3. 교　　구: 교사, 음악
4. 제시방법: 대그룹 제시
   1) 준비된 장소로 유아를 초대하고 활동명을 알려준다.
      처음에는 음악을 사용하지 않고 손을 허리에 하고 스키핑을 한다.
   2) 다리가 직각이 되도록 무릎을 세운다.
5. 흥미점
   1) 움직임
   2) 한 발을 올리는 것
6. 오류의 통제: Step과 hop이 연속적이지 못하다.
7. 직접목적
   1) 몸과 공간을 인식하여 움직임을 조절한다.
   2) 스키핑을 할 수 있는 능력을 기른다.

   간접목적: 질서감, 독립심, 협응력, 집중력을 기른다.
8. 변형 및 응용
   1) 두 팔을 흔들면서 스키핑하기
   2) 음악에 맞추어서 스키핑하기
   3) 장애물을 지나면서 스키핑하기
9. 언어: 스키핑
10. 비고: 유아 단계에서의 스키핑 능력은 상당한 개인차를 보인다.
    유아들이 처음에는 한쪽 발로만 계속 스키핑 하는 것은 정상적인 발달단계이다.
    교사의 시범과 모방을 통해 두 발을 교대할 수 있는 기회를 갖게 한다.

선상 걷기

아이의 근육조직들은 아직 완벽하게 작용할 수 없어서 정확한 균형을 잡기가 어렵다. 유아는 다리에 비례해 머리와 몸의 무게가 성인보다 무겁다. 균형을 잡는데 가장 어려운 것은 한 발을 또 다른 발 앞에 놓지 못하기 때문에 바닥에 타원형으로 선을 긋고 그 위에 발을 놓으면서 걷게 한다. 제일 먼저 발의 정확한 위치가 제시되고 연습해 간다면 인간에게 필요한 균형을 습득하게 된다. 이 연습은 균형을 유지하는 것과 양발을 정해진 위치에 놓는 주의력이 필요하다. 이때 음악을 들려주면 움직임에 활력을 주게 된다. 어린이가 균형을 잡게 되면 그 다음 손에 무언가를 쥐고 걷게 하는 것이 가능하다. 이것은 다리만이 아니고 팔 또한 주의해서 조절되는 것과 동시에 의지력이 포함되어 운동이 더욱 더 세련되고 조절될 수 있는 연습으로 이루어진다.

균형 있게 걷기는 2단계로 나누어진다. 1단계는 균형을 유지하는 것, 2단계는 음악의 리듬에 맞추어서 걷도록 하는 것이 중요하다. 만약 어린 유아가 걷기를 싫어한다면 불안감을 주지 말고 다른 유아가 걷는 것을 보도록 배려하며 언젠가 자연스럽게 참가할 수 있도록 한다.

몬테소리 교실에서 유아들은 순서대로 하는 방식을 존중하게 되며, 자발적으로 자기의 일을 하면서 모방하고 기억하면서 일을 수행하는 데 겪는 어려움을 극복해 나간다. 유아들은 서로서로 배우고 열정과 기쁨을 가지고 작업에 몰두하며 분위기는 동료애와 상호협동의 태도를 발전시킨다.

1. 대상연령: 3~5세
2. 선행학습: 걷기의 활동
3. 교　　구: 테이프, 음악, 다양한 물체(쟁반, 교구, 콩 주머니, 탁구공과 숟가락, 종, 국기…)
4. 제시방법: 소그룹 제시

▸지미아저씨 집

1) 동화를 들려준다.

2) 동화 내용을 회상한다.

- 지미아저씨 집은 어디 위에 있었나요?
- 지미아저씨가 물을 떠서 집으로 가니까 집이 어떻게 되었나요?
- 지미아저씨네 집에 누가 찾아 왔나요?
- 까마귀가 나무 기둥 위에 앉자 집이 어떻게 되었나요?

- 지미아저씨가 까마귀를 잡으려고 이쪽으로 가면 이쪽으로 기울고, 저쪽으로 가면 저쪽으로 기울었어요.
- 그러다가 까마귀가 떠나버리자 집은 어떻게 되었나요?
- 집은 역삼각형 모양이라서 한쪽이 조금만 무거워도 기울었어요.
- 우리 주변에는 이처럼 양쪽 무게가 똑같아야 똑바로 서 있을 수 있는 것들이 많이 있어요.
- 양쪽 무게가 똑같아서 기울지 않고 똑바로 서 있을 수 있는 것을 '균형'이라고 해요.
- 지미아저씨네 집은 균형이 맞지 않아서 떨어져 버렸어요.
- 스케이트도 균형을 잘 잡아야 탈 수 있고, 체조 선수들과 줄 타는 사람들도 균형을 잘 잡아야 멋진 공연을 보여 줄 수 있어요. 비행기도 날개 양쪽이 균형이 맞아야 잘 날 수 있어요.
- 우리가 운동할 때 넘어지지 않으려면 어떻게 해야 할까요? 균형을 잘 잡아야 해요.
- "선생님이 선을 따라서 균형을 잡고 걸어볼 거예요."

〈자유로이 걷기〉

1) 바닥의 선 위를 걷는 방법에 대해 이야기 나눈다.
   - 바닥에 무엇이 있나요?
   - 선을 따라 걸어볼 수 있을까요?
2) 교사가 선 위를 자유롭게 걷는다.
3) 유아들도 자연스럽게 천천히 걷는다.
4) 활동을 회상하고 이야기 나눈다.

〈동작을 조절하면서 선 따라 걷기〉

1) 교사는 발을 정확한 위치에 놓으면서 걷기 시작한다.
   두 발을 나란히 모은 상태에서 시작하여 옮기는 발의 끝이 앞 발가락에 붙도록 해서 걷는다.
2) 시선은 밑을 보지 않고 앞을 보고 걷는다.
3) 같은 방법으로 진행한다.
4) 유아에게 권유한다.
5) 활동을 회상하고 이야기 나눈다.

〈음악에 맞추어 걷기〉

1) 교사는 걷기에 알맞은 음악을 들려준다.
2) 어린이가 곡의 리듬에 맞춰서 자신의 몸을 조절할 수 있도록 한다.

〈사물을 들고 걷기: 옮기기 쉬운 것부터 들고 걷는다〉

1) 사물을 들고 걷기를 하기 위해 지켜야 할 약속에 대해 이야기 나눈다.
   - 이제부터 다양한 방법으로 선 따라 걷기를 해볼 거예요.
   - 어떤 약속을 지켜야 할까요?
   - 숟가락에 탁구공을 놓고 떨어뜨리지 않도록 조절해서 걷기
   - 긴 줄에 매달린 종을 들고 흔들리지 않도록 조절해서 걷기
   - 와인 잔에 색물을 담아 흘리지 않도록 조절해서 걷기
   - 팥 주머니를 머리에 얹고 조절해서 걷기
   - 쌓은 분홍 탑을 들고 조절해서 걷기
2) 사물들을 책상 위에 놓는다.
3) 유아들이 선 위를 걷기 시작한다.
4) "선생님이 친구의 이름을 부르면 원하는 물건을 선택하세요"라고 하며 교사는 유아들의 이름을 차례로 부르기 시작한다.
5) 유아들이 각자의 사물을 들고 선 위를 걷는다.
6) 책상에 도착하면 사물을 제자리에 놓는다.
   유아의 근육조절을 보다 세련되게 하는 동기와 주의를 끌게 할 수 있는 흥미를 불러 일으키는 방법으로 사용된다.

5. 흥미점
   1) 선을 따라 걷는다.
   2) 음악에 맞추어 걷는다.
   3) 사물을 들고 걷는다.

6. 오류의 통제
   1) 균형을 잃는다.
   2) 사물을 떨어뜨리거나 선에 맞추어서 걷지 않는다.

7. 직접목적
   1) 세련된 운동을 조정한다.
   2) 평행 감각을 습득한다.
   간접목적: 질서감, 협응력, 집중력, 독립심을 기른다.

8. 변형 및 응용
   1) 다양한 물건을 사용하여 걷기
   2) 장애물 넘기

3) 동물 흉내 내면서 걷기

4) 북소리에 맞추어 걷기(빠르게, 느리게)

9. 언어: 걷기, 음악에 맞추어 걷기, 사물을 들고 걷기, 탁구공, 종, 와인 잔, 콩 주머니

10. 비고

1) 유아는 점차로 근육조절이 형성되어 가기 때문에 유아가 한 번에 한 가지씩 자기 몸의 일부분만을 조절할 수 있도록 해주는 것이 바람직하다.

2) 음악은 피아노 반주, 카세트 등을 사용해서 '천천히 걸어보자', '손을 들고 걸어보자', '뒤꿈치를 들고 걸어보자', '뒤로 걸어보자' 등의 동작에 따라 다양한 음악을 선택한다.

3) 대근육 운동으로 하기 위해서는 강당 등의 넓은 장소로 유아를 초대한다.

4) 매일 매일 반복하는 것이 좋다.

5) 유아가 다치지 않도록 활동 전 약속을 정한다.

6) 신체 균형 감각 관찰을 통해 평가한다.

7) 선 따라 걷기 관찰을 통해 평가한다.

정숙훈련

정숙훈련은 '움직이지 않는 것'을 배우고 움직이려는 충동을 억제하는 것을 배운다. 그리고 유아들에게 참된 '부동자세'를 이끌어 내기 위해서는 우선 그들에게 자신의 움직임을 자제할 수 있도록 가르치는 것이 필요하다. 유아들은 이 정숙훈련에 성공할 수 있는 방법을 배워야 한다. 기본조건은 편안한 자세, 평형 자세를 찾는 것이다. 유아들이 이 연습을 위해 자신들을 편안하게 할 수 있어야 한다. 부동자세가 되면 아이들은 눈을 감거나 손으로 눈을 가린다. 유아들이 정숙에 굉장한 흥미를 갖는 것을 보기는 매우 쉽다. 일종의 휴식시간이나 명상에 잠겨 각자 자신에게 주의를 기울이던 유아들이 점점 더 조용히 하여 침묵은 깊어져서 완전한 정숙이 되었다. 이것은 거의 묻혀 있던 새로운 세계를 발견한 것과 같다. 정숙은 시끄러운 소음의 세계와 정신을 억압하던 소란스러운 세계가 멀어지는 것을 말한다. 이때 정신은 자유로워지고 나팔꽃의 화관처럼 활짝 열리게 된다. 우리는 정신을 고양하는 내적 감정에 더욱 민감해지는 것이다.

정숙훈련은 전체 아동들의 이름을 호명하는 것으로 끝이 나는데 교사나 한 유아가 교실 뒤에서 움직이지 않고 유아들을 차례로 호명한다. 부르는 소리는 속삭임에 가까우며 아이들이 자신의 이름을 들었는지 주의를 요구한다. 자신의 이름을 부르면 그는 일어나서 소리가 나는 쪽을 찾아야 하며, 그 움직임은 민첩하고 소리를 내지 않으려고 매우 조심스럽다. 아이들이 정숙에 익숙해지면 그들의 청력은 소리를 지각할 수 있도록 세련된다. 정숙의 기쁨을 알고 섬세한 소리의 세계를 발견하고 움직이는 태도가 세련되어진다. '정숙훈련'은 부동 상태와 침묵에서 정신이 느끼는 즐거움에서 가르침으로 조심스런 태도로 정신을 고양하는 것이다. 이 연습은 사회성을 결정적으로 계발한다. 여기에서 공동 목표를 달성하려는 모든 집단구성원의 협력을 볼 수 있다. 아이들은 점점 더 많은 억제력을 보여 준다. 이것은 모든 사람들에 의해서만 습득될 수 있는 특성으로 한 사람이라도 이것을 어기면 모두 망치게 되며, 작은 공동체의 평화스러운 분위기를 깨는 것이다.

1. 대상연령: 3세 이상
2. 선행학습: 움직임의 조정이 가능한 유아
3. 교　　구: 유아들이 둘러앉을 수 있는 공간

4. 제시방법: 대그룹 제시

▸쉿, 조용! 세상 모든 소리가 잠드는 순간(안 에르보 저, 출판사: 베틀북)

1) 동화를 들려준다.
2) 동화 내용을 회상한다.
   - 왕국에 사는 왕은 어떤 것을 싫어했나요?
   - 어느 날 왕자가 탄생하면서 어떤 일이 일어났나요?
   - 왕은 어떤 말을 했나요?
   - 그러자 왕자의 이름이 무엇이 되었나요?
   - 조용왕자는 어떤 모습으로 성장했나요?
   - 왕은 어떤 일을 하였나요?
   - 어느 날 왕이 세상을 떠났어요.
   - 사람들은 조용왕자를 내쫓아 버렸어요.
   - 사람들은 왜 조용왕자를 그리워했을까요?
   - 우리 반에 조용왕자가 오면 어떻게 될까요?
3) 유아들을 모은다.
4) 옆의 사람과 닿지 않을 만한 공간을 두고 편안한 자세로 앉는다.
5) 교사는 "눈을 감고 밖에서 나는 소리를 들어 볼까요"라고 말한다. 시간을 점차적으로 조금씩 늘려간다.
6) 교사는 낮고 부드러운 목소리로 "조용히 눈을 떠 보세요"라고 말한다.
7) "여러분들이 눈을 감고 어떤 소리를 들었는지 생각해 보세요"라고 말한다.
8) 한 사람씩 돌아가며 자신이 눈을 감고 있을 때 들을 수 있었던 소리를 말하도록 한다.

5. 흥미점

1) 조용한 분위기를 느낀다.
2) 외부에서 들려오는 소리를 듣는다.

6. 오류의 통제: 유아 자신의 내적 통제 능력

7. 직접목적

1) 내적인 통제 능력을 기른다.
2) 주의 깊게 듣는 능력을 기른다.

간접목적: 질서감, 독립심, 집중력, 협응력을 기른다.

8. 변형 및 응용

1) 친구 이름 부르기

2) 종이 떨어뜨리는 소리, 물건이 부딪치는 소리, 열쇠 여는 소리, 인위적인 소리

3) 시끄러운 소리와 조용한 소리

9. 언어: 조용히 눈을 떠 보세요, 눈을 감아보세요, 무슨 소리를 들었나요?

10. 비고

1) 정숙훈련은 교실의 분위기를 조용히 하는 수단으로 이용되어서는 안 된다.

2) 정숙한 태도를 관찰해서 평가한다.

실외활동

〈미끄럼틀〉

1) 놀이기구를 안전하게 타야 하는 이유에 대해 이야기 나눈다.
   - 놀이터에는 무엇이 있나요?
   - 이 놀이기구를 타본 경험이 있나요?
   - 놀이기구를 탈 때는 어떻게 해야 할까요?
   - 놀이기구를 안전하게 타요.
   - 왜 안전하게 타야 할까요?

2) 미끄럼틀을 이용하면서 위험했던 경험을 이야기 나눈다.
   - 미끄럼틀에서 떨어졌어요.
   - 왜 미끄럼틀에서 떨어지게 되었을까요?
   - 높은 곳에 올라갔을 때는 절대로 장난을 치면 안돼요.
   - 미끄럼틀에서 떨어지면 어떻게 될까요?
   - 다치면 어떤 기분이 들까요?
   - 얼굴이나 엉덩이, 팔, 다리가 부러져요.
   - 다치면 얼마나 아프고 속상할까요?

3) 미끄럼틀을 안전하게 타는 방법에 대해 이야기 나눈다.
4) 줄을 서서 순서대로 올라가 앉아서 내려온다.
5) 미끄럼틀 윗부분에 엉덩이를 얹고 양손으로 손잡이를 잡는다.
6) 앞사람이 일어난 후 내려온다.

〈그네〉

1) 그네를 이용하면서 위험했던 경험을 이야기 나눈다.
2) 그네를 탈 때에는 양손으로 손잡이를 잡고 앉아서 탄다.
3) 줄을 꼬지 않는다.
4) 그네를 타고 있는 친구에게 가까이 가지 않는다.
5) 그네의 앞쪽과 뒤쪽으로는 지나가지 않는다.

6) 줄은 옆으로 서서 기다린다.

〈자전거〉

1) 자전거를 안전하게 타는 방법에 대해 이야기 나눈다.
2) 타기 전 안전점검을 한다.
3) 차도나 횡단보도에서는 내려서 끌고 간다.
4) 손을 놓고 타거나 장난치지 않는다.
5) 자전거, 롤러스케이트, 롤러블레이드, 퀵보드를 탈 때는 헬멧과 무릎, 팔꿈치 보호대를 함께 착용하도록 한다.
6) 물이 있는 곳과 울퉁불퉁한 곳에서는 타지 않도록 한다.
7) 자전거를 타다가 비탈길이 나오면 자전거에서 내려서 브레이크를 잡고 걸어간다.

〈안전한 장소와 위험한 장소〉

1) 안전한 장소와 위험한 장소에 대해 이야기 나눈다.
   - 어떤 그림인가요?
   - 안전한 곳은 어디인가요?
   - 위험한 곳은 어떤 곳일까요?

2) 안전한 장소에서 놀아야 할 이유에 대해 이야기 나눈다.
   - 어떤 곳에서 놀았을 때 안전했나요?
   - 안전한 곳에서 놀 때 어떤 기분이 들까요?
   - 위험한 곳에서 놀 때 어떤 기분이 들까요?

〈안전한 행동과 위험한 행동〉

1) 안전한 행동과 위험한 행동에 대해 이야기 나눈다.
   - 왜 이 행동은 위험할까요?
   - 왜 이 행동은 안전할까요?

2) 안전하게 놀이하기 위해서 필요한 약속을 정한다.

〈위험한 장소를 예방할 수 있도록 한다〉

1) 골목길에서의 공놀이
- 골목길은 왜 위험할까요?
- 차가 다니기 때문에 사고가 나기 쉽다.

2) 공사장에서 놀고 있는 아이
– 돌이나 모래가 쌓여있다. / 공사차가 다닌다. / 위험한 연장(못, 톱, 망치)이 있다. / 유리 같은 물건에 다칠 수 있다. / 위에서 물건이 떨어질 수 있다.

3) 주차장에서 놀고 있는 어린이
- 차에 치일 수 있다.

4) 냉장고 속에서 놀고 있는 어린이
- 냉장고 문은 안에서 열리지 않는다.
- 소리를 질러도 들리지 않는다.
- 공기가 통하지 않는다.

〈공간 이용하기〉

1) 달리기, 한 발 뛰기
2) 등반 내역: 나무 타기, 줄사다리 오르기
3) 그네 타기: 타이어 그네
4) 평균대: 선 활동
5) 발자국들: 아동 치수
6) 시소: 무게 느끼기
7) 장애물 통과 훈련장
8) 줄넘기

〈눈–손의 협응〉

1) 공놀이
2) 매달린 공놀이

3) 콩 주머니: 던지고 받기/던지고 손뼉치고 받기
4) 고리 던지기
5) 목공(木工): 망치, 톱, 드릴, 못, 부드러운 나뭇조각, 보안경
6) 리듬 악기
7) 보도에 분필로 그리기
8) 파내기
9) 벽돌이나 블록 쌓기/벽돌을 쌓아서 줄을 만들어 걷기
10) 도르래/도르래를 잡아 당겨서 물체 올리기

〈눈-발의 협응〉

1) 공차기
2) 타이어: 안으로 들어가기
3) 울타리: 평균대

바느질하기
천 접기
분류하기
직조 짜기
종이 접기
젓가락으로 옮기기
가루내기
실패 감기
자르기
핀셋으로 옮기기
색물 옮겨 붓기
스포이드로 물 옮기기
열쇠와 자물쇠
끈 묶기
풀칠하기
숟가락으로 옮기기
색물 붓기
빨개집게 집고 빼기
나사와 나사못
고리 끼우기
스티커 붙이기
한 손으로 옮기기
마른 것 붓기
스펀지로 물 옮기기
사물 열고 닫기
구슬 끼우기
망치 두드리기
옮기기
붓 기
짜 기
비틀기
끼우기
기타 활동들
소근육 발달을 위한 활동
동작의 분석과 조정을 위한 활동

5 소근육 발달을 위한 활동

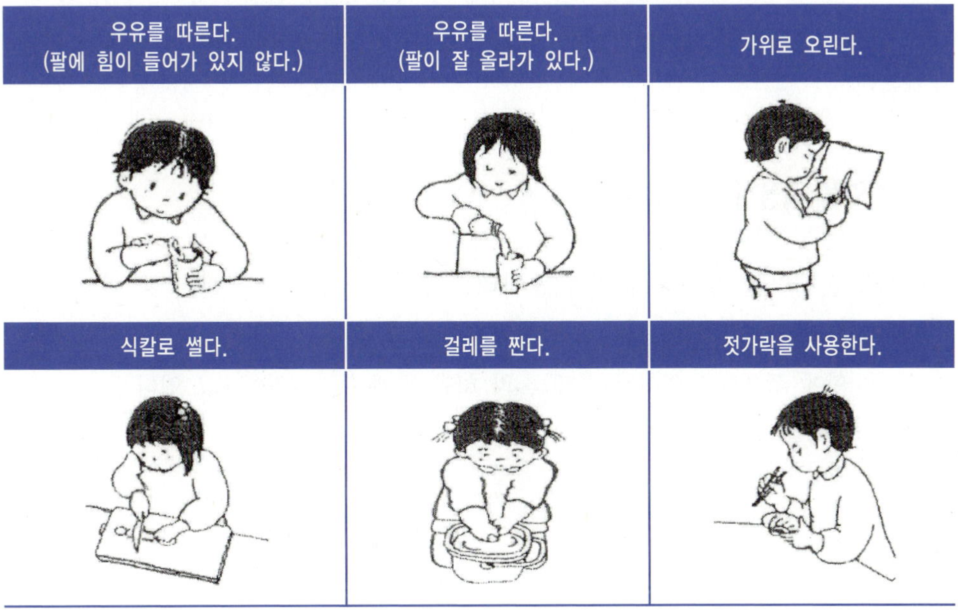

그림 6-1 손동작의 분석과 조절

1) 손목과 팔을 사용한다

어떤 원에서는 양동이에 직접 물을 받지 않고 통에 담아서 국자로 양동이에 푸도록 하였다. 팔 힘이 약한 아이는 물을 국자로 푸는 것이 힘들다. 4월에 처음 국자를 쥔 아이가 팔과 손목을 조절해 물을 퍼고 따르게 된 것이 6월 무렵이었다.

그림 6-1은 아이가 우유를 따르고 있는 장면이다. 아직 손목과 팔에 힘이 붙지 않는 아이는 우유병을 컵에 붙여 따르고, 혼자서 자유롭게 조절할 수 있는 아이는 높은 데서 따르고 있다.

현대 문화생활은 모든 전기기구가 스위치로 단추를 누르거나 돌리면 되게끔 변해 아이가 손목이나 팔의 힘을 쓰는 기회가 거의 없어졌다. 예전에는 빨래판을 사용해서 빨래하기, 비 쓸기, 부채 부치기, 걸레로 마루 닦기, 장작패기, 세탁

물 손으로 짜기 등의 활동으로 손목과 팔의 힘을 쓰면서 하는 일의 연속이었다. 그것을 보면서 자란 아이도 손목과 팔을 쓸 기회가 있었던 것이다. 손목과 팔을 튼튼하게 조절해서 크게 움직이는 동작은 발육중인 아이의 건강에 매우 중요하기 때문에, 몬테소리는 「일상생활연습」에서 손목이나 팔을 사용하는 작업을 포함시켰다.

2) 손가락을 사용하다

아이가 손가락을 사용해서 뭔가를 하려고 할 때, '집든지, 잡든지'를 먼저 한다.

- 작은 쓰레기를 집어 올려서 엄마에게 가지고 온다.
- 마당에 쭈그리고 앉아서 모래 속의 하얀 돌멩이를 끄집어내고 있다.
- 티슈 종이를 상자에서 끄집어낸다.

이와 같은 손운동은 점차적으로 의도적인 행동으로 변해 접다, 자르다, 붙이다, 꿰다, 잇다, 꿰매다, 엮다 등으로 발전해 간다.

아이는 종이비행기를 접어 날려 보내고 싶지만 접기가 잘 못되어 잘 날지 않는다. 그것을 보고 있던 선생님이 가까이 다가와 "비행기가 잘 날 수 있게 접는 방법을 가르쳐 줄까?"하고 아이를 데리고 책상 앞으로 갔다. 아이와 나란히 앉아 주위를 정돈하고 차분한 손놀림으로 종이 한 장을 아이 앞에 놓고 조용히 말했다. "보세요." 선생님의 행동에 이끌려 아이도 차분한 마음으로 선생님의 손가락을 응시했다. 선생님은 손가락의 움직임이 아이에게 잘 보이도록 하고 종이의 끝과 끝을 정확하게 합쳤다. 검지손가락과 엄지손가락으로 천천히 접고, 접은 곳을 검지손가락으로 꾹 눌렀다. 정확하게 천천히 접고 있는 선생님의 손가락을 응시한 아이도 똑같이 접기 시작하였다. "이렇게 해서 완성된 비행기를 날린다면 어떨까요? 뿅 하고 생각할 것도 없이 높고 멀리 날아가겠죠." 아이는 감격해서 선생님에게 말했다. "저, 또 접을 거예요."

할머니는 손자에게 칼을 사용하는 방법을 가르치고 싶어, 언제라도 할 수 있도록 작은 도마와 빵 칼, 알맞게 자를 수 있는 크기의 오이를 준비해 두었다. 그런데 이웃에 사는 초등학교 1학년의 남자아이가 와서 그 오이를 잘게 다져 놓고 가버렸다. 그 뒤로 매일 이 남자아이가 와서 다져 놓고는 가버리는 것이었다. 모처럼 손자를 위해서 준비했는데 이웃 남자아이가 와서 잘라 버려서 기분이 상했지만, 이 남자아이가 아무 생각 없이 다지고 있는 모습을 보자 꾸짖을 수가 없었다.

어느 날 "어째서 그렇게 자르니?"하고 묻자 그 남자아이는 "할머니, 이유는 모르겠지만 전 이걸 자르는 것이 너무 즐거워서 견딜 수 없는 걸요." 이 남자아이는 그때까지 "칼로 썰다"는 것을 한 번도 경험한 적이 없었던 것이다. "썰다"라는 것은 왼손과 오른손, 눈이 협력해서 일하는 동작이다. 이처럼 아이는 손가락을 사용하는 데 전 신경을 집중하는 것을 매우 좋아한다. 칼로 썰다, 가위로 종이를 오리다, 끈을 자르다, 천을 자르다 등 다양한 물건을 잘라보고 싶어 한다.

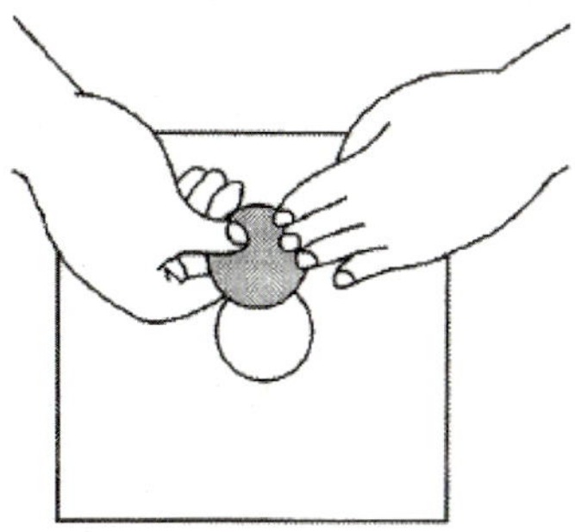

세 살인 아이가 "붙이고 싶다!"라고 말했다. 아이의 검지손가락과 엄지손가락이 잘 움직여 선생님은 아이에게 하얀 마분지를 내주었다. 도화지 중간에는 선으로 된 원이 그려져 있고 그 원과 똑같은 크기로 오린 색종이도 있었다. 선생님은 아이에게 좋아하는 색을 고르게 하여 색종이에 풀을 칠해 원에 맞추어 붙이는 것을 천천히 가르쳤다. 아이는 하얀 마분지의 한가운데에 좋아하는 색의 원을 한 장 부쳤다. 그때의 기쁨은 뭐라고 말할 수 없었다. 선생님은 아이의 처음 감동을 선명하게 하기 위해서 하얀 고급 마분지를 아끼지 않았고 종이 한가운데에 좋아하는 한 색만 정확하게 붙이는 것을 반복하게 했다. "붙이다"라는 삼동과 "정확히 붙이다"라는 것에 도전하는 기쁨을 만끽한 아이는 그때부터 점점 복잡한 붙이기를 전개해 가게 되었다.

기본적인 붙이기를 준비할 때 하얀 마분지, 선명한 색종이 그리고 정확하게 붙이기를 인상짓게 된 아이는 구석구석까지 풀을 붙여서 끝을 맞추기도 하고, 대조를 생각하면서 점점 발전시켜 훌륭한 작품까지 만들어내게 되었다.

이처럼 아이에게 손가락을 어떻게 쓰면 좋은가?를 정중하고 확실하게 보여 주면 처음에는 불안한 손놀림으로 하겠지만 점점 능숙해진다. 네 살 전후는 손가락을 자유롭게 사용하는 기교가 정착하는 시기이므로 여러 종류의 손놀림을 가르치는 것이 중요하다.

- 젓가락을 바르게 쥐고 사용하는 것
- 빵 칼로 오이 자르는 법
- 여러 종류로 엮는 법
- 끈을 매는 법, 푸는 법
- 바늘에 실을 꿰는 것, 꿰매는 것 등

손가락 사용은 네 살 전후의 아이가 가장 즐기면서 올바르게 습득한다. '좀 더 자라게 되면 가르쳐야지'하고 내버려 두게 되면 손끝이 서툰 아이가 된다. 서툴다는 것은 단지 손끝뿐만이 아니라, 판단력·실천력·자발성·자립심까지 영향을 미치게 된다.

인간에게는 수의근과 불수의근 두 종류의 근육이 있다. 어린이가 "내가!"라고 외치기 시작할 무렵 어린이의 의지는 강하게 움직이기 시작한다. 어린이는 자신의 의지대로 움직이고 싶다고 열망하기 시작한 것이다. 하지만 아직 자신이 생각한 대로 수의근을 사용하는 것이 어렵다. 수의근을 마음대로 잘 움직이지 못하므로 행동이 느리다. 이 시기의 아이는 수의근육을 조정하는 민감기에 있기 때문에 어떻게 움직이면 좋은가?에 많은 흥미가 있으며 '혼자서 할 수 있으면' 하는 강한 바람을 가지고 있다.

'하고 싶어'라고 생각하지만 어떻게 하면 할 수 있을지는 알지 못한다. 어린이는 '하지 못하는 것'이 아니라 '하는 방법'을 모르는 것뿐이다. '어떻게 하면 어린이 스스로 할 수 있을까?' 어린이에게 알기 쉽게 가르치기란 결코 쉬운 일이 아니다.

우리는 어른 중심의 사고방식으로 어린이를 끌어가고 있었던 것은 아닐까? 혼자서 생각하고 판단하고 의도적으로 움직이는 주체적인 사람이 되기 위해서는 모든 기회를 포착해서 혼자서 실제로 해야 한다. 자신의 몸을 움직여서 하는 것 이상 좋은 것은 없다. 그래서 아이는 어른을 향해서 "혼자서 하게 도와주세요!" 하고 외치고 있는 것이다.

작은 사물에 대한 민감기에 1세에서 2세 사이의 영아들은 작고 세밀한 것에 그들의 주위를 고정시킨다. 양손 사용에 대한 민감기는 손의 사용과 관계된다. 18개월에서 3세 사이의 아동들은 끊임없이 물건을 움켜잡으려 한다. 특히 뚜껑을 여닫거나 그릇에 물건들을 집어넣고, 쏟아내고, 또 다시 가득 채우는 일 등을 즐긴다. 그 다음 2년 동안에는 동작과 촉감을 세련화시킨다.

한 손으로 옮기기

1. 대상연령: 3세 이상
2. 선행학습: 쟁반 옮기기 활동
3. 교　　구: 콩, 그릇 2개 쟁반
4. 제시방법

▸공 전달 게임을 소개한다.

- 공 종류를 소개한다.
- 테니스공, 배구공, 탁구공, 야구공, 골프공
- 공 전달 게임방법을 소개한다.
- 출발하는 곳과 도착하는 곳을 설명한다.
- 게임을 진행한다.
- 친구들이 한 줄로 서서 앞에서 주는 공을 받으면 뒷사람에게 전달하는 게임을 할 거예요.

1) 한 손을 사용해서 물건을 옮겨 본 경험이 있는지 이야기 나눈다.

2) 교구를 활동할 장소로 옮긴다.
- 이 그릇 안에 무엇이 들어 있나요?
- 본 적이 있나요?
- 먹어본 적이 있나요?
- 만지면 어떤 느낌을 들까요?

3) 선생님이 콩을 한 손으로 옮겨볼 거예요.

4) 한 손으로 빈 그릇에 옮긴다.
빈 그릇을 바라본다.

5) 교구를 활동할 장소로 옮긴다.

6) 교사는 "오른쪽으로 옮겨 볼게요"라고 말한다.
한 손으로 한 개씩 오른쪽 빈 그릇에 옮긴다.
7) 빈 왼쪽 그릇을 바라본다.
8) 동일한 방법으로 오른쪽 그릇의 콩을 왼쪽 그릇에 옮긴다.
9) 유아에게 권유한다.
10) 교구를 제자리에 정리한다.

5. 흥미점

1) 콩을 만졌을 때의 촉감을 느낀다.
2) 한 손으로 콩을 움켜진다.

6. 오류의 통제: 콩을 떨어뜨린다.

7. 직접목적

1) 한 손으로 콩을 옮길 수 있다.
2) 쓰기와 읽기를 준비한다.

간접목적: 질서감, 독립심, 협응력, 집중력을 기른다.

8. 변형 및 응용

1) 다양한 내용물 옮기기
2) 나누어 옮기기

9. 언어: 옮긴다, 콩, 한 손.

10. 비고

1) 교구장에 교구를 배열할 경우 간단한 것부터 복잡한 것의 순서로 한다.
2) 한 손으로 물건을 옮길 수 있는지 관찰하여 평가한다.

숟가락으로 옮기기

1. 대상연령: 2.5세 이상
2. 선행학습: 옮기기, 한 손으로 옮기기 활동
3. 교　　구: 똑같은 크기의 그릇 2개, 숟가락, 숟가락 받침, 쟁반, 내용물
4. 제시방법

▸숟가락으로 옮기기 게임을 소개한다.

- 유아들이 차례대로 줄을 서서 앉는다.
  맨 처음 유아가 출발선에 선다.
  선생님이 신호를 보내면 출발한다.
  책상까지 뛰어가 앞에 놓인 쌀을 다른 그릇에 3숟가락씩 흘리지 않고 옮긴 후 출발선으로 돌아온다. 그 다음 친구와 손을 치고 맨 뒤로 가서 앉는다. 같은 방법으로 진행한다. 게임의 승부는 쌀을 그릇에 많이 담은 팀이 이기고 흘린 쌀의 양도 비교하여 승부에 반영한다.
- 게임에 대해 회상한다.

1) 숟가락을 사용했던 경험에 대해 이야기 나눈다.
2) 숟가락을 사용하여 쌀을 옮기는 방법에 대해 이야기 나눈다.
3) "숟가락으로 쌀을 어떻게 흘리지 않고 다른 그릇에 옮길 수 있는지 선생님과 함께 배워볼까요?"
4) 교구를 활동할 장소로 옮긴다.
5) 숟가락 사용법을 보여 준다.
   오른손 세 손가락으로 숟가락의 중간을 잡아들고 왼손은 숟가락의 둥근 부분을 받친다. 오른손의 세 손가락은 수저의 손잡이 끝부분으로 하여 잡는다.
6) 왼쪽 그릇에 있는 내용물을 숟가락으로 떠서 멈춘 후 오른쪽 빈 그릇에 옮긴다.
   동일한 방법으로 진행한다.

- 숟가락은 어떻게 사용하는 것일까요?
- 어떻게 사용하면 잘 옮길 수 있을까요?
- 내용물이 용기에 남았을 경우 그릇을 기울여 내용물을 옮긴다.

7) 주위에 흘린 내용물을 주워 담는다.
8) 빈 왼쪽 그릇을 잠시 바라본다.
9) 오른쪽 그릇에 있는 내용물을 숟가락으로 떠서 왼쪽으로 옮긴다.
10) 숟가락을 제자리에 정리한다.
11) 유아에게 권유한다.
    - 어떤 점이 좋았나요?
12) 교구를 제자리에 정리한다.

5. 흥미점
    1) 숟가락으로 흘리지 않고 옮긴다.
    2) 옮길 때 나는 소리를 듣는다.
    3) 내용물 자체

6. 오류의 통제
    1) 내용물을 흘린다.
    2) 끝까지 옮기지 못한다.

7. 직접목적
    1) 숟가락을 사용할 수 있다.
    2) 규칙을 지켜 게임에 참여한다.
    3) 쓰기와 읽기의 준비

    간접목적: 질서감, 독립심, 협응력, 집중력, 근육조절을 기른다.

8. 변형 및 응용
    1) 다양한 종류의 용기와 도구, 내용물
    2) 나누어 옮기기

9. 언어: 숟가락, 내용물의 이름, 비었다.

10. 비고
    1) 용기는 자연물의 재질을 사용한 것이 좋다.
       (나무 그릇, 유리 그릇)
    2) 내용물의 양과 크기, 도구를 고려한다.
    3) 규칙을 지켜 게임에 참여하는지 관찰하여 평가한다.
    4) 소근육을 사용할 수 있는지 관찰하여 평가한다.

핀셋으로 옮기기

1. 대상연령: 3세 이상
2. 선행학습: 한 손으로 옮기기, 숟가락으로 옮기기의 활동
3. 교 구: 핀셋, 집을 수 있는 내용물, 그릇 2개, 쟁반
4. 제시방법

'나는 무엇일까요?'(수수께끼)

- 나는 손가락 대신 사용할 수 있는 거예요. 나는 무엇일까요?
- 나는 아주 작은 것을 잘 잡을 수 있어요. 나는 무엇일까요?
- 나는 친구들이 다쳐서 약을 바를 때 쓰면 편리해요. 나는 무엇일까요?
- 정답은 핀셋입니다. 우리가 아주 작은 것을 다룰 때, 손가락이 직접 닿지 않아야 되는 경우가 생길 때 손가락 대신으로 사용할 수 있어요.

1) 핀셋을 사용했던 경험에 대해서 이야기 나눈다.
- 언제 사용하였나요?
- 왜 사용하였나요?

2) 핀셋의 사용 방법에 대해 알아본다.

3) "선생님과 함께 핀셋으로 콩 옮기기를 해 보아요"라고 하며 교구를 활동할 장소로 옮긴다.

4) 핀셋 사용법을 보여 준다.
(왼손으로 핀셋의 앞부분에서 1/3쯤의 부분을 잡아들고 오른손은 엄지, 검지, 중지 세 손가락으로 핀셋의 뒷부분을 잡고 오므렸다 펴는 모양을 보여 주고 유아에게 해보도록 한다.)

5) "선생님이 콩을 핀셋으로 옮겨볼게요"라고 말하고 내용물을 핀셋으로 옮긴다.

6) 왼쪽에 비어 있는 그릇을 잠시 바라본다.

7) 동일한 방법으로 왼쪽 그릇에 옮긴다.

8) 핀셋을 제자리에 정리한다.

- 핀셋을 사용하여 콩을 옮겨보니 어떤 점이 좋았나요?
- 또 어떤 점이 불편하였나요?

9) 유아에게 권유한다.

10) 교구를 제자리에 정리한다.

5. 흥미점: 핀셋으로 사물을 옮긴다.

6. 오류의 통제: 핀셋을 사용할 때 내용물을 떨어뜨린다.

7. 직접목적

1) 핀셋 사용 방법을 배운다.

2) 쓰기와 읽기의 준비

간접목적: 질서감, 독립심, 협응력, 집중력, 근육조절을 기른다.

8. 변형 및 응용

1) 다양한 종류의 내용물과 핀셋

2) 핀셋으로 내용물 분류하기

9. 언어: 핀셋, 오무린다, 편다.

10. 비고

1) 핀셋의 크기와 내용물의 크기를 고려하여 준비한다.

2) 핀셋을 사용할 수 있는지 관찰하여 평가한다.

젓가락으로 옮기기

1. 대상연령: 4세 이상
2. 선행학습: 숟가락으로 옮기기, 핀셋으로 옮기기의 활동
3. 교 구: 작은 용기 2개, 젓가락, 젓가락 받침, 쟁반, 내용물
4. 제시방법

▸ 젓가락 수수께끼를 알아맞힌다.

- 첫 번째 힌트) 이것은 짝이 있어요. 무엇일까요?
- 두 번째 힌트) 이것은 우리가 음식을 먹을 때 사용하는 도구입니다. 무엇일까요?
- 젓가락으로 무엇을 할 수 있나요?

1) 젓가락을 사용했던 경험에 대해서 이야기 나눈다.
2) 젓가락 사용법을 알아보고 젓가락으로 할 수 있는 게임을 해본다.
지금 사진 속의 친구는 무엇을 하고 있는 모습일까요?
음식을 먹을 때 사용하는 도구인 젓가락이 우리 친구들이 재미있게 할 수 있는 게임 도구가 될 수도 있대요.
어떤 게임을 할 수 있을까요?
게임을 어떻게 할까요?
3) 젓가락의 사용 방법에 대해 이야기 나눈다.
4) "젓가락으로 물체를 어떻게 집어서 다른 그릇에 옮길 수 있는지 선생님과 함께 배워볼까요?"라고 말하며 교구를 활동할 장소로 옮긴다.
5) 올바른 젓가락 사용법을 보여 준다.
(왼손으로 젓가락 한 개를 집어 오른손 엄지와 검지 사이에 끼워 약지에 얹는다. 다시 젓가락 한 개를 집어 첫 번째 젓가락 옆에 걸치고 검지와 장지 사이에 끼운 후 엄지손가락으로

누른다. 유아에게 해보도록 한다.)

6) 왼쪽 그릇에 있는 내용물을 하나씩 집어 오른쪽 그릇에 옮긴다.

7) 빈 왼쪽의 그릇을 바라본다.

8) 동일한 방법으로 오른쪽 그릇에 있는 내용물을 왼쪽으로 옮긴다.

9) 젓가락을 제자리에 정리한다.

10) 유아에게 권유한다.

11) 젓가락을 사용하고 난 뒤 어떤 느낌이 드는지 이야기 나눈다.

12) 교구를 제자리에 정리한다.

5. 흥미점

1) 젓가락을 잡을 때 손가락의 위치

2) 내용물을 젓가락으로 옮긴다.

6. 오류의 통제

1) 젓가락을 잘 못 잡는다.

2) 내용물을 떨어뜨린다.

7. 직접목적: 젓가락을 사용할 수 있다.

간접목적

1) 쓰기와 읽기의 준비

2) 질서감, 독립심, 협응력, 집중력, 근육조절을 기른다.

8. 변형 및 응용

1) 젓가락으로 내용물 분류하기

2) 다양한 종류의 젓가락과 내용물

9. 언어: 젓가락, 쥔다, 엄지, 검지, 장지, 약지, 애지

10. 비고

1) 젓가락의 길이는 유아용을 사용하는 것이 좋다.

2) 내용물의 크기를 고려한다.

3) 젓가락을 사용할 수 있는지 관찰하여 평가한다.

분류하기

1. 대상연령: 3세 이상
2. 선행학습: 옮기기의 활동들, 숟가락으로 분류하기의 활동
3. 교 구: 3~4종류의 분류를 할 수 있는 내용물, 분류할 수 있는 그릇, 쟁반, 집게
4. 제시방법: 개별 또는 그룹 제시

▸ 집에 뭐가 있지?(안느 구트망 저, 출판사: 비룡소)

1) 동화를 들려준다.
2) 동화 내용을 회상한다.
   - 장난꾸러기 동물친구들이 어디를 갔었나요?
   - 똑! 똑! 문을 열고 들어가서 본 것은 무엇이었나요?
   - 창문, 지구본, 커튼, 식탁보가 있는 곳은 어디였을까요?
   - 다음으로 간 곳에는 스펀지, 칫솔이랑 치약, 변기가 있었어요. 그리고 쏴아 쏴아~ 샤워기가 있었어요. 이 물건들이 있는 곳은 어디일까요?

〈동일한 방법으로 책 속의 나머지 분류된 사물들을 보면서 탐색한다〉

- 집안을 둘러보니까 각각의 방에 필요한 것들끼리 함께 모아놓았네요.
- 이렇게 모아놓은 것을 '분류'라고 해요. 우리도 분류하기를 해볼까요?

▸ 끼리끼리 빨래방(강경숙 저, 출판사: 아이세움)

1) 동화를 들려준다.
2) 동화 내용을 회상한다.

- '끼리끼리 빨래방'에 간 동물들은 어떤 방법으로 빨래를 모았나요?(같은 것끼리 모아 넣었어요: 속옷은 속옷끼리, 윗도리는 윗도리끼리, 아랫도리는 아랫도리끼리, 양말과 장갑은 짝을 맞춰 끼리끼리)
- 우리 친구들도 동화 속에 나온 동물들처럼 같은 것끼리 모을 수 있는 것을 이야기해 보세요. (– 색깔별로 모으기/옷감의 종류별로 모으기 등)

1) 분류활동을 소개한다.
2) 교구를 활동할 장소로 옮긴다.
3) 분류활동의 방법에 대해 안다.
   - 이 그릇 안에는 무엇이 있나요?
   - 모두 같은 종류인가요?
   - 그럼 어떻게 할까요?
   - 같은 것끼리 모아서 넣어볼까요?
4) 분류하면서 그릇에 담는다.
5) 집게를 제자리에 놓는다.
6) 분류한 것을 한 곳에 모은다.
   - 어떻게 분류되었나요?
   - 분류한 것을 한 그릇에 모으도록 해요.
7) 집게를 집어 분류된 내용물을 바구니에 담는다.
8) 집게를 제자리에 놓는다.
9) 유아에게 권유한다.
10) 교구를 제자리에 정리한다.

5. 흥미점
   1) 도구를 사용하여 내용물을 분류한다.
   2) 내용물과 도구에 흥미를 가진다.
6. 오류의 통제: 분류를 하지 못한다.
7. 직접목적: 도구를 사용하여 내용물을 분류할 수 있다.
   간접목적: 질서감, 독립심, 협응력, 집중력을 기른다.
8. 변형 및 응용: 다양한 종류의 내용물과 도구
9. 언어: 분류한다.

10. 비고

1) 분류는 사고 발달의 첫 번째 단계이다.
2) 분류 작업은 유아에게 외적인 질서를 배우게 하고 과학의 기초를 마련해 주는 작업이다.
3) 분류를 할 수 있는지 관찰하여 평가한다.

마른 것 붓기

1. 대상연령: 3세 이상
2. 선행학습: 옮기기, 의자 앉고 서기의 활동
3. 교　　구: 같은 크기의 용기 2개, 내용물(콩), 쟁반
4. 제시방법

▸ 색쌀 옮기기(게임활동)

- 팀을 나누어 왼손에 투명 컵을 잡고 한 줄로 옆으로 앉는다.
- 제일 앞의 유아는 오른손에 색쌀이 든 컵을 잡고 있는다.
- 호루라기를 불면 제일 앞에 있는 유아부터 오른손에 있는 색쌀 컵을 왼손의 투명 컵에 흘리지 않고 끝까지 붓는다.
- 왼손 컵을 다음 유아의 오른손에 전달한다.
- 동일한 방법으로 마지막 유아까지 한다.
- 마지막 유아가 반대로 같은 방법으로 진행한다.

1) 콩을 부어 본 경험이 있는지 이야기 나눈다.
2) 콩을 붓는 방법에 대해 안다.
3) "선생님과 함께 콩 붓기를 해볼까요?"
4) 교구를 활동할 장소로 옮긴다.
5) 한 손은 용기의 손잡이를 잡고 다른 한 손은 용기를 받친다.
6) 빈 용기에 붓는다(기울기를 조절하여 계속해서 일정한 양이 쏟아지도록 한다. 끝까지 붓는다).
7) 용기를 바로 하여 내용물이 남아 있는지 확인한다.
8) 용기를 제자리에 놓는다.
9) 내용물이 오른쪽으로 오도록 쟁반을 돌린다. 다시 오른쪽에 있는 내용물을 왼쪽으로 옮긴다.
10) 내용물이 남아있는지 확인하고 용기를 제자리에 놓는다.

11) 유아에게 권유한다.

12) 콩을 부을 때의 느낌에 대해 이야기 나눈다.

13) 교구를 제자리에 정리한다.

5. 흥미점

1) 내용물이 떨어지는 소리를 듣는다.

2) 내용물의 모양, 색깔, 종류에 흥미를 가진다.

6. 오류의 통제

1) 쟁반이나 책상 위에 내용물이 떨어진다.

2) 내용물이 남아 있는 채로 다른 용기에 옮긴다.

7. 직접목적

1) 용기의 내용물을 부을 수 있다.

간접목적

1) 질서감, 독립심, 협응력, 집중력을 기른다.

2) 쓰기와 읽기를 준비할 수 있다.

8. 변형 및 응용

1) 다양한 모양의 용기와 내용물

2) 양손 붓기

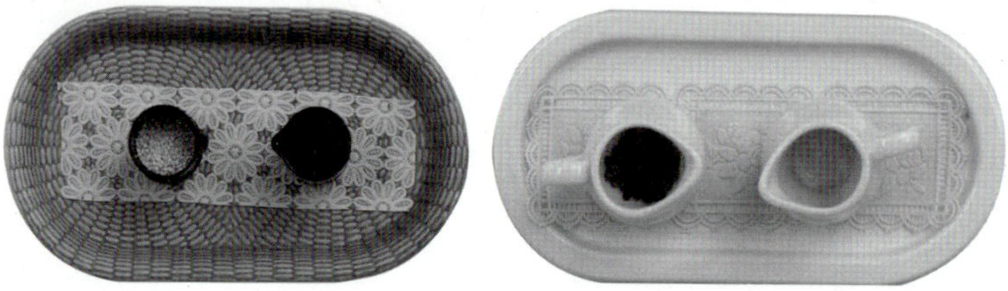

9. 언어: 붓는다, 쏟는다.

10. 비고

1) 붓기에 익숙해지면 자발적으로 양손을 사용한다.

2) 용기는 큰 것에서 작은 것으로, 손잡이가 있는 것에서 없는 것으로 교체한다.

3) 마른 것 붓기를 할 수 있는지 관찰하여 평가한다.

색물 붓기

1. 대상연령: 3세 이상
2. 선행학습: 옮기기, 마른 것 붓기의 활동들
3. 교 구: 선이 있는 손잡이 컵, 색물, 선이 있는 비커, 스펀지, 쟁반, 양동이, 색물이 담긴 통
4. 제시방법

▸ 물의 모양을 알아보아요(과학활동)

- 준비물: 여러 가지 모양 그릇, 수건, 색물이 든 그릇, 비커
- 모둠별로 여러 가지 모양의 그릇에 색물을 부어 보고 그릇의 모양에 따라 변하는 물의 모양을 경험한다.

▸ 내 물 어디 갔지(장지윤 저, 출판사: 월드베스트)

> "모모야, 맛있는 주스를 만들어 줄게. 물동이 마을에서 물 좀 사 오렴."
> 모모는 물동이 마을로 향했어요.
> "아저씨, 물 한 병 주세요."
> "그래, 여기 있단다."
> 아저씨가 별 모양 물통에 물을 담아 줬어요. 모모는 물통을 들고 가게를 나갔어요.
> 집으로 돌아가던 모모는 곰을 만났어요. 곰은 예쁜 물통을 손에 들고 있었지요.
> "그 물통 예쁘다. 나랑 바꿀래?"
> 모모는 곰의 물통에 물통을 옮겨 담았어요. 별 모양이던 물은 세모 모양이 되었지요.
> "우와, 물 모양이 바뀌었네?"
>
> (계속)

다시 집으로 향하던 모모가 악어를 만났어요.
악어는 이웃 마을로 이사를 하는 중이었지요.
"모모야, 그 물통 멋지다. 날아 바꿀래?"
모모가 악어의 물통에 물을 옮겨 암았어요.
세모 모양이던 물은 네모 모양이 되었지요.
"신기하다! 물 모양이 또 바뀌었네?"
모모가 밭을 지다나 토끼를 만났어요. 토끼가 모모의 물병을 보고 말했지요.
"네 물통 정말 멋지다. 나랑 바꾸자!"
모모가 토끼의 물병에 물을 옮겨 담았어요.
그러자 물이 동그라미 모양으로 바뀌었지요.
"또 물 모양이 바뀌었다!"
모모가 동그라미 모양의 물병을 바라봤어요.
"이상하다. 왜 물이 줄어들었지?"
놀란 모모는 그만 울음을 터뜨렸어요. 울음소리를 들은 동물들이 모여들었어요.
"내 물이 처음보다 적어졌어."
"물이 줄어든 걸까?"
"글쎄, 모르겠는걸."
"부엉이 박사님께 물어 보자!"
모모는 동물들과 함께 부엉이 박사님을 찾아갔어요.
모모와 동물들의 이야기를 듣고 부엉이 박사님이 하하 웃었어요.
"물의 양이 줄어든 게 아니야. 그렇게 보인 것뿐이지."
박사님이 여러 가지 모양의 물병에 같은 양의 물을 담았어요.
정말 물의 모양이 다 달랐지요.
엄마는 모모가 사 온 물로 레몬주스를 만들었어요.
"엄마, 나도 오빠 거 마실래요!"
"모양만 다를 뿐이지 똑같은 레몬주스란다. 주스는 담는 컵에 따라서 모양이 바뀌거든."
모모와 동생은 맛있게 주스를 마셨어요.

1) 동화를 들려준다.

2) 동화 내용을 회상한다.

3) 물의 성질에 대해 안다.

- 이 비커 안에는 무엇이 들어있나요?
- 물을 사용해 본 적이 있나요?
- 언제 사용해 보았나요?
- 만져 보니 어떤 느낌이 들었나요?
- 물은 어떤 성질을 가지고 있을까요?
- 하트모양 용기에서 네모모양에 물을 부으니 어떻게 되었나요?
- 물의 양은 어떻게 변했나요?

2) "오늘은 물을 가지고 하는 활동을 선생님이 보여 줄게요"라고 말하며 주전자 손잡이를 잡고 천천히 들어 올린다.

3) 비커의 선까지 붓는다.

4) 주전자 색물의 입구를 스펀지로 닦고 제자리에 놓는다.

5) 비커를 잡고 양동이에 색물을 붓는다.

6) 비커 입구를 스펀지로 닦고 제자리에 놓는다.

7) 동일한 방법으로 반복한다.

8) 흘린 물은 스펀지로 닦은 후, 양동이에 짜고 버린다.

9) 색물이 담겨 있는 통에서 주전자에 색물을 담아 놓는다.

10) 유아에게 권유한다.

5. 흥미점

1) 물의 색깔, 용기의 모양에 흥미를 가진다.

2) 물을 따를 때 나는 소리를 듣는다.

3) 선까지 붓는다.

4) 마지막 한 방울까지 기다린다.

6. 오류의 통제

1) 쟁반에 물을 흘린다.

2) 비커의 선까지 색물을 붓지 못한다.

7. 직접목적

1) 용기에 물을 부을 수 있다.

2) 질서감, 독립심, 협응력, 집중력을 기른다.

간접목적: 쓰기와 읽기의 준비를 준비할 수 있다.

8. 변형 및 응용

1) 깔때기를 사용해 붓기

2) 선이 없는 컵

3) 실생활에서 적용한다(물, 우유, 주스 따르기, 꽃병에 물주기, 화단에 물주기).

9. 언어: 붓는다, 액체, 비커, 선, 물

10. 비고

1) 교사는 충분한 양의 색물을 준비해 둔다.

2) 색물을 교재로 사용하기 위해 만든 것이라고 유아에게 설명을 한다. 왜냐하면 유아가 음료수로 인식, 마시는 것을 방지하기 위해서이다.

3) 액체 붓기를 할 수 있는지 관찰하여 평가한다.

색물 옮겨 붓기

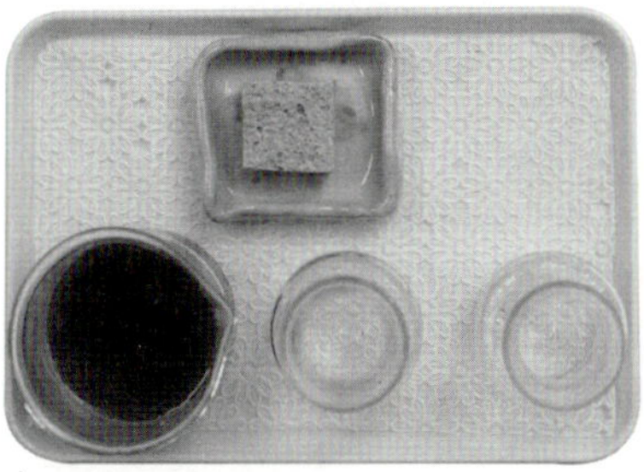

1. 대상연령: 3세 이상
2. 선행학습: 색물 붓기활동
3. 교　　구: 선이 있고 손잡이가 없는 비커 3개, 스펀지, 색물, 쟁반
4. 제시방법
   1) 물을 똑같이 나누어 붓는다.
      - 비커의 크기가 어떻게 보이나요?
      - 큰 비커의 물을 어떻게 하면 작은 비커에 똑같이 나누어 부을 수 있을까요?
   2) 큰 비커의 색물을 동일한 2개의 작은 비커의 선까지 천천히 조절하면서 옮겨 붓는다.
   3) 큰 비커 입구를 스펀지로 닦고 제자리에 놓는다.
   4) 동일한 방법으로 2개의 비커의 색물을 큰 비커에 옮겨 붓는다.
   5) 비커 입구를 스펀지로 닦고 제자리에 놓는다.
   6) 유아에게 권유한다.
   7) 큰 비커 물을 똑같이 나누어 본 느낌을 이야기 해본다.
5. 흥미점
   1) 물의 색깔, 용기의 모양에 흥미를 가진다.
   2) 물을 따를 때 나는 소리를 듣는다.
   3) 선에 맞추어 붓는다.
   4) 마지막 한 방울까지 붓는다.

6. 오류의 통제

1) 물을 쟁반에 흘리거나 엎지른다.
2) 물이 남아 있는 채로 다른 용기에 옮긴다.
3) 물이 선에 맞지 않는다.

7. 직접목적

1) 물 따르는 법을 배운다.
2) 질서감, 독립심, 협응력, 집중력을 기른다.

간접목적

1) 질량 보존의 개념, 분배의 개념을 안다.
2) 쓰기와 읽기의 준비를 할 수 있다.

8. 변형 및 응용

1) 용기의 종류와 크기가 다양한 것
(손잡이가 있는 것, 붓기가 복잡한 것, 까다로운 것을 제공한다.)
2) 다양한 도구로 옮겨 붓기(깔때기, 스포이드 등.)

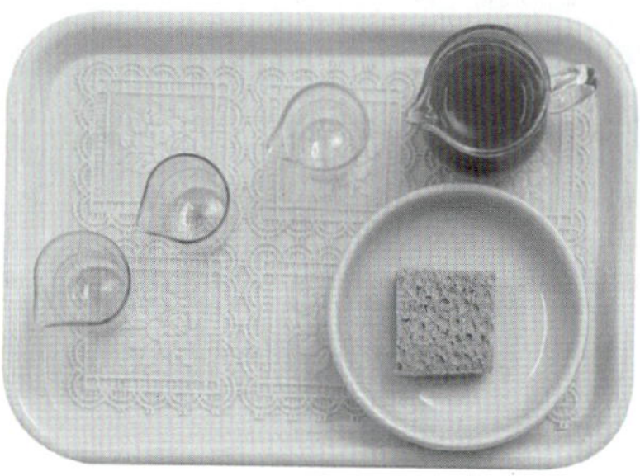

9. 언어: 색물, 비커, 돌린다, 잡는다, 나누어 붓기, 똑같다.

10. 비고

1) 용기의 크기와 형태는 달라도 양은 일정하다.
2) 액체를 똑같이 나누어 붓기를 할 수 있는지 관찰하여 평가한다.

스펀지로 물 옮기기

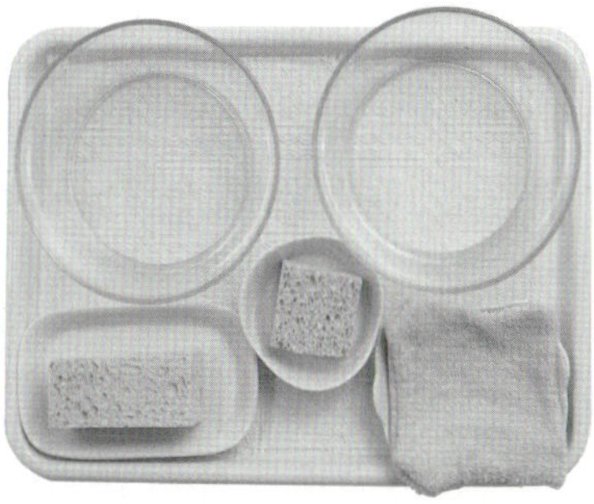

1. 대상연령: 4세 이상
2. 선행학습: 옮기기, 붓기의 활동들
3. 교　　구: 대야 2개, 쟁반, 스펀지(큰 것, 작은 것), 수건
4. 제시방법

▸스펀지 물 옮기기(게임활동)

- 한 명씩 차례대로 출발선에 선다.
- 호루라기를 불면 앞에 놓인 대야까지 두 발 모아 뛰기, 앙감질하기, 코끼리 모양을 해서 두 바퀴 돌기를 한 후 멈춘다. 스펀지로 대야에 색물을 3번 옮긴 후 돌아온다.
- 동일한 방법으로 진행한다.
- 색물을 많이 옮긴 팀이 이긴다.
- 게임에 대해 회상한다.

1) 스펀지로 어떻게 많은 물을 옮길 수 있는지 이야기 나눈다.
- 스펀지로 물을 옮겨 보니 어땠나요?
- 스펀지로 물을 짜니 물이 어떻게 변했나요?
- 스펀지에 물이 있을 때와 없을 때는 어떻게 달랐나요?

2) 스펀지를 사용한 경험에 대해 이야기 나눈다.

▸물을 흡수하는 것과 흡수하지 않는 것 분류하기

- 준비물: 물을 흡수하는 것과 물을 흡수하지 않는 분류 바구니, 스포이드, 색물이 든 컵, 여러 가지 물체가 담긴 바구니(헝겊, 휴지, 스펀지, 은박지, 종이, 비닐 등), 물기를 닦을 천

- 여러 가지 물체가 든 바구니에서 물체를 꺼내어 스포이드로 색물을 떨어뜨린다.
- 색물을 떨어뜨린 물체를 헝겊으로 살짝 닦는다.
- 색물이 든 것은 물을 흡수하는 바구니에 색물이 들지 않는 것은 흡수하지 않는 바구니에 담아 분류한다.

3) "오늘은 선생님과 함께 스펀지 짜기를 해 보자"라며 물이 담긴 왼쪽 대야에 스펀지를 넣는다.
4) 양손으로 스펀지 위를 누른 후 천천히 손을 떼면서 물이 스펀지에 흡수되는 것을 관찰한다.
5) 물이 스펀지에 흡수되면 두 손으로 든다(물이 떨어지지 않을 때까지 기다린다).
6) 오른쪽 그릇으로 옮긴다.
7) 스펀지를 정확하게 잡는다.
8) 스펀지에 물이 남지 않을 때까지 짠다(비틀어 짜지 않는다).
9) 동일한 방법으로 반복한다.
10) 스펀지를 제자리에 놓는다.
11) 주변에 물이 떨어져 있을 경우 작은 스펀지로 닦는다.
12) 오른쪽에 있는 물을 왼쪽 대야에 옮긴다.
13) 동일한 방법으로 진행한다.
14) 스펀지를 놓고 주변의 물을 작은 스펀지로 닦는다.
15) 수건으로 손을 닦고 제자리에 정리한다.
16) 유아에게 권유한다.
17) 스펀지로 물을 짤 때의 느낌을 이야기한다.

5. 흥미점
1) 스펀지에 물이 스며드는 것을 본다.
2) 스펀지를 짤 때 물이 떨어지는 소리를 듣는다.

6. 오류의 통제: 쟁반이나 책상에 물이 떨어진다.

7. 직접목적: 스펀지 짜기를 배운다.
간접목적: 질서감, 독립심, 협응력, 집중력을 기른다.

8. 변형 및 응용: 실생활에서 스펀지 사용

9. 언어: 스펀지, 누른다, 뗀다, 짠다, 흡수한다, 흡수하지 않는다.

10. 비고
1) 스펀지를 짤 때 비틀지 않고 꽉 쥐어짠다.
2) 스펀지로 물을 짤 수 있는지 관찰하여 평가한다.

빨래집게 집고 빼기

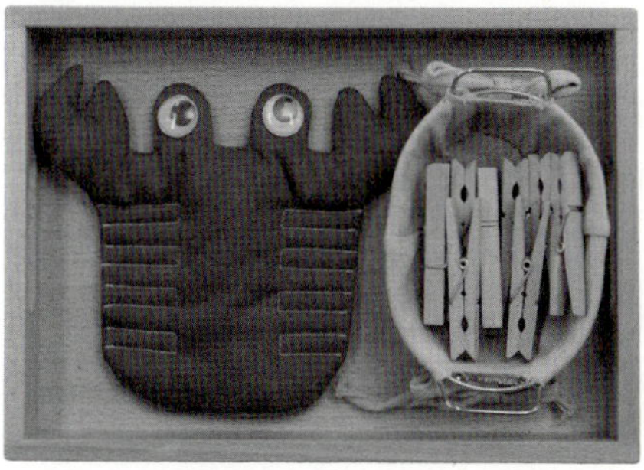

1. 대상연령: 3세 이상
2. 선행학습: 열고 닫기 활동들
3. 교　　구: 빨래집게, 쟁반, 지침 판
4. 제시방법

▸ 빨래집게(동시)

한 번 입에 물면 / 놓아주지 않는다. // 개구쟁이 바람이 바람이 / 바짓가랑이를 잡고 늘어져도 // 꽉 문 빨래는 / 놓치지 않는다. // 조그만 게 / 그 조그만 게 / 덩치 큰 바람을 이긴다.

▸ 빨래집게가 되어 보아요(신체활동)

- 빨래집게 동시를 배우고 역할을 정해 몸으로 표현해 본다.
- 역할: 바지, 바람, 빨래집게, 빨랫줄 잡을 유아 2명
- 한 번 입에 물면(빨랫줄을 놓는다) / 놓아주지 않는다(집게로 바지를 문다) // 개구쟁이 바람이 바람이(바람을 바짓가랑이에 꽂는다) / 바짓가랑이를 잡고 늘어져도(바짓가랑이를 바람이 흔든다) // 꽉 문 빨래는 / 놓치지 않는다(바람을 떼어낸다) // 조그만 게 / 그 조그만 게 / 덩치 큰 바람을 이긴다.

〈집기〉

1) 빨래집게를 사용했던 경험에 대해 이야기 나눈다.
   - 빨래집게를 본 적이 있나요?
   - 빨래집게를 사용한 적이 있나요?

2) 교구를 활동할 장소로 옮긴다.
3) 집게를 하나 들어 열고 닫기를 천천히 보여 준다.
4) 왼손으로 지침판을 잡는다.
5) 지침판의 색에 맞는 집게를 찾아 지침판 옆에 놓는다.
6) 오른손 세 손가락으로 집게를 정확하게 잡는다.
7) 집게를 눌러 천천히 벌린다.
8) 집게를 밀어 넣는다.
9) 천천히 집게를 집는다.
10) 동일한 방법으로 진행한다.

〈빼기〉
1) "집게를 빼볼까요?"라고 말하고 세 손가락으로 집게를 잡는다.
2) 천천히 집게를 눌러 벌린다.
3) 집게를 빼낸다.
4) 천천히 집게를 닫는다.
5) 집게를 놓는다.
6) 동일한 방법으로 진행한다.
7) 유아에게 권유한다.
8) 빨래집게를 사용한 후 힘든 점에 대해 이야기 나눈다.
9) 교구를 제자리에 정리한다.

5. 흥미점
1) 정확하게 집게를 집고 뺀다.
2) 지침판의 색에 맞추어 집고 뺀다.

6. 오류의 통제
1) 빨래집게를 정확히 집고 빼지 못한다.
2) 집게와 지침판의 색이 맞지 않는다.

7. 직접목적
1) 빨래집게를 집고 빼기를 한다.
2) 쓰기 위한 준비를 할 수 있다.

간접목적: 질서감, 독립심, 협응력, 집중력을 기른다.

8. 변형 및 응용

1) 여러 가지 지침판
2) 실생활에 적용(빨래하기, 이젤 대용, 삼각대 사용, 작업한 종이를 분류해 묶어둘 때, 종이 자르기를 집게로 묶어둘 때)

9. 언어: 빨래집게, 지침판, 누른다, 벌린다, 넣는다, 잡는다.

10. 비고

1) 빨래집게는 힘과 크기가 유아에게 맞고 세 손가락 사용이 가능한 것을 선택한다.
2) 지침판: 집기가 명확하게 보일 수 있도록 하고 적당한 크기(색깔 수, 집게 수)를 준비한다.
3) 빨래집게를 집고 빼기를 할 수 있는지 관찰하여 평가한다.

스포이드로 물 옮기기

1. 대상연령: 3세 이상
2. 선행학습: 붓기의 활동들
3. 교　　구: 스포이드, 모양의 틀, 스펀지, 색물, 쟁반
4. 제시방법

▸스포이드 그림자 판을 보여 준다.

- 그림자를 보고 이 물건이 무엇인지 맞춰볼 거예요.
- 선생님이 힌트를 줄게요. 끝이 뾰족하게 생겼어요. 물을 빨아들이는 도구에요.
- 길고 끝이 뾰족하고 눈금도 있어요.
- 머리가 고무로 되어 있어요.

1) 스포이드를 사용한 경험에 대해 이야기 나눈다.
   - 스포이드를 본 적이 있나요?
   - 어디에 사용하는 도구인가요?
   - 스포이드를 사용해 본 적이 있나요?
   - 스포이드를 사용할 때 무엇을 느꼈나요?
2) 스포이드를 쟁반에서 꺼내 놓는다.
3) 스포이드 사용방법을 보여 준다.
   (세 손가락으로 스포이드 고무 부분을 잡고 눌렀다 편다.)
4) 스포이드의 고무 부분을 꼭 누르고 비커에 가져가 눌렀던 손의 힘을 천천히 빼면서 색물이 빨려 들어오는 것을 본다.
5) 물을 빨아올린 스포이드를 모양 틀에 가져가 눌러 물이 내려가는 것을 본다.
6) 동일한 방법으로 진행한다.
7) 유아에게 권유한다.
8) 스포이드를 사용한 후 느낌에 대해 이야기 나눈다.

5. 흥미점
   1) 스포이드를 사용한다.
   2) 스포이드 사용 시 물이 빨려 들어온다.
   3) 마지막 한 방울까지 옮긴다.

6. 오류의 통제

1) 스포이드 사용을 잘 하지 못한다.

2) 물을 흘린다.

7. 직접목적

1) 스포이드 사용방법을 배운다.

2) 질서감, 독립심, 협응력, 집중력을 기른다.

간접목적

1) 질량 보존의 개념과 분배의 개념을 안다.

2) 쓰기와 읽기를 준비할 수 있다.

8. 변형 및 응용: 스포이드 크기가 다양한 것

9. 언어: 스포이드, 고무, 누른다, 빨아들인다.

10. 비고

1) 스포이드 옮기기의 색물은 조금 진하게 한다.

2) 스포이드 사용법을 정확하게 보여 준다.

3) 처음에는 굵고 긴 스포이드를 사용한다.

4) 스포이드를 사용할 수 있는지 관찰하여 평가한다.

사물 열고 닫기

1. 대상연령: 3세
2. 선행학습: 옮기기, 상자 열고 닫기의 활동
3. 교　　구: 다양한 열고 닫기의 사물 4~5개(내용물은 유아들이 관심 있는 단순한 것), 쟁반 혹은 바구니
4. 제시방법

▸ 뭐가 들었지?(박은영 저, 출판사: 비룡소)

1) 동화를 들려준다.
2) 동화 내용을 회상한다.
   - 초록 생쥐가 빨간 뚜껑 밖으로 보이는 얼룩얼룩 줄무늬를 보고 누가 들어있다고 생각했나요?
   - 얼룩얼룩 줄무늬가 있는 동물은 누구일까요?
   - 삐쭉삐쭉 긴 발톱을 보고는 누가 들어있다고 생각했나요?
   - 얼룩얼룩 줄무늬에 삐쭉삐쭉 긴 발톱을 가진 동물은 누구일까요?
   - 번쩍번쩍 빛나는 눈을 보고는 누구라고 생각했나요?
   - 얼룩얼룩 줄무늬에 삐죽삐죽 긴 발톱과 번쩍번쩍 빛나는 눈은 누구일까요?
   - 살랑살랑 긴 꼬리를 보고는 누구라고 생각했나요?
   - 얼룩얼룩 줄무늬에 삐쭉삐쭉 긴 발톱에 번쩍번쩍 빛나는 눈과 긴 꼬리를 가진 동물은 누구일까요?
   - 우리 친구들은 빨간 상자 속에 누가 들어있을 것 같나요?
   - (유아와 충분한 이야기를 나눈 후, 마지막 장을 넘겨 제시하며) 짜잔~ 누가 들어가 있는지 살펴볼까요?
   - 자, 이제 선생님이 가져온 여러 가지 상자 안에 무엇이 들어있는지 상자 열고 닫기를 해볼까요?

▸ 열어볼까?(노재인 저, 출판사: 두산동아)

1) 동화를 들려준다.
2) 동화 내용을 회상한다.
   - 배고픈 토끼는 어디에서 음식을 찾았나요?
   - 어떤 음식들이 냉장고에 들어있었나요?
   - 인형친구가 열이 나서 체온계를 찾던 토끼는 무엇을 발견했나요?
   - 그 안에는 무엇이 들어있었나요?

- 그림을 그리려고 크레용을 찾던 곰이 무엇을 열어 보았나요?
- 책가방 속에는 무엇이 들어있었나요?
- 이와 같은 방식으로 공구상자, 옷장, 욕실 장을 열어보며 이야기 나눈다.
- 자, 이제 선생님이 가져온 여러 가지 상자 안에 무엇이 들어있는지 상자 열고 닫기를 해볼까요?

〈다양한 종류 상자들〉

1) 다양한 상자의 종류와 쓰임새에 대해 이야기 나눈다.
2) 책상에 상자를 하나씩 꺼낸다.
3) 바구니를 책상 오른쪽 하단에 옮긴다.
4) 상자의 모양에 대해 알아본다.
   - 이 상자는 어떤 모양으로 되어 있나요?
   - 어디에 사용할 수 있는 상자일까요?
   - 이 상자 안에는 무엇이 들어있을까요?
5) 상자를 여는 방법에 대해 이야기 나눈다.
6) 왼손은 상자를 잡고 오른손으로 상자의 뚜껑을 연다.
7) 상자 안의 내용물을 만져본다.
   - 상자 안에 무엇이 들어있나요?
   - 어떻게 사용할까요?
8) 내용물을 상자 안에 넣는다.
9) 상자 뚜껑을 천천히 닫는다.
10) 유아에게 권유한다.
11) 교재를 제자리에 정리한다.

〈감각교구 상자〉

1) 뚜껑이 있는 교구 상자를 여는 방법에 대해 알아본다.
2) 상자 뚜껑을 양손으로 잡고 뚜껑을 책상 위에 놓는다.
3) 뚜껑 위에 상자를 올린다. 내용물을 살핀다.
4) 뚜껑이 있는 교구 상자를 닫는 방법에 대해 알아본다.
5) 상자를 들어 뚜껑 옆에 놓고 뚜껑을 닫는다.
6) 유아에게 권유한다.
7) 교구를 제자리에 정리한다.

〈병뚜껑 열고 닫기〉

1) 다양한 병의 종류를 알아본다.
   - 우리 주위에는 여러 가지의 병 모양이 있어요.
   - 이 병들은 어디에 사용할 수 있을까요?
   - 만약 뚜껑이 없다면 어떻게 될까요?
2) 교구를 활동할 장소에 옮긴다.
3) 병을 하나씩 왼쪽에서 오른쪽으로 나열하고 바구니는 책상 오른쪽 하단에 놓는다.
4) 병뚜껑을 여는 방법에 대해 알아본다.
5) 왼손으로 병을 잡고 오른손 세 손가락으로 병뚜껑을 잡는다.
6) 천천히 오른쪽 방향으로 한 번 돌리고 멈춘다.
   동일한 방법으로 진행하면서 끝까지 연다.
7) 병뚜껑을 뒤집어 병 입구와 뚜껑을 보고 냄새를 맡는다.
8) 유아 한 명을 초대해서 병뚜껑의 냄새를 맡게 한다.
   - 어디에 사용한 병일까요?
   - 왜 그렇게 생각하나요?
   - 어떤 냄새가 나나요?
9) 병과 뚜껑을 분리해서 나란히 놓는다.
10) 동일한 방법으로 진행한다.
11) 병뚜껑을 닫는 방법에 대해 알아본다.
12) "병뚜껑을 닫아볼까요?"라고 말하고 병뚜껑을 들어 입구에 가져간다.
13) 천천히 왼쪽 방향으로 한 번 돌리고 멈춘다.
14) 동일한 방법으로 진행한다.

15) 유아에게 권유한다.

16) 교구를 제자리에 정리한다.

〈다양한 물건 열고 닫기〉

1) 교구를 활동할 장소에 옮긴다.
2) 여러 가지 사물의 종류에 따른 열고 닫기의 경험에 대해 이야기 나눈다.
   - 이 바구니 안에는 어떤 물건들이 있나요?
   - 모든 물건이 가진 공통점은 무엇인가요?
   - 뚜껑을 열고 닫는 방법이 같을까요? 다를까요?
   - 왜 그렇게 생각하나요?
3) 여러 종류의 사물을 돌리고, 틀고, 밀어 올리고, 위로 올리면서 유아에게 보여 준다.
4) 뚜껑을 닫으면서 바구니 안에 정리한다.
5) 유아에게 권유한다.
6) 여러 종류의 사물은 열고 닫는 느낌에 대해 이야기 나눈다.
   - 이 필림통은 어떻게 열고 닫았나요? 등등
7) 교구를 제자리에 정리한다.

5. 흥미점

1) 다양한 모양의 사물을 경험한다.
2) 상자 안에 내용물이 들어있다.
3) 병에 냄새를 맡는다.

6. 오류의 통제

1) 상자 뚜껑이 정확히 닫히지 않는다.

2) 닫을 때 소리가 난다.

7. 직접목적: 사물을 열고 닫는다.

간접목적: 질서감, 독립심, 협응력, 집중력을 기른다.

8. 변형 및 응용

1) 다양한 종류의 상자들(보석함, 안경집, 시계함, 분통, 차 통 등)

2) 크기가 다른 동일한 모형 혹은 형태의 상자들(인형, 육각형 상자, 집 등)

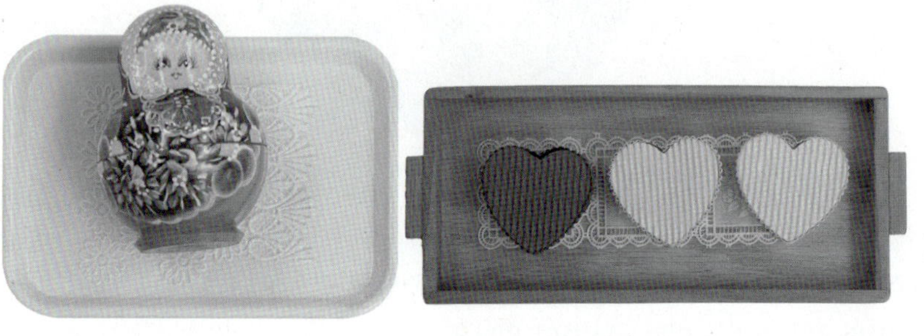

9. 언어: 병뚜껑, 열고 닫는다, 다양한 모양의 이름들.

10. 비고

1) 다양한 형태의 경우에는 크기를 동일하게 하고 같은 형태의 크기를 다양하게 준비한다.

2) 다양한 형태의 병뚜껑을 열고 닫는지 관찰하여 평가한다.

나사와 나사못

1. 대상연령: 3세 이상
2. 선행학습: 병뚜껑 열고 닫기
3. 교　　구: 크기가 다른 나사(3~4개), 쟁반
4. 제시방법

〈교실에서 나사와 나사못 찾기〉

1) 유아를 초대하여 비밀 상자 안에 무엇이 들어 있는지 알아맞힌 후, 나사를 살펴보고 이야기 나눈다.
   - 나사는 어떻게 생겼나요?
   - 나사를 만져보니 느낌이 어떤가요?
2) 교실에서 나사가 있는 것을 찾아본 후 이야기 나눈다.
   - 우리 주변에 나사가 어디에 있을까요?
   - 나사못이 일상생활에서 어디에 쓰이는지 한 번 알아볼까요?
   - 책상과 책상다리를 연결시켜 주기 위해 나사못이 쓰인다.
   - 손목시계에 쓰이는 나사못은 손목시계 부품들이 안 떨어지게 하기 위해서 나사못으로 고정을 한다.
   - 거실에도 있고, 안방에도 있고, 자기 방에도 있어요.
   - 콘센트를 쓸 수 있게 나사못으로 고정을 시킨다.
   - 나사는 어떻게 사용하는 걸까요?
3) 교구를 활동할 장소로 옮긴다.
4) 큰 나사를 책상에 놓고 쟁반은 책상 오른쪽 하단에 놓는다.
5) 나사를 여는 방법에 대해 알아본다.
6) 천천히 열리는 방향으로 나사를 돌린다.
7) 동일한 방법으로 끝까지 연다.

8) 나사와 나사못을 분리해 책상에 나열한다(거의 다 돌렸을 때는 주의해서 천천히 돌린다).
9) 동일한 방법으로 진행한다.
10) 나사를 잠그는 방법에 대해 알아본다.
11) 천천히 나사를 두세 번 돌린다.
12) 나사못을 옆으로 잡고 천천히 나사를 돌려 잠근다.
13) 동일한 방법으로 진행한다.
14) 유아에게 권유한다.
15) 나사를 나사못에서 빼고 넣는 느낌에 대해 이야기 나눈다.
16) 교구를 제자리에 정리한다.

5. 흥미점

1) 나사를 돌린다.
2) 여러 가지 크기의 나사못을 경험한다.
3) 나사와 나사못이 정확하게 맞다.

6. 오류의 통제

1) 끝까지 잠그지 못한다.
2) 나사못과 나사가 비틀어지게 잠긴다.
3) 나사와 나사못이 맞지 않는다.

7. 직접목적

1) 나사못 열고 닫기를 한다.
2) 쓰기의 준비

간접목적: 질서감, 독립심, 협응력, 집중력을 기른다.

8. 변형 및 응용

1) 도구를 이용해 열고 닫기: 드라이버(일자, 십자), 렌치 사용으로 열고 닫기
2) 여러 사물에서의 나사못 열고 닫기(자동차 바퀴)

9. 언어: 나사, 나사못, 돌린다.

10. 비고

1) 어린 유아는 나사 1개를 제공하며 나사못에서 나사를 빼지 않고 열고 닫기만 할 수 있도록 한다.
2) 제공 시 팔을 붙이지 않는다.
3) 나사는 중량감을 느낄 수 있는 실물이 좋으며 연령에 따라 굵기와 길이를 고려한다. 즉, 나사못이 짧고 돌렸을 때 거칠지 않으며 끝까지 들어가는 것을 선택한다.
4) 나사못을 열고 닫을 수 있는지 관찰하여 평가한다.

열쇠와 자물쇠

1. 대상연령: 3세 이상
2. 선행학습: 옮기기, 열고 닫기의 활동들
3. 교　　구: 크기가 다른 자물쇠(3~5개), 쟁반
4. 제시방법

〈짝을 찾아주세요〉

- 준비물: 자물쇠가 채워진 상자, 크기와 모양이 다른 열쇠 4개

1) 열쇠를 채운 상자를 보여 주며 이야기 나눈다.
   - 선생님이 어제 과학실에서 여기 있는 상자를 발견했어요.
     이 상자 안에 무엇이 들어있는지 너무 궁금한데 자물쇠가 채워져 있어서 볼 수가 없어요.
     어떻게 하면 볼 수 있을까요?
   - 자물쇠를 열려면 무엇이 필요할까요?
   - 선생님이 열쇠로 열어볼까요?(열쇠를 넣어 보고 열리지 않음을 보여 준다.)
   - 열쇠를 넣었는데 왜 열리지 않을까요?
2) 자물쇠를 열어 본 경험에 대해 이야기 나눈다.
   - 열쇠를 사용해본 경험이 있나요?
   - 자물쇠가 열리지 않으면 왜 그럴까요?
   - 여기 열쇠가 4개 있어요. 이 열쇠 중에 이 자물쇠를 열 수 있는 열쇠가 있을까요?
     어떤 열쇠로 열어볼까요?
3) 유아가 나와 열쇠로 자물쇠를 열어본다.
   - 자물쇠에 따라 맞는 열쇠가 있음을 이야기한다.
4) 열쇠를 사용하는 방법에 대해 이야기 나눈다.

5) 교구를 활동할 장소로 옮긴다.

6) 자물쇠를 한 개씩 놓고 쟁반은 책상 오른쪽 하단에 놓는다.

7) 자물쇠에 맞는 열쇠를 찾는다.

8) 왼손은 자물쇠를 잡고 오른손은 열쇠를 잡아 열쇠를 자물쇠 구멍에 넣은 후 딱 소리가 날 때까지 열쇠를 비틀어 돌린다.

9) 열쇠를 뺀다. 자물쇠는 세워놓고 고리는 반대편으로 돌린 후, 열쇠를 자물쇠 밑에 놓는다.

10) 동일한 방법으로 진행한다.

11) "자물쇠를 잠가 볼까요?"라고 말한 후 자물쇠 고리를 제자리에 돌려놓는다.

12) 고리 윗부분을 두 손 세 손가락으로 잡고 구멍에 맞추어서 딱 소리가 날 때까지 눌러 잠근다.

13) 동일한 방법으로 진행한다.

14) 유아에게 권유한다.

15) 자물쇠에 열쇠를 열고 닫은 느낌에 대해 이야기 나눈다.

16) 교구를 제자리에 정리한다.

5. 흥미점: 잠그고 열 때 소리를 듣는다.

6. 오류의 통제: 자물쇠와 열쇠가 맞지 않아서 자물쇠가 열리지 않는다.

7. 직접목적

1) 자물쇠 열고 닫기를 한다.

2) 쓰기를 준비한다.

간접목적: 질서감, 독립심, 협응력, 집중력을 기른다.

8. 변형 및 응용

1) 다양한 종류의 자물쇠와 열쇠

2) 실생활에서 자물쇠로 열고 닫기

9. 언어: 자물쇠, 열쇠, 돌린다, 열다, 닫다.

10. 비고

1) 연령이 어릴 경우에는 자물쇠와 열쇠를 리본으로 연결하며 열고 닫기만 가능하도록 한다.

2) 크기의 식별과 손목 강화운동이 포함되어 있다.

3) 열쇠를 열고 닫을 수 있는지 관찰하여 평가한다.

가루내기

1. 대상연령: 3세 이상
2. 선행학습: 열고 닫기 활동들
3. 교 구: 약 절구, 가루낸 것을 담는 용기, 스푼, 솔, 달걀 껍질 담은 그릇, 스펀지
4. 제시방법

〈어떤 가루일까요?〉

- 준비물: 투명 용기, 가루(소금, 설탕)

1) 투명 용기에 담긴 가루를 보여 주고 어떤 가루인지 이야기 나눈다.
   - 어떤 색깔을 가지고 있나요?
   - 무엇을 갈아서 가루가 되었을까요?
   - 이것은 무엇일까요?
   - 선생님이 설탕과 소금을 갈아서 가루로 만들었어요. 어떤 것이 소금이고, 어떤 것이 설탕일까요?
2) 눈으로 보고, 냄새를 맡고, 맛을 보면서 무엇인지 알아맞힌다.
3) 달걀껍질을 갈아서 가루가 되는 과정을 보여 준다.
   - 처음의 설탕과 소금은 어떤 형태로 되어있었나요?
   - 절구에 넣어서 갈았더니 어떤 형태로 변했나요?
   - 이것은 무엇일까요?
   - 달걀껍질을 절구에 넣어서 갈면 어떻게 변할까요?
4) 교구를 활동할 장소로 옮긴다.
5) 그릇 뚜껑을 열어 달걀껍질을 꺼내 절구에 넣고 뚜껑을 닫는다.
6) 달걀껍질을 간다(왼손은 절구를 잡고 오른손은 방망이를 잡아서 시계 반대방향으로 손목을

돌리면서 달걀껍질이 가루가 될 때까지 간다).

7) 방망이의 가루를 솔로 털어내고 제자리에 놓는다.

8) 숟가락으로 가루가 된 껍질을 그릇에 옮겨 담는다.

9) 남은 있는 가루는 솔로 모아 그릇에 털어낸다.

10) 교사는 "가루가 된 달걀껍질을 어디에 사용할 수 있나요?", "꽃이 잘 자라도록 거름을 줄까요?"라고 말하고 화분에 골고루 뿌린다.

11) 주위에 달걀껍질이 떨어져 있으면 빗자루를 가져와 쓴다.

12) 유아에게 권유한다.

13) 달걀껍질을 가루가 될 때까지 갈아 본 느낌에 대해 이야기 나눈다.

14) 달걀껍질이 꽃의 거름에 사용되는 것에 대해 이야기 나눈다.

15) 교구를 제자리에 정리한다.

5. 흥미점

1) 달걀껍질을 갈 때 나는 소리를 듣는다.

2) 달걀껍질이 가루가 되는 것을 본다.

3) 꽃의 거름에 계란껍질이 사용되는 것을 안다.

6. 오류의 통제

1) 달걀껍질을 흘린다.

2) 절구나 방망이를 떨어뜨린다.

3) 절구통이 깨어진다.

4) 많은 양으로 간다.

7. 직접목적

1) 절구 사용방법을 배운다.

2) 손과 손목의 유연성을 기른다.

간접목적: 질서감, 독립심, 협응력, 집중력을 기른다.

8. 변형 및 응용: 실생활에 적용한다(과자 갈기, 분말기, 마늘 찧는 도구, 강판으로 빵 갈기, 맷돌 갈기).

9. 언어: 계란껍질, 절구, 방망이, 거름, 뿌린다, 간다.

10. 비고

1) 교사는 많은 양의 달걀껍질을 미리 말려 준비하여 유아가 필요할 때마다 가져와 작업하도록 한다.

2) 절구와 방망이를 사용할 수 있는지 관찰하여 평가한다.

구슬 끼우기

1. 대상연령: 3세 이상
2. 선행학습: 소근육 활동들
3. 교　　구: 구멍이 있는 구슬들, 구슬의 구멍 크기에 맞는 끈, 쟁반 또는 바구니
4. 제시방법

▸ 새노래(구슬비)(권오순 작사, 안병원 작곡)

1) 구슬비 노래를 들려준다(풀잎 거미줄 창가의 구슬비가 맺힌 그림 제시).
여기 있는 구슬비를 떼어다가 선생님 마법주머니에 넣어 볼게요. 어떻게 될까요?
친구들의 기를 모아서 수리수리 마수리 얏!!
마법주머니 속에서 구슬이 나왔어요.
2) 우리 이것으로 구슬 끼우기를 해볼까요?
3) 구슬 끈을 집어 일직선으로 놓는다.
(끈 매듭 부분이 오른쪽에 가도록 한다.)
4) 오른손은 끈을 잡고 왼손은 구슬을 잡고 구멍을 본다.
5) 끈에 구슬을 끼운다.
6) 구슬을 잡아줄 매듭까지 옮긴다.
7) 동일한 방법으로 반복한다.
8) 교사는 "구슬을 빼볼까요?"라고 말한다.
9) 맨 앞에 있는 구슬부터 한 개씩 뺀다.
10) 뺀 구슬은 바구니에 담는다.
11) 끈 중앙을 왼손 검지로 누르고 반으로 접고 다시 반으로 접은 후 정리한다.
12) 유아에게 권유한다.

13) 구슬을 끈에 꿰어본 경험에 대해 이야기 나눈다.

14) 교구를 제자리에 정리한다.

5. 흥미점

1) 구슬의 색깔과 모양에 관심을 가진다.

2) 구슬을 구멍에 맞추어 끼운다.

6. 오류의 통제

1) 구슬이 끼워지지 않는다.

2) 구슬을 다 정리하지 않고 끈에 남아 있다.

3) 끈이 정리되어 있지 않다.

7. 직접목적: 구슬 끼우기를 배운다.

간접목적: 질서감, 독립심, 협응력, 집중력을 기른다.

8. 변형 및 응용

1) 다양한 크기, 형태, 색깔의 구슬 끼우기

2) 벨트 고리 끼우기

9. 언어: 구슬, 끼우다.

10. 비고

1) 어린 유아에게는 지침판 위에 구슬을 먼저 올려놓아 본 후 구슬을 끼우게 한다.

2) 구슬 끼우기를 할 수 있는지 관찰하여 평가한다.

고리 끼우기

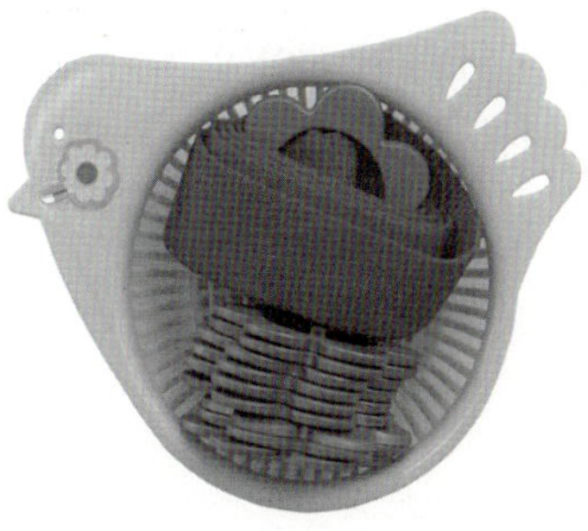

1. 대상연령: 3세 이상
2. 선행학습: 구슬 끼우기 활동
3. 교　　구: 색으로 분류된 고리, 바구니
4. 제시방법: 개별 또는 소그룹 제시

〈여러 가지 고리 모양〉

1) 빨강, 파랑, 노랑 색종이를 각각 5장씩 준비한다.
2) 색종이를 하나로 모으고 싶은데 어떻게 하면 좋을까요?
   - 클립은 종이를 모아서 하나로 묶을 때 사용해요.
   - 카드링 고리는 두꺼운 종이를 묶을 때 사용하면 좋아요.
     펀치로 구멍을 뚫은 다음 카드링 고리에 끼우면 돼요.
3) 하나로 묶을 때 사용되는 도구의 종류를 알아본다.
   - 하나로 묶을 때 사용되는 것은 어떤 것들이 있나요?
   - 고리를 사용해본 경험이 있나요?
   - 여러 가지 열쇠 고리: 동그란 모양의 열쇠고리, 갈고리 모양의 열쇠고리
4) 교구를 활동할 장소로 옮긴다.
5) 고리를 꺼내 양손으로 잡고 끼워 나간다.
6) "고리를 빼보도록 하자."
7) 유아에게 권유한다.
8) 고리를 끼워본 경험에 대해 이야기 나눈다.
9) 교구를 제자리에 정리한다.

5. 흥미점

1) 고리의 색깔과 형태에 관심을 가진다.

2) 연결해서 고리를 끼운다.

6. 오류의 통제: 고리가 끼워진 채 바구니에 남아 있다.

7. 직접목적: 고리 끼우기를 배운다.

간접목적: 질서감, 독립심, 협응력, 집중력을 기른다.

8. 변형 및 응용

1) 고리의 양을 증가시킨다.

2) 옷핀으로 고리 끼우기

3) 다양한 종류의 고리 끼우기

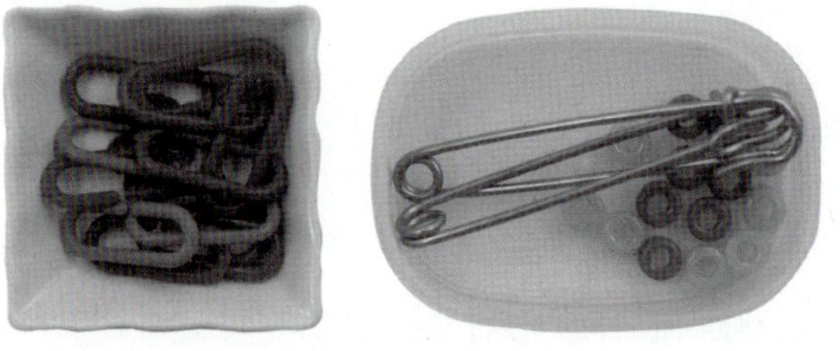

9. 언어: 벨트, 고리, 끼우다, 클립, 카드링, 펀치, 구멍.

10. 비고: 고리 끼우기를 할 수 있는지 관찰하여 평가한다.

끈 묶기

1. 대상연령: 3세 이상
2. 선행학습: 구슬, 고리 끼우기
3. 교　　구: 15cm 정도의 끈 3~4개, 쟁반
4. 제시방법

▸빨간끈(이경우 저, 출판사: 케이유니버스), 초록끈(이경우 저, 출판사: 케이유니버스)

1) 동화를 들려준다.
2) 동화 내용을 회상한다.

〈이야기 나누기〉

1) 우리 생활 속에서 끈이 유용하게 사용되는 것을 안다.
2) 끈의 종류와 용도에 대해 이야기 나눈다.
   - 이것은 무엇일까요?
   - 끈은 우리 생활 속에서 언제, 어떻게 사용하나요?
   - 포장을 할 때 끈을 이용하여 리본을 묶어요.
   - 메주나 말리는 물건들도 끈을 이용하여 매달아 놔요.
   - 빨래를 널기 위해서 끈을 묶어요.
3) 끈 사용방법에 대해 이야기 나눈다.
4) 교구를 활동할 장소로 옮긴다.
5) 끈 1개를 꺼내어 책상 위 둥근 모양을 만들고 아래 끝 위에 교차시킨다.
6) 교차된 위 끈을 아래 끈 자락에 밀어 넣어 매듭을 만든다.
7) 두 손으로 잡아당겨 매듭을 만든다.
8) 동일한 방법으로 반복한다.

9) "매듭을 풀어봐요"라고 말하고 양손의 엄지, 검지 손가락으로 매듭을 조금씩 풀어간다.

10) 끈을 일자로 편다.

11) 끈을 반으로 접어 정리한다.

12) 유아에게 권유한다.

13) 매듭 묶기를 한 경험에 대해 이야기 나눈다.

14) 교구를 제자리에 정리한다.

5. 흥미점

1) 끈의 색깔과 촉감에 관심을 가진다.

2) 매듭을 묶는다.

6. 오류의 통제

1) 매듭을 묶지 못한다.

2) 매듭 그대로 쟁반에 담겨 있다.

7. 직접목적: 매듭 묶기를 배운다.

간접목적: 질서감, 독립심, 협응력, 집중력을 기른다.

8. 변형 및 응용: 실생활에 적용한다(도시락, 스카프).

9. 언어: 매듭, 푼다, 묶는다.

10. 비고: 끈 묶기를 할 수 있는지 관찰하여 평가한다.

실패 감기

1. 대상연령: 3세 이상
2. 선행학습: 구슬, 끈 묶기 활동들
3. 교　　구: 실패 모양의 종이판, 끈
4. 제시방법

▸털실공이 어디로 갔을까?(BBC 번역: 한승원, 출판사: 기탄출판)

1) 동화를 들려준다.
2) 동화 내용을 회상한다.
   - 앤디 팬디는 무엇을 하고 있나요?
     (사촌동생에게 줄 선물을 상자에 넣고 묶으려고 했어요)
   - 그런데 상자를 묶으려고 한 털실공이 어떻게 되었나요?
   - 굴러가면서 풀어져 버린 털실공을 따라 앤디 팬디가 간 곳은 마을의 어디 어디인가요?
     (놀이터, 동글이 오비의 집 앞, 빌보 선장님의 보트창고, 꽃밭)
   - 드디어 털실을 모두 감아서 가져온 앤디 팬디는 상자를 묶을 수 있었나요?

〈이야기 나누기〉

1) 실을 감는 방법에 대해 이야기 나눈다.
   - 실이 풀어져 있다면 어떤 점이 불편할까요?
   - 왜 실을 감아야 할까요?
   - 실을 감아본 적이 있나요?
2) "선생님이 실패에 실을 감아볼게요"라고 말하며 교구를 활동할 장소로 옮긴다.
3) 쟁반에서 실패를 꺼내어 왼손으로 잡는다.
4) 실패의 옆 끈을 뺀다.

5) 팔을 움직이면서 천천히 끈을 푼다.

6) 끈을 끝까지 푼다.

7) 끈과 끈 사이 간격을 보면서 감는다.

8) 끝까지 감은 후 끈을 실패 옆에 끼운다.

9) 유아에게 권유한다.

10) 실패에 실을 감아본 후 느낀 점에 대해 이야기 나눈다.

11) 교구를 제자리에 정리한다.

5. 흥미점

1) 실패에 모양을 본다.

2) 실패에 끈을 돌린다.

6. 오류의 통제: 끈 사이 간격이 맞지 않아 끈이 모자라거나 남는다.

7. 직접목적

1) 실패 감기를 한다.

2) 질서감, 독립심, 협응력, 집중력을 기른다.

간접목적: 바느질을 준비한다.

8. 변형 및 응용

1) 실 감기(실이 담긴 통, 핑킹가위로 자른 종이, 가위, 테이프)

2) 바느질할 때 실패에 실을 감고 푼다.

9. 언어: 실패, 실, 감다, 풀다.

10. 비고: 실패에 실을 감을 수 있는지 관찰하여 평가한다.

직조 짜기

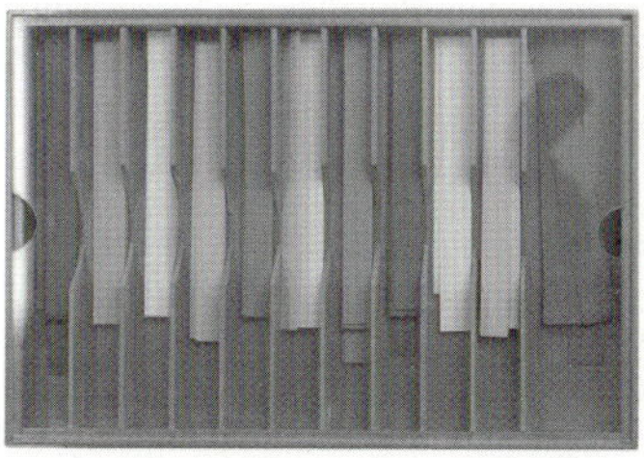

1. 대상연령: 4세 이상
2. 선행학습: 실패 감기
3. 교　　구: 사각형 종이의 틀, 색종이
4. 제시방법

1) '가방, 옷, 바구니' 사진을 보며 이야기 나눈다.
   - 무엇의 사진인가요?
   - 무엇으로 만들었을까요?
   - 이걸 가지고 무엇을 할 수 있을까요?
   - 이 바구니를 만져보면 어떨 것 같나요?
   - 어떤 모양으로 되어있나요?
   - 종이로 만드는 방법도 있대요.
   - 어떤 방법으로 만들어졌는지 알아볼까요?

2) 직조 짜기의 경험에 대해 이야기 나눈다.
   - 직조 짜기를 해 본 적이 있나요?
   - 직조 짜기로 무엇을 만들어 보고 싶나요?

3) 직조 짜기 방법에 대해 이야기 나눈다.
4) "선생님이 바구니 모양처럼 직조 짜기를 해볼게요"라고 말하며 교구를 활동할 장소로 옮긴다.
5) 칼로 선을 그어 놓은 모양 틀 종이를 준비한다.
6) 준비된 색종이를 이용해 직조 짜기를 한다.
7) 유아에게 권유한다.
8) 직조 짜기를 하고 난 후 느낀 점에 대해 이야기 나눈다.
9) 교구를 제자리에 정리한다.

5. 흥미점

1) 칼로 그어진 선을 따라 직조 짜기를 한다.

2) 색종이가 칼로 그어진 선 안으로 들어가는 것과 나오는 것을 본다.

6. 오류의 통제: 색종이가 칼로 그어진 선에 잘 들어가지 않는다.

7. 직접목적: 직조 짜기를 한다.

간접목적: 독립심, 질서감, 집중력, 협응력을 기른다.

8. 변형 및 응용

1) 종이 이외의 다양한 도구를 이용한 직조 짜기

2) 석쇠 판을 이용해 짚 끈으로 직조 짜기

9. 언어: 직조 짜기, 석쇠 판, 짚 끈, 들어간다, 나온다.

10. 비고: 직조 짜기를 관찰하여 평가한다.

바느질하기

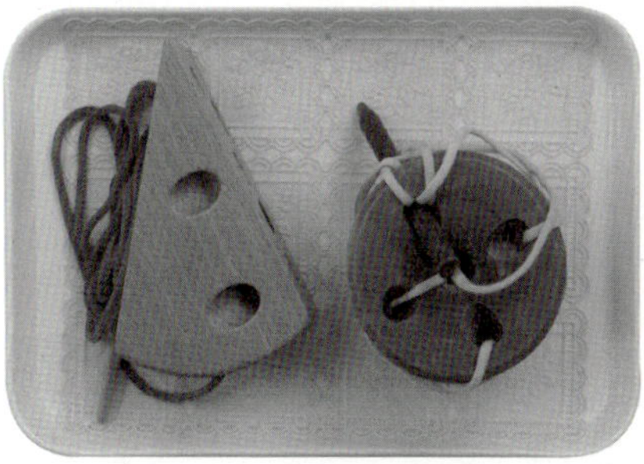

1. 대상연령: 4세 이상
2. 선행학습: 구슬 끼우기, 실패감기, 직조 짜기 활동
3. 교　　구: 돗바늘, 털실(2~3종류의 색), 실패, 바늘꽂이, 가위, 작은 매트, 작은 쓰레기통, 종기 (20×3cm 크기의 종이 중앙에 직선으로 선이 그어져 있고 점이 찍혀 있다.)

▸ 수수께끼를 내볼게요.

- 몸은 아주 가늘고 머리에는 작은 구멍이 있고 항상 실과 함께 다녀요.
- 바늘은 언제 쓰는 걸까요?
- 옷을 꿰맬 때나 단추가 떨어졌을 때 그리고 양말을 꿰맬 때 쓰는 거예요.
- 옛날에는 한복을 직접 바느질을 해서 옷을 만들어 입었어요.

4. 제시방법

1) '바느질'로 만들 수 있는 것은 어떤 것이 있는지 이야기 나눈다.
   - 사진 속에 무엇이 있나요?
   - 무엇으로 만든 물건일까요?
   - 어떻게 만들었을까요?
   - 바느질을 하는데 여러 가지 방법이 있대요. 어떤 방법이 있을까요?
2) 바느질할 때 사용하는 물건을 알아본다.
   - 바느질을 해본 적이 있나요?
   - 바느질할 때는 어떤 물건들이 필요할까요?
   - 이 재료를 가지고 바느질하기를 할 수 있대요.

3) "선생님과 함께 여기 있는 단추를 천에 달아 보도록 해요."

4) 교구를 활동할 장소로 옮긴다.

5) 교구가 담긴 쟁반은 책상 위쪽에 놓고 작은 매트를 책상 중앙에 놓는다.

6) 종이를 매트 위에 놓고 바늘로 점에 구멍을 뚫는다.

7) 털실을 선택한 후 털실의 끝을 실패에서 풀어 책상 왼쪽 끝에 고정하고, 오른손으로 실패를 돌려가며 오른쪽 책상 끝까지 푼다.

8) 실을 가위로 자른 후 털실의 끝을 실패에 끼운 후 정리한다.

9) 바늘을 왼손으로 잡고 오른손으로 실 끝을 잡아 바늘귀에 넣는다.

10) 실을 바늘에 넣어 두 줄로 만들고 실 끝을 검지에 한 바퀴 감아서 비틀어 매듭을 묶는다.

11) 종이의 앞, 뒷면을 본다.

12) 왼손은 종이를 잡고 오른손은 바늘을 잡아 종이의 오른쪽 뒷면에 바늘을 넣는다.

13) 앞으로 나온 바늘을 빼고 앞면의 두 번째 점에 바늘을 넣는다.

14) 동일한 방법으로 끝까지 한다.

15) 매듭을 짓는다.

① 바늘 끝이 왼쪽으로 향하도록 책상에 놓은 다음 왼손으로 실과 바늘의 중간 부분을 누른다.

② 오른손으로 바늘을 잡아 오른쪽으로 돌려 왼손으로 누른 실의 밑으로 넣는다.

③ 다시 오른손으로 바늘을 잡아 오른쪽으로 당긴 후 왼손으로 매듭 부분을 누른다. 오른쪽으로 바늘의 실을 끝까지 잡아당긴다.

④ 매듭 위를 자른다.

16) 바늘에 있는 실을 빼고 바늘을 바늘꽂이에 꽂는다.

17) 쓰레기를 쓰레기통에 버린다.

18) 바느질한 종이에 날짜와 이름을 적어 개인 사물함에 보관한다.

19) 유아에게 권유한다.

- 바느질을 하고 난 후 느낀 점에 대해 이야기 나눈다.

20) 교구를 제자리에 정리한다.

5. 흥미점

1) 바늘로 점에 구멍을 뚫는다.

2) 바늘이 뒤에서 앞으로 나오는 것을 본다.

3) 바느질의 모양이 완성되는 것을 본다.

6. 오류의 통제

1) 도형의 선을 벗어나서 꿰맨다.

2) 실을 넣는 순서가 바르지 않다.

7. 직접목적

1) 바느질하는 방법을 배운다.

2) 쓰기를 준비한다.

간접목적: 질서감, 독립심, 협응력, 집중력을 기른다.

8. 변형 및 응용: 여러 도형과 모형에 홈질, 박음질하기

9. 언어: 바느질, 바늘, 꽂다, 빼다, 들어가다, 나오다.

10. 비고: 바느질을 관찰하여 평가한다.

망치 두드리기

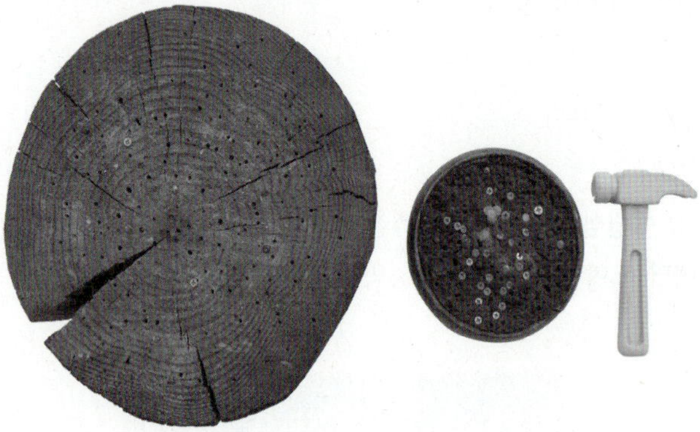

1. 대상연령: 3세 이상
2. 선행학습: 열고 닫기 활동들
3. 교　　구: 망치, 못, 방석, 빈 박스를 겹쳐 만든 나무도마
4. 제시방법

▸ 망치의 친구는 어디에?(창작동화)

▸ PPT동화를 듣는다.

- 동화 속에 어떤 친구가 나왔나요?
- 망치는 누구를 찾고 있었나요?
- 망치와 못은 언제 사용하는 물건일까요?
- 어떻게 사용하는 물건일까요?
- 우리 친구들도 재미있는 망치 두드리기를 해볼까요?

▸ 수수께끼를 내볼게요.

- 오늘은 어떤 생활도구가 나올지 궁금하죠?
- 이것은 부딪히면 소리가 나요!
- 이것은 두드려서 사용해야 해요.
- 이것은 못과 짝지에요.
- 망치를 언제 보았나요?
- 시계나 액자를 걸 때 아빠가 망치로 못을 두드렸어요.

- 텔레비전에서 아저씨가 두드리는 걸 보았어요.
- 아빠가 고장난 물건을 고칠 때 쓰는 걸 봤어요.

1) 망치 사용방법에 대해 이야기 나눈다.
- 망치가 어떻게 생겼는지 한 번 볼까요?
- 망치를 사용할 때는 어떻게 해야 할까요?
- "선생님이 망치 사용방법을 보여 줄게요."

2) 방석에 앉는다.
3) 망치 잡는 법을 보여 준다.
4) 왼손으로 못을 잡고 오른손으로 망치를 잡는다.
5) 못을 나무도마 위에 놓고 잡으며 망치로 못 머리를 두드린다.
6) 못이 고정되면 못에서 손을 떼고 박는다.
7) 망치를 제자리에 두고 잠시 바라본다.
8) 교사는 "못을 빼볼께요"라고 말하고 오른손으로 망치를 잡아 망치의 뒷부분으로 못을 천천히 빼낸다.
9) 못을 빼서 제자리에 둔다.
10) 망치를 제자리에 정리한다.
11) 유아에게 권유한다.
12) 망치를 사용한 후 느낀 점에 대해 이야기 나눈다.

5. 흥미점

1) 못과 망치가 부딪혀 나는 소리를 듣는다.
2) 못이 들어가는 것을 본다.
3) 못이 박혀 있는 모양을 본다.
4) 못과 망치를 만질 때의 느낌
5) 망치와 못을 사용해 본다.

6. 오류의 통제

1) 손가락을 다친다.
2) 못이 구부러지거나 비스듬히 박힌 것을 본다.

7. 직접목적

1) 망치질 하는 방법을 배운다.
2) 손목의 유연성과 손끝의 미세한 힘을 기른다.

간접목적: 협응력, 독립심, 질서감, 집중력을 기른다.

8. 변형 및 응용

1) 못의 크기에 맞는 망치의 종류

2) 건축물을 만든다(사다리, 액자).

9. 언어: 망치, 못, 못 머리, 두드린다, 박는다, 뽑는다.

10. 비고: 망치를 사용할 수 있는지 관찰하여 평가한다.

스티커 붙이기

1. 대상연령: 3세 이상
2. 선행학습: 옮기기, 집고 빼기 활동들
3. 교　　구: 스티커(원의 크기와 같다), 스티커 담을 용기 2개, 10개의 원이 그려진 종이
4. 제시방법
   1) 스티커 사용방법에 대해 이야기 나눈다.
      - 이것은 무엇인가요?
      - 종이에 어떤 모양이 있나요?
      - 이 종이 칸 안에 똑같은 모양의 스티커를 붙이는 놀이를 할거예요.
   2) 교구를 활동할 장소로 옮긴다.
   3) 종이를 책상에 놓는다.
   4) 스티커의 그림을 본다.
   5) 스티커를 뗀다.
      (오른손은 스티커를 떼고 껍질은 용기에 담는다.)
   6) 붙일 원을 본 후 스티커 그림을 바르게 붙이고 엄지손가락으로 스티커를 꾹 눌러준다.
   7) 10개의 원까지 붙인다.
   8) 날짜와 이름을 기록한다.
   9) 유아에게 권유한다.
   10) 똑같은 크기에 맞는 스티커를 붙인 후 느낌에 대해 이야기 나눈다.
   11) 교구를 제자리에 정리한다.

5. 흥미점: 원 안에 정확하게 붙인다.

6. 오류의 통제

1) 원을 벗어나서 스티커를 붙인다.

2) 1개의 스티커를 붙이지 못한다.

7. 직접목적

1) 스티커를 붙인다.

2) 질서감, 독립심, 협응력, 집중력을 기른다.

간접목적: 수학의 준비(십진법 체계)를 한다.

8. 변형 및 응용

1) 스티커 종류를 늘려준다.

2) 45개의 네모 칸 종이를 준비해 준다.

3) 실생활에 적용한다.
(출석카드, 수에서 숫자와 바둑알의 연습과정)

9. 언어: 스티커, 뗀다, 붙인다.

10. 비고

1) 처음에는 스티커를 정확하게 붙이기 위해 종류를 1개로 제시하고 패턴 활동을 돕기 위해서는 2~3개 종류의 스티커를 준비해 준다.

2) 스티커를 정확하게 붙일 수 있는지 관찰하여 평가한다.

풀칠하기

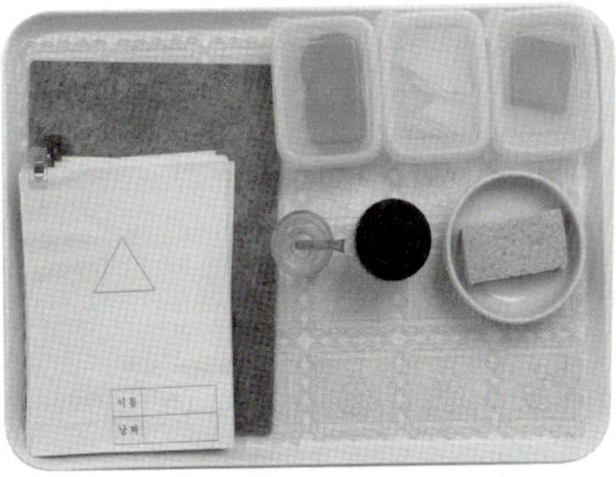

1. 대상연령: 3세 이상
2. 선행학습: 옮기기, 스티커 붙이기, 열고 닫기 활동들
3. 교　　구: 기본 도형이 그려진 종이, 색종이로 자른 도형의 모양(2~3종류)이 담긴 상자, 풀: 녹말 풀(흰색이므로 틀림의 정정이 된다), 붓, 스펀지, 물이 담긴 용기
4. 제시방법
   1) 풀칠하는 방법에 대해 이야기 나눈다.
      - 풀칠을 해 본 경험이 있나요?
      - 색종이를 붙일 때 무엇을 사용하나요?
      - 풀칠할 때는 어떤 점에 주의해야 될까요?
   2) 교구를 활동할 장소로 옮긴다.
   3) 도형이 그려진 종이를 책상 위에 놓고 손가락으로 선을 따라 도형을 그린다.
   4) 색종이로 자른 도형을 종이 위에 올려놓고 똑같은지 본다.
   5) 도형을 종이 옆에 놓고 풀 뚜껑을 연다.
   6) 붓을 세 손가락으로 바르게 잡는다.
   7) 풀칠한다.
      (붓을 물에 적신 후 풀을 묻혀 종이의 도형에 풀칠한다.)
   8) 도형을 종이에 붙인다.
   9) 스펀지로 꾹 누른 후 정확히 붙였는지 확인한다.
   10) 날짜와 이름을 적어 개인 사물함에 갖다 놓는다.
   11) 유아에게 권유한다.

12) 풀칠을 해 본 후에 느낀 점에 대해 이야기 나눈다.

13) 교구를 제자리에 정리한다.

5. 흥미점

1) 도형의 선에 맞게 정확히 붙인다.

2) 도형의 관련성을 알아본다.

3) 조화로운 구성을 한다(여러 도형의 변화 있는 구성).

6. 오류의 통제

1) 선에 벗어나서 붙인다.

2) 풀을 많이 칠한다.

7. 직접목적

1) 풀칠을 한다.

2) 질서감, 독립심, 협응력, 집중력을 기른다.

3) 수학적 준비를 한다.

4) 쓰기의 준비를 한다.

5) 언어에 대한 준비를 한다(한 음에 한 사인이 있음을 안다).

간접목적

1) 창의성을 발달시킨다.

2) 예술에 대한 준비를 한다(미적 감각, 색채 감각의 세련).

8. 변형 및 응용

1) 다른 도형 연습

2) 같은 도형을 연속해서 붙인다(2~3개).

3) 다른 도형을 연속해서 붙이고(2~3개), (큰 종이를 준비) 그들의 관련성을 알아본다.

4) 직각 이등변과 마름모의 도형을 첨가하여 구성해 본다.

5) 자기가 작업한 것을 종합해서 표현해 간다.
(자르기, 풀칠하기, 접기, 그리기)

9. 언어: 풀칠하기, 원, 붓

10. 비고

1) 작업 후 붓은 깨끗이 씻어서 옆으로 혹은 거꾸로 꽂아둔다.

2) 붓의 길이와 크기는 유아의 손과 도형에 적합한 것으로 선택, 준비한다.

3) 기본 도형의 관련성을 보기 위해 삼각형, 사각형의 한 변의 길이와 원의 지름이 같도록 한다.

4) 풀칠하기를 관찰하여 평가한다.

자르기

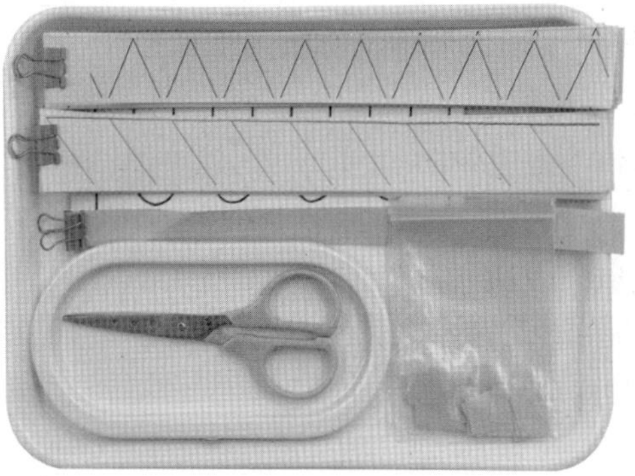

1. 대상연령: 3세 이상
2. 선행학습: 옮기기, 집고 빼기의 활동들
3. 교　　구: 가위, 자를 종이(길이는 20cm 정도), 자른 종이를 담을 쟁반, 비닐종이
4. 제시방법

▸ 수수께끼를 내어볼게요.

- 입이 뾰족하고 날카로워요.
- 둥글둥글한 손잡이도 가지고 있어요.
- 자를 때 사용해요.
- 가위노래
- 가위는 어떨 때 사용하나요?

1) 가위 사용방법에 대해 이야기 나눈다.
   - 가위를 사용한 경험이 있나요?
   - 언제 가위를 사용해 보았나요?
   - 가위를 사용할 때 어떤 점이 좋았나요?
2) 교구를 활동할 장소로 옮긴다.
3) 가위를 바르게 잡는다.
   (왼손은 가위 중앙을 잡고, 오른손의 엄지와 검지와 중지를 가위 손잡이에 끼우고, 나머지 손가락은 받친다.)
4) 가위를 바로 들고 2~3번 가위를 벌렸다 오므렸다를 반복한다.

5) 종이를 자른다(종이를 왼손으로 잡고 자를 선을 인식하고 가위를 벌려 선에 맞추어 끝까지 자른다).

6) 가위를 제자리에 놓는다(가위를 돌려 왼손은 끝을 잡고 오른손은 중앙을 잡아내려 놓는다).

7) 자른 종이는 통이나 비닐에 담아 개인 사물함장에 넣는다.

8) 유아에게 권유한다.

9) 가위의 사용 용도에 대해 이야기 나눈다.

- 편리한 가위를 잘 못 쓰면 어떤 일이 일어날까요?
- 편리한 가위를 어떻게 사용해야 할까요?

10) 교구를 제자리에 정리한다.

5. 흥미점

1) 선에 맞추어 자른다.

2) 가위를 사용해 자른다.

6. 오류의 통제: 선에 맞지 않게 자른다.

7. 직접목적

1) 가위를 사용하여 종이를 자른다.

2) 질서감, 독립심, 협응력, 집중력을 기른다.

간접목적

1) 기하도형을 준비

8. 변형 및 응용

1) 다양한 선의 한 번 자르기를 경험한다.

- 선의 간격이 좁은 직선 자르기
- 사선 자르기(종이를 사선으로 돌려 자른다.)
- 폭이 넓게 → 폭이 좁게
- 산 모양 자르기
- 곡선 자르기(세로 곡선 → 가로 곡선)

2) 다양한 선의 두 번 자르기를 경험한다.

3) 감각의 기하도형 서랍도형 오리기

- 직선 → 곡선 → 기하도형의 폭 좁히기
- 틀과 도형을 따로 종이에 붙인다.
  (도형 틀과 도형의 인식)
- 명칭적기(글을 아는 유아)

4) 실생활에서 모형 오리기

9. 언어: 가위, 자른다, 직선 자르기, 곡선 자르기.

10. 비고

1) 가위는 유아의 손에 맞고 끝이 둥근 것을 선택한다.

2) 자르기는 유아가 좋아하는 활동 중 하나이다. 교사는 미리 충분한 양을 준비해 둔다.

3) 가위를 사용할 수 있는지 관찰한다.

종이 접기

1. 대상연령: 3세 이상
2. 선행학습: 옮기기, 열고 닫기 활동들
3. 교　　구: 종이(14×14) 앞·뒤에 점선이 그어져 있다.
   접을 종이와 접은 종이를 담을 상자
4. 제시방법

▸ PPT자료: '종이접기' 노래

- 이 사진은 무엇같나요?
  (시계요! 강아지요! 공주랑 꼬마들, 달나라요~ 우주요~)
- 어떻게 만들었을까요?
- 네모 접기를 해서 어떤 것들을 만들 수 있나요?
  (성, 거북이 등딱지)
- 세모 접기를 해서 어떤 것들을 만들 수 있나요?
  (별, 왕관)

▸ 작은 마분지(제롬 륄리에 저, 출판사: 큰나)

1) 동화들 들려준다.
2) 동화 내용을 회상한다.
   - 길바닥에서 살고 있던 작은 마분지는 종이접기를 해서 무엇 무엇이 되어 보았나요?
     (배, 모자, 암탉)

- 바람이 불어 날라간 작은 마분지는 누구의 머리 위에 내려앉게 되었나요?
  (레옹)
- 레옹의 작은 마분지는 무엇으로 사용되었나요?
  (모자, 이불, 식탁, 책 등)
- 우리 친구들도 작은 마분지처럼 종이접기로 여러 가지 모양을 만들어 볼까요?

〈한 점 접기〉

1) 종이접기 하는 방법에 대해 안다.
   - 색종이를 접어서 무엇을 만들어 보았나요?
   - 색종이를 접어서 무엇을 만들어 보고 싶나요?
2) 교구를 활동할 장소로 옮긴다.
3) 교사와 유아가 각각 접을 종이를 꺼낸다.
4) 점선을 가로로 놓고 검지로 점선을 왼쪽에서 오른쪽으로 긋는다.
5) 종이를 뒤집어 동일한 방법으로 긋는다.
6) 만날 꼭짓점을 검지로 찍고 양손으로 아래에서 위로 만날 꼭짓점에 맞춘다.
7) 종이를 접는다(한 손씩 직각으로 눌러 쓸어내린다).
8) 접힌 선을 검지로 누른다.
9) 밖과 안의 접힌 선을 확인한다.
10) 날짜와 이름을 적어 개인 사물함장에 정리한다.
11) 종이접기를 경험한 후 느낌에 대해 이야기 나눈다.
    - 네모 종이를 한 점 접었을 때는 어떤 모양으로 변했나요?
    - 두 번 접었을 때는 어떤 모양으로 변했나요?
    - 반복 접기를 했을 때는 어떤 모양으로 변했나요?
12) 교구를 제자리에 정리한다.

5. 흥미점

1) 선에 맞게 정확하게 접는다.
2) 접은 것들의 관련성을 경험한다.
   (접은 것들의 형태가 같거나 다르다.)
3) 반복 접기에서 여러 형태를 경험한다.
4) 여러 가지 접기를 경험한다.
5) 접은 것들로 여러 가지 구성을 한다.

6. 오류의 통제: 접은 선이 맞지 않다.

7. 직접목적: 종이 접기를 배운다.

   간접목적

   1) 질서감, 독립심, 협응력, 집중력을 기른다.
   2) 감각적 준비를 시킨다(닮은꼴, 기하 도형).
   3) 창의성을 발달시킨다.
   4) 수학적 준비를 한다(분수, 등가 개념).

8. 변형 및 응용

   1) 점점 복잡한 선을 접는다.
      - 한 점 접기(한 번 … 네 번)/두 점 접기(한 번 … 네 번)
   2) 접은 선들의 관련성을 본다.
      - 한 점 접기는 접은 결과 모두 삼각형
      - 두 점 접기는 접은 결과 모두 사각형
   3) 여러 가지 접기의 전개(반복 접기)
   4) 한 동작으로 분석한 작은 책, 벽용, 스케치북을 보고 접는다.
   5) 작품을 만들어 간다.
   6) 관련이 있는 것으로 극놀이 사용도 가능하다.

9. 언어: 접는다, 색종이, 꼭짓점, 삼각형, 사각형, 긋는다, 접는다, 한 점, 두 점.

10. 비고: 종이접기를 할 수 있는지 관찰한다.

천 접기

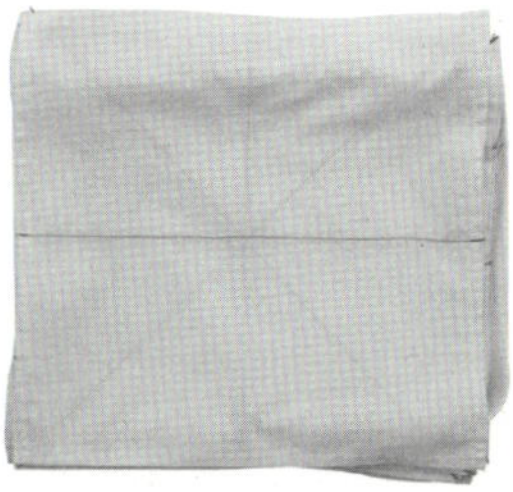

1. 대상연령: 3세 이상
2. 선행학습: 옮기기, 종이 접기의 활동들
3. 교　　구: 폭 (29×29)인 천, 바구니, 천의 바느질은 천과 다른 색으로 한다.
4. 제시방법
   1) 여러 가지 천 종류의 사진들을 보여 준다.
      - 옥스퍼드: 아빠들이 많이 입는 정장이나 셔츠를 만들 때 사용한다.
      - 면: 티셔츠랑 바지를 만들 때 사용한다.
   2) 천 접는 방법에 대해 이야기 나눈다.
      - 날씨가 더운 날에는 우리 몸에서 무엇이 나오나요?
      - 땀이 나면 무엇을 사용하나요?
      - 접힌 손수건을 사용한 적이 있나요?
   3) "선생님과 함께 천 접기를 해볼까요?"라고 말하며 교구를 활동할 장소로 옮긴다.
   4) 점선을 가로로 보이도록 놓는다.
   5) 만날 꼭짓점을 검지로 찍고 양손으로 밑자락을 잡아 꼭짓점에 맞추어 접는다.
   6) 접힌 선을 손으로 누른다.
   7) 왼쪽 책상 위쪽에 놓는다. 동일한 방법으로 반복한다.
   8) 접은 천 한 개를 가지고 와서 꼭짓점 부분을 아래로 내려 펼친다.
   9) 접혔던 부분을 손으로 펼친다.
   10) 천의 양끝을 잡아 바구니 안에 넣는다.
   11) 유아에게 권유한다.
   12) 손수건을 접어본 느낌에 대해 이야기 나눈다.
   13) 교구장에 교구를 정리한다.

5. 흥미점
   1) 접은 선이 정확히 맞다.
   2) 접은 것들의 관련성을 본다.
   3) 여러 가지 접기를 경험한다.
6. 오류의 통제: 접은 선이 맞지 않는다.
7. 직접목적: 천 접기를 배운다.

   간접목적
   1) 질서감, 독립심, 협응력, 집중력을 기른다.
   2) 감각적 준비를 시킨다(닮은꼴).
   3) 수학적 준비를 한다(분수, 등가 개념).
8. 변형 및 응용
   1) 점점 복잡한 선을 접는다.
   2) 실생활에 적용한다.
      (손수건, 앞치마, 수건, 작은 걸레, 식탁보, 개인 옷)
9. 언어: 천 접기, 꼭짓점, 접은 선, 삼각형, 사각형
10. 비고
    1) 천이 더러워졌거나 구겨질 경우 세탁과 다림질을 병행할 수 있다.
    2) 접기가 편리한 천으로 준비한다(목면, 융단).
    3) 천 접기를 할 수 있는지 관찰한다.

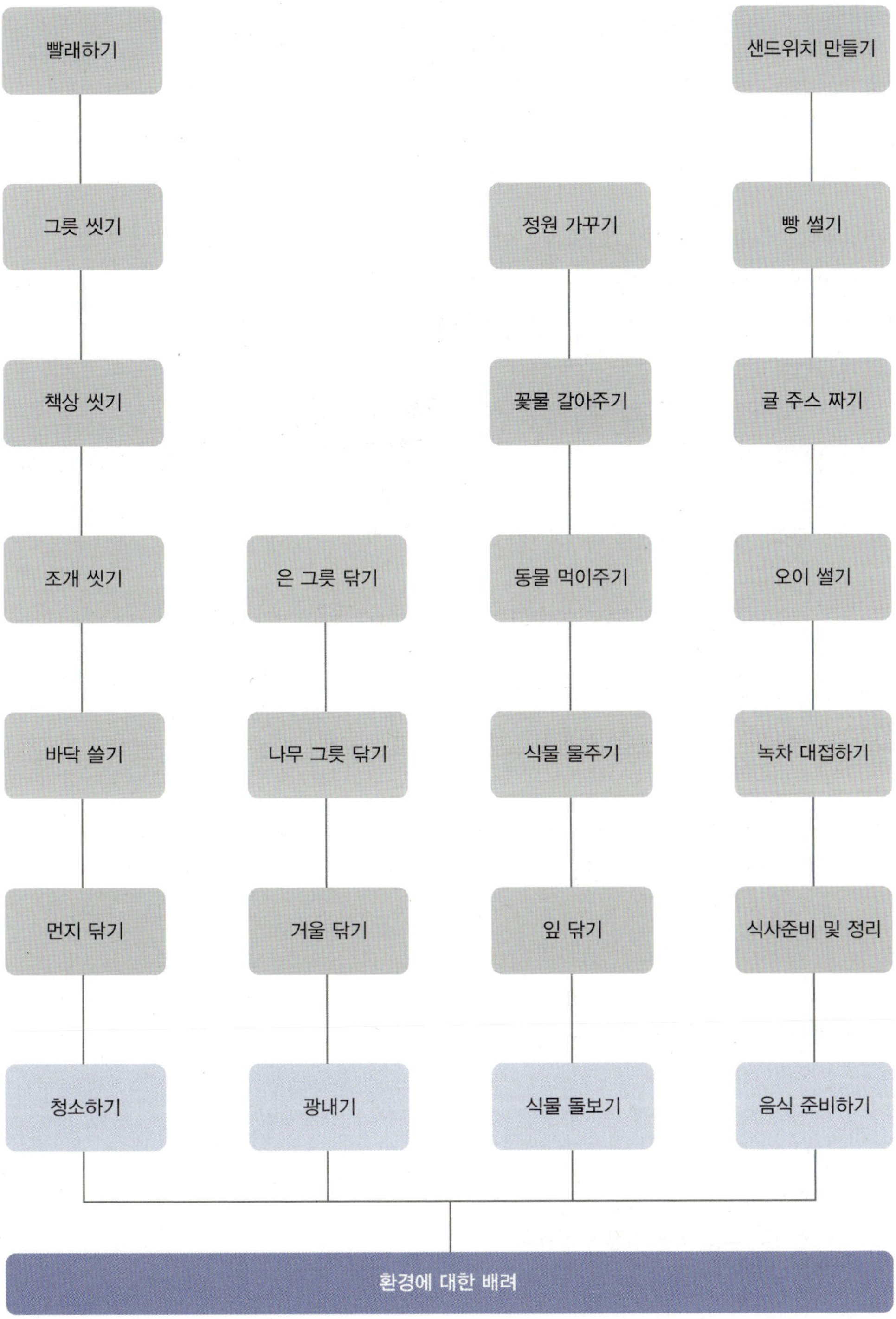
빨래하기
그릇 씻기
책상 씻기
조개 씻기
바닥 쓸기
먼지 닦기
청소하기
은 그릇 닦기
나무 그릇 닦기
거울 닦기
광내기
정원 가꾸기
꽃물 갈아주기
동물 먹이주기
식물 물주기
잎 닦기
식물 돌보기
샌드위치 만들기
빵 썰기
귤 주스 짜기
오이 썰기
녹차 대접하기
식사준비 및 정리
음식 준비하기
환경에 대한 배려

6 환경에 대한 배려

먼지 닦기

1. 대상연령: 3세 이상
2. 선행학습: 옮기기, 접기활동
3. 교 구: 마른 걸레, 닦을 책상, 쟁반, 앞치마
4. 제시방법

▸구리와 구라의 대청소(나카가와 리에코 저, 출판사: 한림출판사)

1) 동화를 들려준다.

2) 동화 내용을 회상한다.

- 구리와 구라는 무엇을 하기로 했나요?
- 청소를 할 때는 어떤 것들이 필요할까요?
- 청소도구가 어떻게 되어 있었나요?
- 어떤 생각을 했나요?
- 구리는 무엇이 되었나요?
- 걸레를 어떻게 만들었나요?
- 구라는 무엇이 되었나요?
- 빗자루와 먼지떨이를 어떻게 만들었나요?
- 구리, 구라가 제일 좋아하는 것은 무엇이었나요?
- 토끼 토리가 왜 놀라서 도망을 갔나요?
- 구리와 구라의 집은 어떻게 변했나요?

1) 접착테이프로 먼지를 닦은 후 이야기 나눈다.

- 이것은 무엇일까요?
- 접착테이프를 사용해 본 적이 있나요? 또 어디에 사용할까요?
- 먼지가 어디에 있나요?
- 가장 먼지가 많은 곳은 어디일까요?
- 먼지를 그냥 두면 어떻게 될까요?

2) 교실을 깨끗이 하려면 어떻게 해야 하는지 이야기 나눈다.
3) 청소를 해본 경험에 대하여 이야기 나눈다.
4) 청소도구를 이용해서 청소를 하는 방법에 대해서 이야기 나눈다.
   - 걸레는 어떻게 사용하는 걸까요?
   - 걸레는 교실 어디를 청소해야 좋을까요?
5) "이 책상이 더러워져 있네요?"
   닦을 책상의 더러움을 인식하고 앞치마를 입는다.
6) 마른 걸레를 가지고 온다.
7) 마른 걸레를 싱크대에 가서 물걸레로 만든다.
8) 물걸레를 한 번 혹은 두 번 접는다.
9) 물걸레를 잡고 책상을 왼쪽에서 오른쪽으로 닦는다.
10) 걸레가 더러워지면 깨끗한 부분으로 바꾼다.
11) 더러워진 물걸레를 세탁 바구니에 담는다.
12) 마른 걸레로 동일한 방법으로 닦는다.
13) 앞치마를 벗어 정리한다.
14) 걸레를 사용해본 느낌에 대해 이야기 나눈다.
   - 걸레를 사용해 보니 어땠나요?
   - 어떤 점이 즐거웠나요?
15) 유아에게 권유한다.

5. 흥미점

1) 책상이 깨끗해졌다.
2) 걸레가 더러워졌다.

6. 오류의 통제

1) 교구를 제자리에 정리하지 않는다.
2) 책상에 더러움이 남아있다.

7. 직접목적

1) 걸레를 사용하여 먼지를 닦는다.
2) 먼지의 해로움을 알고 주변 환경을 깨끗이 하는 태도를 기른다.

간접목적

1) 쓰기와 읽기를 준비한다.
2) 주의력, 협응력, 집중력, 독립심, 질서감을 기른다.

3) 교실 청소하기

4) 다양한 청소도구 사용하기

5) 환경미화원 놀이하기

8. 변형 및 응용

1) 실생활의 적용

2) 먼지 털기

9. 언어: 먼지, 걸레, 닦는다, 깨끗하다, 더럽다.

10. 비고

1) 걸레의 크기는 유아의 손에 맞고 사용하기 편하도록 준비한다.

2) 먼지 털기는 운동 조정과 사용 방법을 조절할 수 있는 유아에게 제공한다.

3) 걸레는 교실 한곳에 비치해 두어 유아들이 필요할 때 수시로 사용할 수 있도록 한다.

4) 걸레 사용하는 방법을 알고 실행하는지 관찰하여 평가한다.

바닥 쓸기

1. 대상연령: 3세 이상
2. 선행학습: 옮기기, 닦기활동들
3. 교　　구: 앞치마, 쓰레받기가 달린 빗자루, 쓰레기 모형이 담긴 바구니, 모형 쓰레기 모으는 통, 쟁반, 바닥의 둥근 선
   큰 빗자루: 손잡이의 두께와 무게, 길이를 고려해서 준비하고 나일론 재질은 피한다.
4. 제시방법

▸ 청소하기 싫어(다카시나 마사노부 저, 출판사: 크레용하우스)

1) 동화를 들려준다.
2) 동화 내용을 회상한다.
   - 무엇이 보이나요?
   - 준이가 무엇을 하고 있는 것 같나요?
   - 돼지 저금통으로 무엇을 할 수 있었나요?
   - 준이가 필요없다고 한 것은 무엇이었나요?
   - 돼지 저금통의 몸은 어떻게 되었나요?
   - 왜 그렇게 되었을까요?
   - 엄마가 뭐라고 말했나요?
   - 엄마는 어떻게 되었나요?
   - 준이는 엄마를 구하기 위해 어떻게 했나요?
   - 방은 어떻게 변했나요?

1) 청소를 해본 경험에 대해서 이야기 나눈다.
   - 청소를 할 때 어떤 도구를 사용해 보았나요?
   - 이 도구를 사용해본 적이 있나요?
   - 어떻게 사용해 보았나요?
2) 청소도구를 사용해본 경험을 이야기 나눈다.
3) 앞치마를 입고 모형 쓰레기가 담긴 바구니와 쓰레기통이 담긴 쟁반을 가지고 둥근 선 부근으로 간다.
4) 쓰레기 모형을 바닥에 뿌린다.
5) 청소할 때 사용하는 도구들을 용도에 따라 분류해 본다.

- 바닥을 쓸 때 사용하는 도구는 어떤 것이 있나요?

6) 왼손은 빗자루의 대를 잡고 오른손은 빗자루의 고리를 잡아 걸이에서 떼어낸다.

7) 바닥에 흩어진 쓰레기 모형이 있는 곳으로 간다.

8) 빗자루를 정확하게 잡는다.
한 손은 빗자루의 밑부분, 한 손은 윗부분을 잡는다.

9) 쓰레기를 둥근 선 안으로 모은다. 이때 한 번 쓸고 멈추는 동작을 끊어서 한다.

10) 동일한 방법으로 진행한다.

11) 큰 빗자루를 제자리에 정리한다.
청소할 때 사용하는 도구들을 용도에 따라 분류해 본다.
- 쓰레기를 담을 때 사용하는 도구는 어떤 것이 있나요?
- 바닥을 쓸 때 사용하는 도구는 어떤 것이 있나요?

12) 쓰레받기가 달린 빗자루를 가지고 온다.

13) 쓰레받기와 빗자루를 정확히 잡는다.
쓰레받기에서 빗자루를 떼어낸 후 한 손은 빗자루 손잡이를 잡고 한 손은 쓰레받기 손잡이를 쓰레기 모형 옆에 놓고 잡는다.

14) 모아진 쓰레기 모형을 쓸어 담는다.

15) 쓰레기를 빗자루로 눌러 모형 쓰레기통에 담는다.

16) 쓰레받기가 달린 빗자루를 정리하고 앞치마를 벗어 정리한다.

17) 유아에게 권유한다.

18) 청소를 하고 난 후 어떤 기분이 드는지 이야기 나눈다.
- 깨끗이 청소를 하고 나니 어떻게 변했나요?
- 깨끗하게 된 환경을 보니 어떤 기분이 드나요?

19) 만약 청소도구가 없다면 어떻게 청소할 수 있을지에 대하여 이야기 나눈다.
- 청소도구가 없다면 어떻게 청소를 할 수 있을까요?

5. 흥미점

1) 원 안에 쓰레기를 모은다.
2) 모형 쓰레기를 본다.
3) 큰 빗자루와 작은 빗자루를 사용한다.

6. 오류의 통제

1) 모형 쓰레기가 남아있다.
2) 교구를 제자리에 정리하지 않는다.

7. 직접목적

1) 빗자루를 사용하여 바닥을 청소한다.

2) 주변을 깨끗이 하는 방법을 알고, 환경을 청결히 하는 습관을 기른다.

3) 청소할 때 사용하는 도구들의 용도를 알고 사용한다.

4) 청소한 경험이나 생각을 말한다.

간접목적: 주의력, 의지력, 집중력, 독립심, 질서감을 기른다.

8. 변형 및 응용

1) 바닥 쓸 장소를 유아 스스로 결정하도록 분필과 스펀지 준비

2) 실생활의 적용.

- 교실 안: 더러운 곳을 쓸기
- 교실 밖: 낙엽 쓸기, 운동장 청소

3) 청소하는 모습(신체 표현하기)

4) 환경미화원 놀이하기

5) 분리수거하기

6) 교실 대청소 해보기

7) 청소기 종류

9. 언어: 빗자루, 쓰레받기, 바닥, 쓰레기, 흩어지다, 모으다.

10. 비고

1) 실제로 사용하는 청소용 빗자루를 사용한다.

2) 청소용품은 한 곳에 모아 둔다.

3) 얇은 종이를 사용해서 모형쓰레기를 만들지 않는다.

4) 청소도구를 사용하여 주변을 깨끗이 할 수 있는지 평가한다.

조개 씻기

1. 대상연령: 4세 이상
2. 선행학습: 거울 닦기, 그릇 씻기
3. 교　　구: 큰 조개, 책상, 솔, 비누, 수건, 앞치마, 스펀지(큰 것, 작은 것), 주전자, 대야, 양동이
4. 제시방법
   1) 조개를 씻는 방법에 대해 안다.
      - 여름에 날씨가 더우면 어디로 가나요?
      - 바닷가에서 무엇을 볼 수 있나요?
      - 조개를 주워 본 경험이 있나요?
      - 조개껍질을 만지면 어떤 느낌이 들까요?
      - 조개껍질 구멍에 귀를 대면 어떤 소리가 날까요?
   2) 주전자를 들고 싱크대에 가서 물을 받아온다.
   3) 대야에 물을 붓고 주전자 입구를 스펀지로 닦고 제자리에 놓는다.
   4) 대야에 조개껍질을 담는다.
   5) 솔을 바르게 잡고 물에 한 번 적신 후 털고 비누를 묻힌다.
   6) 조개껍질을 씻는다.
   7) 솔을 물에 헹구어 물기를 턴 다음 제자리에 정리한다.
   8) 큰 스펀지를 물에 적셔 조개를 씻는다.
   9) 책상 위에 수건을 깔고 조개를 놓는다.

10) 대야의 물을 양동이에 버린다.
11) 양동이의 물을 싱크대에 버린다.
12) 주전자를 싱크대에 가서 물을 받아온다.
13) 대아에 물을 붓고 주전자 입구를 스펀지로 닦고 제자리에 놓는다.
14) 대야에 조개껍질을 넣고 큰 스펀지로 조개를 씻는다.
15) 수건 위에 조개를 놓고 닦는다.
16) 대야의 물을 양동이에 버린다.
17) 양동이의 물을 싱크대에 버린다.
18) 스펀지로 대야를 닦는다.
19) 수건으로 손을 닦고 정리한다.
20) 유아에게 권유한다.
21) 조개를 씻은 경험에 대해 이야기 나눈다.
22) 교구를 제자리에 정리한다.

5. 흥미점
1) 솔로 비누를 문지른다.
2) 조개껍질의 감촉을 느낀다.
3) 솔로 조개껍질을 씻을 때 나는 소리를 듣는다.
4) 스펀지로 거품을 씻는다.
5) 조개의 이물질이 사라진다.
6) 조개에 거품이 생긴다.

6. 오류의 통제
1) 바닥에 물이 떨어진다.
2) 조개껍질에 비누가 남아있다.

7. 직접목적: 솔로 조개껍질을 씻는다.
간접목적: 질서감, 독립심, 협응력, 집중력을 기른다.

8. 변형 및 응용: 여러 가지 조개껍질 씻기

9. 언어: 조개껍질, 무겁다, 까칠까칠하다, 씻는다, 솔.

10. 비고
1) 거품의 양을 고려하여 비누칠을 정해준다.
2) 조개껍질을 씻을 수 있는지 관찰한다.

책상 씻기

1. 대상연령: 3세 이상
2. 선행학습: 닦기, 솔질하기의 활동들
3. 교　　구: 앞치마, 책상, 대야, 주전자, 솔, 비누, 스펀지(큰 것, 작은 것), 양동이, 크레용, 수건
4. 제시방법
   1) 활동을 한 후 책상의 더러움을 생각하고 깨끗이 하기 위한 방법에 대해 이야기 나눈다.
      - 우리가 활동을 하고 난 뒤 책상은 어떻게 되었을까요?
      - 더러워진 책상을 어떻게 하면 좋을까요?
      - 더러워진 책상이 깨끗해질 수 있도록 우리 친구들이 도와 줄 수 있는 방법이 있나요?
   2) 크레용으로 책상에 낙서를 한다. "여러분이 활동을 하고 난 뒤 책상에 크레용이 남아있어요." 책상의 더러움을 인식한다.
   3) 주전자를 들고 싱크대에서 가서 물을 받아 온다.
   4) 대야에 물을 붓고 주전자 입구를 스펀지로 닦고 제자리에 놓는다.
   5) 솔을 바르게 잡고 물에 한 번 적신 후 털고 비누를 묻힌다.
   6) 책상 왼쪽에서 오른쪽으로 e자 모양으로 씻는다.
   7) 동일한 방법으로 진행한다.
   8) 솔을 물에 헹구어 물기를 턴 다음 제자리에 정리한다.
   9) 큰 스펀지로 책상을 왼쪽에서 오른쪽으로 닦는다.
   10) 큰 스펀지가 더러워지면 대야의 물에 헹구고 책상을 닦는다.
   11) 책상에 비누가 남아 있을 경우에는 대야의 물을 버리고 새로운 물을 받아 온다. 책상 가장자리를 닦고 스펀지를 제자리에 놓는다.
   12) 수건으로 책상을 동일한 방법으로 닦는다.
   13) 대야의 물은 양동이에 버리고 스펀지로 입구를 닦는다.
   14) 스펀지로 대야를 닦는다.
   15) 수건으로 손을 닦고 정리한다.
   16) 양동이 물을 싱크대에 버린다.
   17) 스펀지로 양동이를 닦는다.
   18) 앞치마를 벗어 정리한다.
   19) 유아에게 권유한다.
   20) 깨끗해진 책상을 보고 느낀 점을 이야기 나눈다.

- 더러워진 책상을 닦고 나니까 어떻게 변했나요?
- 깨끗해진 책상을 보니 어떤 기분이 드나요?

5. 흥미점

1) 비누거품이 생긴다.

2) e자 모양으로 솔질한다.

3) 솔로 책상을 씻을 때 나는 소리를 듣는다.

4) 깨끗해진 책상을 본다.

5) 스펀지로 닦을 때 비누거품이 사라진다.

6. 오류의 통제

1) 책상에 더러움이 남아있다.

2) 비누거품이나 물을 바닥에 흘린다.

7. 직접목적

1) 책상 닦는 방법을 안다.

2) 환경을 청결히 하는 습관을 기른다.

간접목적

1) 질서감, 독립심, 협응력, 집중력, 의지력, 주의력을 기른다.

2) 쓰기와 읽기를 준비한다.

8. 변형 및 응용

1) 실생활의 적용

2) 식사 후 책상 닦기

3) 운동화 씻기, 그릇 씻기

9. 언어: 솔질하기, 책상, 비누거품, 닦는다, 헹군다.

10. 비고

1) 교실 싱크대에 솔, 걸레, 비누를 준비해 두어 언제든지 유아가 스스로 씻기를 할 수 있도록 한다.

2) 책상을 깨끗하게 씻을 수 있는지 관찰한다.

그릇 씻기

1. 대상연령: 4세 이상
2. 선행학습: 책상 씻기
3. 교　　구: 대야 2개, 세제, 그릇 닦는 수세미, 스펀지, 주전자, 닦을 접시, 양동이, 그릇 건조대, 수건, 마른 행주, 앞치마, 쟁반
4. 제시방법
   1) 식사 후 그릇의 모습을 생각하고 깨끗이 하기 위한 방법에 대해 이야기 나눈다.
   2) 식사 후 그릇을 어떻게 해야 하는지 이야기 나눈다.
      - 우리가 밥을 맛있게 먹고 난 뒤의 그릇들은 어떻게 되어 있었나요?
      - 더러워진 그릇을 어떻게 하면 좋을까요?
      - 더러워진 그릇이 깨끗해질 수 있도록 우리 친구들이 도와 줄 수 있는 방법이 있대요.
   3) 설거지를 하는 방법에 대해 이야기 나눈다.
      "선생님과 함께 그릇 씻기를 해볼까요?"라고 말하고, 앞치마를 입고 옷소매를 걷는다.
   4) 설거지를 하기 위한 도구를 소개한다.
      - 설거지를 하려면 무엇이 필요할까요?
      - 집에서 설거지를 해본 적이 있나요?
      - 만약 설거지를 하지 않고 그대로 둔다면 어떻게 될까요?
   5) 주전자를 들고 싱크대에 가서 물을 받아와 왼쪽 대야에 붓는다.
   6) 한 번 더 물을 받아 오른쪽 대야에 붓는다.
   7) 수세미를 물에 담그고 짠다.
   8) "세제를 한 방울만 짜도록 해요"라고 말하고 수세미에 세제를 묻힌다.
   9) 닦을 그릇의 더러움을 인식하고 왼쪽 대야에서 수세미로 씻는다.
   10) 그릇을 오른쪽 대야로 옮겨 헹군다.

11) 그릇을 양손으로 들어 물이 다 빠지면 건조대에 놓는다.
12) 왼쪽 대야의 물은 양동이에 버리고 오른쪽 대야의 물은 왼쪽 대야에 붓는다.
13) 스펀지로 오른쪽 대야를 닦는다.
14) 양동이 물을 싱크대에 버린다.
15) 왼쪽 대야의 물을 양동이에 붓고 싱크대에 버린다.
16) 설거지를 한 그릇을 정리한다.
17) 건조대 그릇을 행주로 닦고 정리한다.
이때 행주를 바닥에 놓고 그 위에 그릇을 놓고 닦는다.
18) 앞치마를 벗어 정리하고 옷소매를 내린다.
19) 유아에게 권유한다.
20) 설거지를 하고 난 후 어떤 기분이 드는지 이야기 나눈다.
- 더러워진 그릇이 설거지를 하고 나니 어떻게 변했나요?
- 깨끗해진 그릇을 보니 어떤 기분이 드나요?

5. 흥미점
1) 그릇이 깨끗해졌다.
2) 세제로 그릇을 씻는다.
3) 비누거품을 만진다.

6. 오류의 통제
1) 그릇을 떨어뜨린다.
2) 그릇에 더러움이 남아있다.
3) 그릇에 비누거품이 남아있다.

7. 직접목적
1) 그릇 씻는 방법을 안다.
2) 실생활용품을 청결히 하는 습관을 기른다.
간접목적: 질서감, 독립심, 협응력, 집중력을 기른다.

8. 변형 및 응용: 간식 그릇 씻기, 물통 씻기, 숟가락 씻기

9. 언어: 그릇, 씻는다, 닦는다, 수세미, 세제, 헹군다.

10. 비고
1) 바닥에 큰 타월을 깔아둔다.
2) 설거지를 할 수 있는지 관찰하여 평가한다.
3) 물이나 세제를 아껴서 사용하도록 한다.

빨래하기

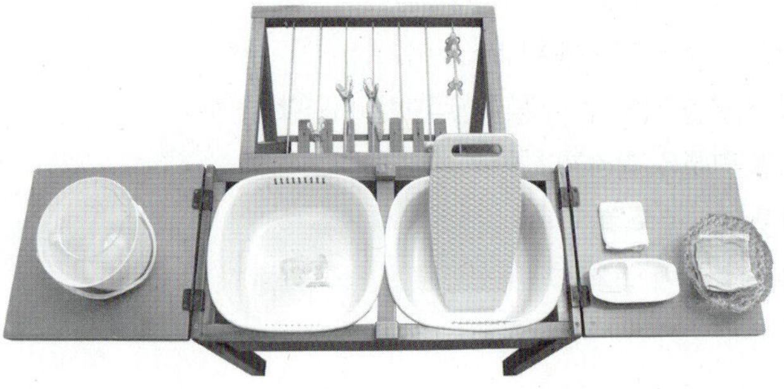

1. 대상연령: 5세 이상
2. 선행학습: 솔질, 접기, 옮기기, 짜기의 활동들
3. 교 구: 앞치마, 빨래판, 스펀지, 주전자, 양동이, 대야 2개, 비누, 솔, 수건, 빨래대와 빨래집게, 빨랫감, 빨래 담는 바구니, 쟁반
4. 제시방법

▸14마리의 빨래하기(이와무라 카즈오 저, 출판사: 한림출판사)

1) 동화를 들려준다.
2) 동화 내용을 회상한다.
   - 책 표지를 펴서 아이들과 함께 이야기 나눈다.
   - 우리 가족은 모두 몇 마리일까요?
   - 한 번 세어볼까요?
   - 몇 마리가 더 남았나요?
   - 누구일까요?
   - 오늘 무엇을 하기로 했나요?
   - 큰 빨랫감은 서로 어떻게 도와서 했나요?
   - 빨래를 말리기 위해 어떻게 하였나요?
   - 기분은 어떨까요?

1) 빨래하는 풍속도를 보며 이야기 나눈다.
   - 무엇을 하는 그림일까요?
   - 옛날에는 왜 개울에서 빨래를 했을까요?

2) 빨래를 해보았던 경험에 대해 이야기 나눈다.
   - 친구들이 놀이터에서 바깥놀이를 하고 집에 들어왔을 때 옷이 어떻게 되어 있었나요?
   - 더러워진 옷을 어떻게 해야 하나요?
   - 빨래를 해본 적이 있어요?
   - 엄마가 빨래하는 것을 본 적이 있나요?
   - 빨래를 할 때에는 어떤 것들이 필요할까요?
3) 빨래하는 방법에 대해 이야기 나눈다.
   - 빨래할 때 무엇이 필요할까요?
   - 빨래는 어떻게 할까요?
   - 빨래 한 것을 어디에 널까요?
4) 준비된 교구 장소로 유아를 초대하고 활동명을 말한다.
   "빨래하기를 해볼까요?"라고 말하고 앞치마를 입고 옷소매를 걷는다.
5) 주전자를 들고 싱크대에 가서 물을 받아 온다.
6) 왼쪽 대야에 물을 붓고 주전자의 입구를 스펀지로 닦는다.
7) "오른쪽 대야의 물을 한 번 더 받아 올까요?"라고 말하고 물을 받아 온다.
8) 오른쪽 대야에 물을 붓고 주전자의 입구를 스펀지로 닦고 제자리에 놓는다.
9) 빨래판을 왼쪽 대야에 놓는다.
10) 빨랫감을 물에 적셔 빨래판 위에 편다.
11) 빨랫감에 비누를 묻힌다.
12) 비벼 빤다.
    왼손으로 빨래를 고정시키고 오른손으로 비빈다.
13) 빨랫감을 뒤집어 거품이 날 때까지 동일한 방법으로 빤다.
14) 빨래를 헹구고 접어서 짠다.
15) 빨래를 오른쪽 대야에서 한 번 더 헹군다.
    빨래에 비누가 남아 있을 경우에는 왼쪽 대야의 물을 양동이에 담아 싱크대에 버린다. 오른쪽 대야의 물을 왼쪽으로 붓는다. 싱크대에 가서 주전자에 물을 받아 오른쪽 대야에 붓는다. 빨래를 왼쪽 대야에서 오른쪽 대야로 옮겨 헹군다.
16) 빨래를 접어 짠 후 턴다.
    빨랫감을 손으로 편 후 빨랫줄에 널고 빨래집게로 꽂는다.
17) 솔로 빨래반을 씻고 오른쪽 대야에서 헹군 후 물기를 빼 세사리에 정리한다.
18) 왼쪽 대야의 물을 양동이에 붓는다.

19) 양동이의 물을 싱크대에 버린다.

20) 오른쪽 대야의 물을 왼쪽 대야에 붓는다.

21) 스펀지로 오른쪽 대야를 닦는다.

22) 왼쪽 대야를 씻고 물을 양동이에 붓는다.

23) 왼쪽 대야를 스펀지로 닦고 주위의 물을 닦는다.

24) 수건으로 손을 닦는다.

25) 양동이 물을 싱크대에 버린다.

26) 앞치마를 벗어 정리하고 옷소매를 내린다.

27) 유아에게 권유한다.

28) 빨래를 한 후 느낀 점을 이야기 나눈다.

- 더러워진 행주를 빨고 나니 어떻게 변했나요?
- 깨끗해진 행주를 보니 어떤 기분이 드나요?

5. 흥미점

1) 손목을 돌려서 짠다.

2) 빨랫감의 때가 깨끗해진다.

3) 빨래판을 사용한다.

4) 빨래에서 더러운 물이 나온다.

5) 거품이 난다.

6. 오류의 통제

1) 비누를 너무 많이 묻힌다.

2) 바닥에 물을 흘린다.

3) 빨랫감에 비누가 남아있다.

4) 빨래에 더러움이 남아있다.

7. 직접목적

1) 옷을 깨끗하게 빨래하는 방법을 안다.

2) 환경에 대해 배려한다.

간접목적: 질서감, 독립심, 협응력, 집중력을 기른다.

8. 변형 및 응용: 실생활의 적용

9. 언어: 빨래, 빨래판, 비빈다, 헹군다, 빨래집게, 넌다, 턴다, 꽂는다.

10. 비고
   1) 바닥 혹은 책상 위에 타월을 깔아둔다.
   2) 빨래하기 비누는 단단한 것으로 준비해둔다.
   3) 옷을 깨끗이 하는 방법을 관찰을 통해 평가한다.

거울 닦기

1. 대상연령: 3세 이상
2. 선행학습: 옮기기의 활동들
3. 교 　 구: 거울, 걸레, 쟁반, 거울 닦는 세제, 분무기
4. 제시방법

1) 거울의 특징과 종류에 대해 이야기 나눈다.
   - 이것은 무엇일까요?
   - 어디에 사용하나요?
   - 만약 거울이 없다면?
   - 거울도 여러 가지 모양이 있대요.
   - 우리 친구들은 이런 모양의 거울을 본 경험이 있나요?
   - 그런데 거울이 더러워지면 어떻게 될까요?
   - 다시 깨끗해지려면 어떤 방법이 있을까요?
   - 더러운 거울을 보면 어떨까요? 우리 얼굴도 마음도 몸도 다 이상하게 보일 거예요.
2) 얼룩진 더러운 거울을 깨끗하게 닦아보는 활동을 해본다.
3) 거울 닦는 방법에 대해 이야기 나눈다.
   - 거울이 더러우면 어떻게 될까요?
   - 더러워진 거울을 어떻게 하면 될까요?
4) 교구를 활동할 장소로 옮긴다.
5) 닦을 거울의 더러움을 인식한다.
6) 분무기로 세제를 뿌린다.
7) 마른 걸레를 접어 잡는다.
8) 왼쪽에서 오른쪽으로 거울을 닦는다.
9) 더러워진 걸레를 본 후 세탁바구니에 담는다.
10) 유아에게 권유한다.
11) 깨끗한 거울을 보고 이야기 나눈다.
    - 더러운 거울을 닦고 나니 어떻게 변했나요?
    - 깨끗해진 거울에 자신의 모습을 보니 어떤 기분이 드나요?
12) 교구를 제자리에 정리한다.

5. 흥미점

1) 거울이 깨끗해졌다.

2) 걸레가 더러워졌다.

3) 분무기를 사용해서 세제를 뿌린다.

6. 오류의 통제

1) 거울에 세제가 남아있다.

2) 거울에 더러움이 남아있다.

3) 세제를 거울 밖에 뿌린다.

4) 거울의 모양과 촉감을 느낀다.

5) 마른 걸레로 거울을 문지른다.

7. 직접목적

1) 거울 닦는 방법을 안다.

2) 생활용품을 깨끗이 사용하고 정돈하는 습관을 기른다.

간접목적

1) 주의력, 협응력, 집중력, 독립심, 질서감을 기른다.

2) 쓰기와 읽기의 준비

8. 변형 및 응용: 다양한 형태와 크기의 거울 닦기

9. 언어: 거울, 깨끗하다, 더럽다, 뿌린다, 닦는다, 걸레, 분무기, 세제.

10. 비고: 거울을 깨끗이 하는 방법을 관찰을 통해 평가한다.

나무 그릇 닦기

1. 대상연령: 5세
2. 선행학습: 거울 닦기, 옮기기의 활동들
3. 교 구: 나무 그릇, 면봉, 면봉 담는 그릇, 화장 솜, 화장 솜 담는 통, 천, 천 담는 통, 쓰레기 통, 목기 닦는 약, 비닐 매트, 앞치마
4. 제시방법
   1) 나무 그릇의 용도와 종류에 대해 이야기 나눈다.
      - 이것은 무엇일까요?
      - 이것은 무엇으로 만들었나요?
      - 어떤 나무로 만들 수 있을까요?
      - 이 나무는 어떤 나무일까요?
      - 이 나무는 아주 크게 자라는 느티나무에요.
      - 이 나무는 어떤 나무일까요?
      - 은행나무로 예쁜 찻잔을 만들 수 있어요.
      - 이 나무는 어떤 나무일까요?
      - 대나무로도 예쁜 그릇을 만들 수 있어요.
   2) 나무 그릇을 닦는 방법에 대해 이야기 나눈다.
      - 나무 그릇을 만져보니 어떤 느낌이 드나요?
      - 나무 그릇이 더러워지면 어떻게 해야 될까요?
      - 나무 그릇을 닦아본 경험이 있나요?
   3) 앞치마를 입고 비닐 매트를 책상에 깐다.
   4) 닦을 목기를 놓는다.

5) 약 뚜껑을 열고 솜을 꺼낸다.

6) 솜에 약을 묻혀서 목기에 바른다. 사용한 솜은 쓰레기통에 버린다.

7) 면봉으로 무늬 부분과 가장자리를 닦고 쓰레기통에 버린다.

8) 천으로 목기 그릇을 닦아 광택을 낸다.

9) 천으로 비닐매트를 닦고 천 닦는 통에 담는다.

10) 앞치마를 벗어 정리하고 비닐매트를 만다.

11) 손을 씻는다.

12) 유아에게 권유한다.

13) 윤기 나는 나무 그릇을 본 후 느낀 점에 대해 이야기 나눈다.

- 더러워진 나무 그릇을 닦고 나니 어떻게 변했나요?
- 반짝반짝 윤기 나는 나무 그릇을 보니 어떤 기분이 드나요?

5. 흥미점

1) 목기에서 광택이 나는 것을 본다.

2) 면봉으로 목기의 무늬를 닦는다.

3) 목기의 모양과 촉감을 느낀다.

4) 천으로 목기를 문지른다.

6. 오류의 통제

1) 목기에 약이 남아있다.

2) 목기에 더러움이 남아있다.

7. 직접목적

1) 목각 닦는 방법을 안다.

2) 생활용품을 깨끗이 사용하고 정돈하는 습관을 기른다.

간접목적: 독립심, 집중력, 협응력, 질서감을 기른다.

8. 변형 및 응용: 다른 형태의 목각 인형 닦기

9. 언어: 나무 목기, 약, 바른다.

10. 비고: 나무 그릇을 깨끗이 하는 방법을 관찰을 통해 평가한다.

은 그릇 닦기

1. 대상연령: 5세 이상
2. 선행학습: 병 닦기의 활동들
3. 교　　구: 비닐 매트, 금속, 금속 닦을 약, 약 담을 그릇, 천, 면봉, 면봉 담는 통, 걸레, 앞치마, 쓰레기통
4. 제시방법
   1) 은 그릇의 용도와 종류에 대해 이야기 나눈다.
   2) 은 그릇을 닦는 방법에 대해 이야기 나눈다.
      - 은 그릇을 만져보니 어떤 느낌이 드나요?
      - 은 그릇이 더러워진 것을 어떻게 알 수 있나요?
      - 은 그릇이 더러워지면 어떻게 해야 할까요?
      - 은 그릇을 닦아본 경험이 있나요?
   3) "선생님과 함께 은 그릇을 닦아봅시다."
   4) 앞치마를 입고 비닐 매트를 책상에 깐다.
   5) 은 그릇을 매트에 놓는다.
   6) 약을 그릇에 붓는다.
   7) 면봉으로 약을 찍어 은 그릇에 묻힌다.
   8) 면봉은 쓰레기통에 버린다.
   9) 천으로 은을 돌려가며 광택이 나도록 닦는다.
   10) 은에 약이 남았는지 살핀다.
   11) 비닐 매트를 닦고 천은 통에 담는다.

12) 앞치마를 벗어 정리하고 매트를 만다.

13) 손을 씻는다.

14) 유아에게 권유한다.

15) 윤기 나는 은 그릇을 본 후 느낀 점에 대해 이야기 나눈다.

- 더러운 은 그릇을 닦고 나니 어떻게 변했나요?
- 반짝반짝 윤기 나는 은 그릇을 보니 어떤 기분이 드나요?

5. 흥미점

1) 은 그릇에서 광택이 나는 것을 본다.

2) 천으로 은 그릇을 문지른다.

3) 은 그릇의 모양과 촉감을 느낀다.

4) 천으로 은 그릇을 문지른다.

6. 오류의 통제

1) 은 그릇에 약이 남아있다.

2) 은 그릇에 더러움이 남아있다.

7. 직접목적

1) 은 그릇 닦는 방법을 안다.

2) 생활용품을 깨끗이 사용하고 정돈하는 습관을 기른다.

간접목적

1) 쓰기와 읽기의 준비

2) 의지력, 주의력, 집중력, 협응력, 질서감을 기른다.

8. 변형 및 응용

1) 다양한 금속 닦기

2) 실생활의 적용

9. 언어: 반짝이다, 약, 금속, 닦는다, 묻힌다.

10. 비고: 은 제품은 형태가 단순하고 닦을 면적이 넓은 것이 좋다.

잎 닦기

1. 대상연령: 3세 이상
2. 선행학습: 옮기기, 닦기의 활동들
3. 교　　구: 화분, 양동이, 주전자, 대야, 수건, 스펀지(큰 것, 작은 것), 앞치마
4. 제시방법

▸ 나뭇잎(노래)

1) 더러워진 나뭇잎을 보며 이야기 나눈다.
   - 우리는 얼굴이 더러워지면 어떻게 하나요?
   - 나뭇잎들이 더러워지면 어떻게 하면 좋을까요?
   - 어떻게 도와 줄 수 있을까요?
2) 더러워진 나뭇잎을 닦는 방법에 대해 이야기 나눈다.
   - 잎을 만져보니 어떤 느낌이 드나요?
   - 잎이 더러워진 것을 어떻게 알 수 있나요?
   - 더러워진 잎을 어떻게 해야 할까요?
   - 더러워진 잎을 닦아본 경험이 있나요?
   - 나뭇잎은 우리 친구들보다 약해서 너무 세게 만지면 찢어지거나 떨어질 수가 있어요.
3) 화분의 잎을 살핀다.
4) 주전자를 들고 싱크대에 가서 물을 받아 온다.
5) 그릇에 물을 붓고 주전자 입구를 작은 스펀지로 닦고 제자리에 정리한다.
6) 큰 스펀지에 물을 적시고 짠다.
7) 왼손은 잎 밑부분을 받치고 잎의 결을 따라 닦는다.
   "우리 몸에 먼지나 때가 많으면 병에 걸리기 쉽듯이 식물의 잎도 더러우면 숨을 쉴 수가 없어요. 그래서 병이 들 수가 있기 때문에 닦아 주어야 해요."
8) 잎 전체를 닦는다. 스펀지가 더러워지면 헹구어 다시 닦는다.
9) 스펀지는 헹구어 짜서 제자리에 놓는다.
10) 그릇의 물은 양동이에 버린다.
11) 스펀지로 그릇을 닦는다.
12) 수건으로 손을 닦고 정리한다.
13) 양동이의 물을 싱크대에 버린다.
14) 앞치마를 벗어 정리한다.

15) 유아에게 권유한다.

16) 더러워진 잎을 닦아본 경험에 대해 이야기 나눈다.

- 더러워진 잎을 닦고 나니 어떻게 변했나요?
- 더러워진 잎을 깨끗하게 닦고 보니 어떤 기분이 들었나요?
- 더러워진 잎을 보면 우리는 어떻게 해야 될까요?

5. 흥미점

1) 잎의 모양을 본다.

2) 스펀지로 잎을 닦는다.

3) 깨끗해진 잎사귀들을 본다.

6. 오류의 통제

1) 물을 흘린다.

2) 잎에 먼지가 남아있다.

7. 직접목적

1) 잎을 닦는다.

2) 식물을 돌보는 마음을 기른다.

간접목적

1) 질서감, 독립심, 협응력, 집중력을 기른다.

8. 변형 및 응용

1) 다양한 모양의 잎 닦기

2) 식물 물주기

3) 크레용으로 잎 스크래치하기

9. 언어: 식물, 나뭇잎, 닦기, 화분, 더럽다, 깨끗하다.

10. 비고

1) 처음의 잎 닦기에 사용되는 식물은 고무나무처럼 잎이 넓고 두꺼운 것으로 준비한다.

2) 유아가 화분을 옮기는 것은 위험하므로 일정한 장소를 정하여 활동할 수 있도록 배려하며 화분 밑에는 비닐 매트를 깔아 두는 것이 좋다.

3) 더러워진 잎을 닦을 수 있는지 관찰한다.

식물 물주기

1. 대상연령: 3세 이상
2. 선행학습: 옮기기, 식물 잎 닦기의 활동
3. 교　　구: 화분, 분무기, 스펀지, 비닐 매트, 주전자, '물을 주었어요' 글자가 적힌 막대
4. 제시방법

▸ 씨앗(노래)(김성균 작사 · 작곡)

1) 식물에게 물을 주는 방법에 대해 이야기 나눈다.
   - 우리 친구들은 배가 고플 때 어떻게 알아요?
   - 배에서 소리가 나기도 하고 무엇인가 먹고 싶기도 할 거예요.
   - 식물이 배가 고픈지는 어떻게 알 수 있을까요?
   - 식물에게는 물이 필요해요.
   - 식물에게 물을 줄 때는 흙이 말라있는지 확인하고 주어야 해요.
2) 화분의 흙을 손으로 만져보며 "흙이 말라 있으니 물을 주어야 겠구나"라고 말한다.
3) 주전자를 들고 싱크대에 가서 물을 받아 온다.
4) 왼손으로 화분의 잎을 제치고 물을 준다.
   흙에 물이 골고루 스며들 수 있도록 한다.
5) 주전자를 제자리에 정리한다.
6) 분무기에 물을 담아 와 나뭇잎의 앞과 뒷면에 뿌린다.
7) 물을 준 화분에는 막대를 꽂아 표시한다.
   "물을 준다는 표시로 막대를 꽂아보자."
8) 바닥에 떨어진 물을 스펀지로 닦는다.
9) 생명체가 서로 더불어 살아가는 것임을 안다.
   - 식물에게 물을 주니 어떤 기분이 드나요?
   - 왜 물을 준다는 표시를 할까요?
   - 식물마다 물의 양이 같을까요? 다를까요?
   - 어떻게 하면 식물에게 맞는 물의 양을 줄 수 있을까요?
10) 식물과 같은 생명체는 우리와 함께 생활하면서 살고 있다는 것을 안다.
   - 시들거나 병이 든 식물은 어떻게 해야 될까요?
   - 잘 보살펴 주고 보호하는 마음을 가져야 해요.
11) 유아에게 권유한다.

5. 흥미점

1) 화분에 물을 준다.

2) 분무기를 사용한다.

3) 식물을 관찰한다.

4) 흙에 물이 스며드는 것을 본다.

5) 물을 준 화분에 표시한다.

6. 오류의 통제

1) 물을 너무 많이 준다.

2) 잎에 골고루 물을 뿌리지 않았다.

7. 직접목적

1) 식물에 물을 준다.

2) 식물을 돌봄으로써 생명체를 소중히 다루는 마음을 기른다.

3) 생명체는 우리와 함께 더불어 살아가는 것임을 경험한다.

간접목적

1) 질서감, 독립심, 협응력, 집중력을 기른다.

8. 변형 및 응용

1) 물뿌리개를 사용하여 물주기

2) 꽃씨를 심고 물주기

3) 꽃꽂이하기

4) 물을 준 화분에 표시하는 막대 직접 만들기

5) 식물마다 필요한 양에 따라 물주기

9. 언어: 화분, 물주기, 흙, 분무기, 스며든다.

10. 비고: 식물에 물을 주는지 관찰한다.

동물 먹이주기

1. 대상연령: 3세 이상
2. 선행학습: 식물 물주기
3. 교　　구: 먹이, 먹이 담는 통
4. 제시방법

1) 동요를 부른다(달팽이의 하루)(조원경 작사, 김진성 작곡), (달팽이의 집)(모차르트 곡).
   - 동물은 어떤 음식을 먹고 살까요?
   - 강아지는 어떤 먹이를 먹을까요?
   - 고양이는 어떤 먹이를 먹을까요?
   - 달팽이는 어떤 먹이를 먹을까요?

2) 달팽이 그림을 보여 준다.
   달팽이를 길러 보는 경험을 통해 생명을 존중하고 돌보는 마음을 가진다.
   - 더듬이를 보여 주며) 어떤 동물일까요?
   - 몸을 보여 주며) 어떤 동물일까요?
   - 달팽이에게 우리 친구들이 먹이를 줄 수 있을까요?
   - 달팽이에게 먹이를 줄 때는 어떤 약속을 지켜야 할까요?
   - 달팽이는 먹는 양이 같을까요? 다를까요?
   - 왜 그렇게 생각하나요?
   - 달팽이는 크기에 따라서 먹는 양이 달라요.
   - 달팽이는 어떤 먹이를 좋아할까요?
   - 달팽이의 먹이는 향이 강하지 않아야 해요. 향이 강한 먹이는 먹지 않거나 배탈이 난대요.

3) 수조 속의 달팽이를 관찰한다.
4) "달팽이가 배가 고픈가봐. 먹이를 주자."
5) 먹이통을 연다(당근, 양상추, 애호박).
6) 달팽이에게 먹이를 넣어준다.
7) 달팽이의 먹는 모습을 관찰한다.
8) 먹이를 먹은 뒤 달팽이의 똥을 관찰한다.
9) 유아에게 권유한다.
10) 생명체가 서로 더불어 살아가는 것임을 안다.
   - 동물을 기를 때는 어떤 마음으로 해야 하나요?

- 왜 그렇게 생각하나요?
- 잘 보살펴 주고 보호하는 마음을 가져야 해요.

5. 흥미점

1) 달팽이에게 먹이를 준다.
2) 달팽이가 먹이를 먹는 모습을 관찰한다.
3) 달팽이의 움직임을 관찰한다.
4) 달팽이 똥을 관찰한다.

6. 오류의 통제

1) 먹이를 너무 많이 준다.

7. 직접목적

1) 달팽이에게 먹이를 준다.
2) 달팽이를 돌봄으로써 생명체를 소중히 다루는 마음을 기른다.
3) 생명체는 우리와 함께 더불어 살아가는 것임을 경험한다.

간접목적

1) 질서감, 독립심, 협응력, 집중력을 기른다.

8. 변형 및 응용

1) 달팽이집 청소하기
2) 돋보기로 관찰하기
3) 달팽이 통의 흙 갈아주기
4) 달팽이 씻기기

9. 언어: 달팽이, 먹이를 주다.

10. 비고

1) 먹이는 상하지 않도록 한 번 분량만 담아 놓는다.
2) 달팽이 통의 흙은 2주에 한 번 갈아준다.
3) 동물에게 적당한 양의 먹이를 줄 수 있는지 관찰한다.

꽃물 갈아주기

꽃물 갈아주기 활동은 식물에 대해 알 수 있는 좋은 기회가 된다. "선생님과 꽃병에 물을 갈아볼까요?", "예, 좋아요." 앞치마를 입고, 필요한 교구를 선택한다.

"이 꽃의 이름은 카네이션이에요. 본 적이 있나요?"

꽃을 자를 때에도 줄기가 잘 보이도록 투명한 볼을 준비하고 물 주전자와 화병도 물의 양을 확실히 볼 수 있는 것을 사용한다. 유리를 떨어뜨리면 위험하니까 어린 아이에게 사용하지 않도록 한다. 그러나 바른 사용방법을 이해하게 되면 어른보다 능숙하게 사용하는 것이 가능하게 된다. 주의가 집중되도록 교구에는 불필요한 요소를 포함시키지 않는다. 꽃을 선택할 때 줄기, 두께, 모양 등을 고려하여 물속에서 한 번에 잘라지는 것을 선택하고, 꽃 이름을 소개하면서 자연을 사랑하는 마음을 갖게 한다.

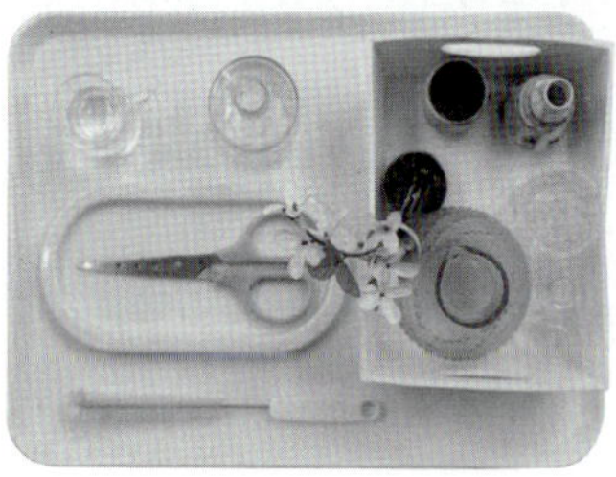

1. 대상연령: 4세 이상
2. 선행학습: 자르기, 붓기, 닦기, 옮기기의 활동들
3. 교　　구: 꽃: 2~3종류

   솔: 꽃병에 맞는 솔 혹은 칫솔을 준비한다.

   꽃병: 선이 그어진 투명한 꽃병

   선이 있는 물그릇, 주전자, 물 버리는 그릇, 쟁반 2개, 솔통, 스펀지, 돋보기, 가위, 휴지통, 앞치마
4. 제시방법

〈사진제시: 활짝 핀 장미꽃, 시든 장미꽃〉

1) 식물의 성장 과정을 관찰하여 돌보는 마음을 갖도록 한다.
   - 이 꽃을 본 적이 있나요?
   - 이 꽃의 이름은 무엇인가요?

- 어떤 점이 다르게 보이나요?
- 어떤 꽃이 더 예쁘게 보이나요?
- 왜 그렇게 생각하나요?
- 시든 장미꽃은 왜 이렇게 되었을까요?
- 어떻게 해야 할까요?
- 꽃병의 물을 갈아주지 않으면 어떤 모습으로 변할까요?
- 꽃이 잘 자랄 수 있도록 무엇을 하면 될까요?

2) 주전자를 들고 싱크대에 가서 물을 받아 온다.
3) 선이 그어진 투명한 꽃병을 선택한다.
4) 꽃병에 물을 조금 붓는다. 솔을 돌려가면서 씻는다.
5) 물 버리는 그릇에 붓는다.
6) 꽃병 선까지 물을 붓고 주전자 입구를 스펀지로 닦는다.
7) 꽃을 골라 줄기 밑의 잎은 떼어 쟁반에 담는다.
8) 돋보기로 꽃의 줄기를 본다.
- 꽃은 어디로 물을 빨아들일까요?
- 사람도 입을 다물면 물을 마실 수 없듯이 꽃도 이 구멍이 막히면 물을 빨아들일 수 없어요.

9) 선이 있는 물그릇에 물을 선까지 붓는다.
10) 선이 있는 물그릇 안에 줄기를 담가 가위로 자른다.
11) 돋보기로 자른 줄기의 구멍을 본다.
12) 꽃병에 꽂는다.
13) 줄기와 쟁반의 잎을 버린다.
14) 물 버리는 그릇에 남은 물그릇의 물과 주전자의 물을 버린다.
15) 수건을 펴고 가위를 벌려서 놓고 반으로 접어서 닦는다.
16) 꽃병을 교실에 놓고 싶은 곳에 갖다 둔다.
- 어떻게 하면 꽃이 오랫동안 잘 자랄 수 있을까요?
- 내일도 이 꽃의 물을 갈아주기로 해요.

17) 앞치마를 정리한다.
18) 유아에게 권유한다.
19) 식물이 잘 자랄 수 있도록 돌보는 마음을 갖게 한다.
- 식물이 잘 자랄 수 있도록 어떻게 했나요?

5. 흥미점

1) 돋보기로 본다.

2) 꽃병을 솔로 씻는다.

3) 꽃꽂이를 해본다.

4) 줄기를 통해 물을 빨아들인다.

6. 오류의 통제

1) 줄기를 많이 자른다.

2) 꽃병의 물이 흐른다.

7. 직접목적

1) 꽃물을 갈아준다.

2) 식물을 돌봄으로써 생명체를 소중히 다루는 마음을 기른다.

3) 자연을 사랑하는 마음을 가진다.

간접목적: 질서감, 협동력, 독립심, 집중력을 기른다.

8. 변형 및 응용: 여러 가지 꽃물 갈아주기

9. 언어: 꽃병, 꽃 이름, 돋보기, 줄기, 자른다, 꽃물 갈아주기

10. 비고

1) 꽃에 자연스럽게 관심을 가지고 꽃의 소중함을 느끼도록 지도한다.

2) 식물을 돌보는 마음을 갖고 보살펴 주는지 관찰하여 평가한다.

정원 가꾸기

정원은 어린이가 안심하고 지낼 수 있도록 해야 하며 자연 속에서 배워나가는 것이 중요하다. 어린이들은 자연의 신비를 알고 자신의 일부분으로 여기고 싶어 하기 때문에 어른은 어린이에게 자연을 사랑하는 마음이 자라도록 기회를 줄 필요가 있다.

몬테소리는 자연에 대한 감정은 다른 모든 것과 마찬가지로 체험에 의해 성장한다고 하였다. 우리는 어린이들에게 더욱 더 구체적인 설명과 격려로 자연에 대한 감정을 전달하고 그것을 알아차릴 수 있도록 해야 한다. 또한 인공적인 환경 속에서 받은 무의식적인 상처를 치료받을 수 있도록 해야 한다. 어린이가 자연을 통해서 사랑하는 마음을 키워나가고 치료될 수 있도록 하고, 자연으로부터 많은 배움을 발견할 수 있도록 환경을 준비해야 한다.

자연 속의 살아있는 것에 대한 돌봄은 어린이의 마음속에 내재된 본능이 강한 특성으로 나타난다. 유아기의 어린이에게 식물이나 동물을 적극적으로 돌보는 것은 흥미로운 것이기 때문에 자연 안에서 체험할 수 있는 환경이 필요하다.

1) 정원 개관

(1) 제한된 것

정원의 크기는 어린이들이 기억하고 인식할 수 있도록 너무 넓지 않도록 한다.

(2) 단순한 것

다른 것과의 관계를 배워 나가기 위해서 단순해야 한다. 자유롭고 즐겁게 활동할 수 있게 해야 한다.

(3) 준비된 것

어린이의 활동을 위해 어린이의 신체와 힘에 맞추어 사용하기 편한 용기를 준비한다. 교실 안의 교구나 교재는 가급적 플라스틱은 피하고 실외에서는 플라스틱을 사용한다. 단, 금속 제품일 경우에는 끝이 뾰족하지 않은 것을 준비한다.

(4) 친밀감을 느끼기 쉬운 곳

교실활동과 마찬가지로 활동할 수 있어야 한다.

(5) 보호받을 수 있는 곳

위험으로부터 지켜질 수 있도록 교사가 반드시 배치되어야 한다. 또 교실에서 관찰할 수 없는 심리적 활동을 실외에서 발견할 수 있으므로 교사의 직접 관찰이 중요하다.

(6) 위험한 것이 없는 곳

자유롭고 충분하게 활동할 수 있도록 안정되어야 한다. 위험한 곳으로 인해 어린이의 활동이 중단되지 않도록 배려한다.

1. 대상연령: 3세 이상
2. 도　　구: 일정한 장소를 정해 배치해 둔다.
   쓰레기통, 비, 쓰레받기, 비닐봉투, 모종삽, 물뿌리개, 쟁이, 쇠고랑, 갈고리, 손수레, 바구니, 화분
3. 정원의 일
   1) 물 뿌리기
   2) 낙엽 모으기, 쓰레기 모으기
   3) 시든 나뭇가지 정리하기
   4) 식물 옮겨심기, 나무를 볏단에 싸주기(벌레 예방, 겨울나기)

5) 잡초 뽑기
6) 씨뿌리기, 씨앗의 발달과정 관찰
7) 자연보호 예절

▸ 화분을 키워주세요(진 자이언 저, 출판사: 웅진닷컴)

1) 동화를 들려준다.
2) 동화 내용을 회상한다.
   - 토미가 여름휴가를 간 이웃들에게 부탁받은 것은 무엇이었나요?
   - 토미는 어떻게 화분을 돌봤나요?
   - 화초들이 아주 무성해져서 온 집이 정글같이 되자, 토미는 어떻게 했나요?
   - 우리 친구들도 토미처럼 화분을 잘 가꾸고 돌봐줄 수 있나요?

식사준비 및 정리

2년 8개월이 된 어린이가 매일 간식시간이 되면 뛰어와서 바쁘게 앞치마를 입는다. 친구들에게 밀크랑 차를 쟁반에 담아 운반하는 '당번'일을 매일 하고 싶어한다. 평형감각을 익혀가고 있는 2살 어린이는 쟁반에 마실 것을 얹어 나르는 활동을 통해 자기 자신의 움직임을 자유롭게 하기 위한 기쁨과 연결해 간다. 당번 일이 어른처럼 의무로 되어있는 5~6세의 아이들과는 큰 차이를 볼 수 있다. 몬테소리는 어린이 자신이 동작의 주인공이 되어야 한다고 주장하였다.

1. 대상연령: 4세 이상
2. 선행학습: 옮기기 활동들
3. 교　　구: 물수건과 물그릇, 쟁반, 행주, 앞치마, 식판
4. 제시방법

1) 식사 준비와 정리에 대해 이야기 나눈다.
   - 식사를 할 때 필요한 도구는 무엇이 있을까요?
   - 식사를 정리할 때는 어떻게 할까요?
   - 우리 친구들이 생각한 도구로 식사 준비하기를 해볼 수 있나요?

〈식사 준비〉

1) 식사 도우미는 앞치마를 입는다.
2) 책상을 닦고 손을 씻는다.
3) 물그릇과 물수건을 담은 쟁반을 책상 위에 놓는다.
4) 한 명씩 식판에 식사 준비를 한다.

〈식사하기〉

1) 식사할 때 올바른 예절에 대하여 알아본다.
   - 식사할 때 지켜야 할 예절은 무엇이 있을까요?
   - 음식을 넣고 말하지 않아요.
   - 음식을 씹을 때 큰소리 내지 않아요.
   - "잘 먹겠습니다." 인사하고 어른이 수저를 든 후 식사해요.

〈식사 정리〉

1) 식사가 끝났을 때의 예절에 대해 이야기 나눈다.
   • "잘 먹었습니다"라고 인사한다.
   • 자기가 먹은 그릇은 갖다 놓는다.
2) 남은 음식은 음식 버리는 통에 버린다.
3) 식판과 반찬그릇을 한 곳에 모은다.
4) 책상 위의 음식물과 바닥에 흘린 음식물은 손가락으로 집어 물그릇에 담는다. 물수건으로 손가락을 닦고 정리한다.
5) 책상을 닦는다.
6) 식사 예절을 지키지 않으면 어떤 점이 불편한지 이야기 나눈다.
   • 왜 식사할 때 예절을 지켜야 할까요?
   • 흘린 음식물을 왜 물그릇에 담으면 좋을까요?

5. 흥미점
   1) 식사 준비를 한다.
   2) 정해진 자리에서 식사를 한다.
   3) 흘린 음식물을 손가락으로 집어 정리한다.

6. 오류의 통제
   1) 음식을 입에 넣고 말한다.
   2) 음식을 씹을 때 소리가 난다.
   3) 인사를 하지 않는다.
   4) 식사정리를 하지 않는다.

7. 직접목적
   1) 식사준비와 정리를 한다.
   2) 음식을 바르게 먹는다.
   3) 식사 예절을 안다.

   간접목적: 질서감, 독립심, 협응력, 집중력을 기른다.

8. 변형 및 응용
   1) 식탁 차리기
   2) 식사 예절로서 식사 습관, 음식 문화, 한식과 양식의 문화를 안다.
   3) 바른 식사 행동과 바르지 않는 식사 행동
      • 손으로 집어 먹는 모습

- 돌아다니면서 먹는 모습
- 어른이 먹여주는 모습
- 음식을 입안에 넣고 말하는 모습
- 먹기 싫어서 짜증내는 모습

4) 역할놀이를 통해 식사 예절을 경험한다.

5) 편식 하지 않고 골고루 먹기

6) 세계 여러 나라의 식사 예절

9. 언어: 식판, 음식물, 집다.

10. 비고

1) 밥상 예절교육은 가정과 연계하여 교육한다.

2) 바른 식사 예절 행동을 관찰을 통해 평가한다.

3) 식사 준비와 정리를 관찰을 통해 평가한다.

녹차 대접하기

1. 대상연령: 만 5세 이상
2. 선행학습: 상차리기 활동
3. 교　　구: 녹차, 찻잔, 차받침, 스푼, 보온병, 차 주전자, 행주, 모래시계(1분), 물 버리는 그릇, 쟁반
4. 제시방법

1) 녹차의 색깔과 향에 대해 이야기 나눈다.
   - 어떤 식물의 잎일까요?
   - 어떤 색깔을 가지고 있나요?
   - 어떤 향이 날까요?
   - 어떤 맛이 날까요?
   - 통속에 담긴 녹차 잎의 향을 맡고 어떤 식물인지 맞추어 본다.

2) 녹차가 만들어지는 과정을 이야기 나눈다.

〈녹차 준비하기〉

1) 녹차를 만드는 방법에 대해 이야기 나눈다.
   - 녹차를 친구와 함께 맛있게 마실 수 있는 방법이 있대요.
   - 함께 알아볼까요?

2) 손을 씻는다.

3) 차보를 접어서 오른쪽 바닥에 놓는다.
   차 주전자의 뚜껑을 열고 보온병에 있는 물을 붓는다.

4) 뚜껑을 닫고 두 잔의 찻잔에 부어 헹구고 물 버리는 그릇에 붓는다.

5) 스푼으로 녹차를 한 숟가락 넣고 보온병에 있는 물을 붓고 뚜껑을 닫는다.
6) 모래시계를 뒤집어 놓으면서 "모래시계가 다 내려갈 때까지 기다려요"라고 말한다.
7) 우려낸 녹차를 두 잔에 왔다 갔다 하면서 붓는다.
8) 차를 친구에게 대접한다.
9) 차를 대접할 때와 대접받을 때의 예절에 대해 이야기 나눈다.
- 차를 대접할 때 어떤 말을 하면 좋을까요?
- 차를 대접받는 친구는 어떤 말을 하면 좋을까요?

〈녹차 정리하기〉
1) 남은 녹차 찌꺼기는 숟가락으로 꺼내고 뚜껑을 닫는다.
2) 녹차 찌꺼기는 말리는 곳에 가서 펼쳐 놓는다.
3) 차 주전자를 열어 보온병에 있는 물을 붓고 뚜껑을 닫는다.
4) 찻잔에 부어 헹구고 물 버리는 그릇에 붓는다.
5) 행주 위에 찻잔을 올려놓고 돌려가면서 닦는다.
6) 행주 위에 숟가락을 올려놓고 행주를 덮어서 숟가락을 빼낸다.
7) 교구를 정리하고 차보를 덮는다.
8) 유아에게 권유한다.
9) 녹차를 마실 때 지켜야 할 예절에 대해 이야기 나눈다.
- 녹차를 마실 때 어떻게 마시면 될까요?
- 왜 한 모금씩 마시면 좋을까요?
- 녹차 맛은 어떤가요?
- 녹차를 누구에게 대접하고 싶나요?

5. 흥미점
1) 녹차의 향을 맡는다.
2) 녹차의 색깔과 맛을 본다.
3) 녹차를 대접한다.

6. 오류의 통제
1) 교구를 정리하지 못한다.
2) 녹차를 흘린다.
3) 녹차 맛이 잘 우려나지 않는다.

7. 직접목적: 녹차 대접하는 방법을 안다.

간접목적

1) 논리적 사고력을 기른다.

2) 질서감, 독립심, 협응력, 집중력을 기른다.

8. 변형 및 응용

1) 유자차 대접하기

2) 생강차 대접하기

9. 언어: 녹차, 젓다, 대접하다, 마시다, 따뜻한 물, 붓는다, 한 숟가락.

10. 비고: 차를 대접할 수 있는지 관찰하여 평가한다.

오이 썰기

"안녕하세요"라고 건강한 목소리로 등원하여 '야채 썰기 코너'를 향하고 있는 3년 6개월이 된 어린이가 있다. 언제나처럼 매우 좋아하는 곰 인형을 자기 옆에 앉혀놓고 진지한 표정으로 오이 썰기 활동에 열중하기 시작했다.

"공룡놀이하자."

"나 지금 오이 썰고 있으니까 바빠."

"그러면, 끝내고 해."

"알았어."

칼을 능숙하게 움직이면서 친구들 권유에도 흔들리지 않고, 오이 썰기에 열중하고 있는 이 어린이는 예전에는 친구들 선두에 서서 공룡세계에 빠져 있었다. 그런데 어느 날, 그의 눈에 갑자기 신선한 광경이 들어온 것이다. 집에서는 절대로 만져서는 안 되는 물건이 거기에 있었다. 칼이었다. 공룡을 좋아하던 이 어린이는 어느 날 진지한 표정으로, 친구들의 활동을 열심히 보는 관찰자로 변한 것이었다.

"친구야, 뭐해?"

"오이 자르고 있어."

"칼이 위험하지 않아?"

"바르게 사용하면 괜찮아."

"정말? 나도 좀 시켜줘."

기다리는 것을 싫어하던 이 어린이는 이때만큼은 참고 끝나는 것을 기다리고 있었다. 그리고 이날을 시작으로 이 어린이에게서 서서히 공룡의 모습은 사라지고, 교실에 정리된 교구를 사용하고 여러 가지 활동에 몰두해 가는 모습을 보게 되었다.

▸ 야채로 도장 찍기(요시다 기미마로 저, 출판사: 한림출판사)

1) 동화를 들려준다.

2) 동화 내용을 회상한다.

- 도장을 사용해 본 적이 있나요?
- 무엇으로 도장을 찍어 보았나요?
- 도장처럼 무늬의 모양이 나올 수 있는 것은 어떤 것이 있을까요?
- 야채토막으로 도장 찍기를 할 수 있는 것은 어떤 것이 있을까요?
- 엄마가 부엌에서 무엇을 하고 있었나요?

- 아이들이 바닥에 떨어진 양파토막으로 무엇을 했나요?
- 또 어떤 야채토막을 사용해서 도장 찍기를 했나요? 그때 어떤 모양들이 만들어졌는지 이야기해 보세요.
- 또 다른 무늬를 만들 수 있나요?
- 어떻게 하면 다른 무늬를 만들 수 있을까요?
- 같은 무늬를 여러 번 찍으면 어떤 모양이 될까요?
- 모두 다 어떤 그림이 될까요?
- 어떤 야채토막으로 도장 찍기를 할 수 있을까요?

1. 대상연령: 5세 이상
2. 선행학습: 옮기기, 닦기의 활동들
3. 교　　구: 앞치마, 쟁반, 빵 칼, 도마, 스펀지, 행주, 접시, 포크, 오이
4. 제시방법
   1) 부엌에서 쓰는 도구의 종류와 용도에 대해 이야기 나눈다.
      - 부엌에서 쓰는 도구는 어떤 것이 있을까요?
        부엌에서 사용하는 도구에는 컵, 칼, 도마, 숟가락과 젓가락, 주걱, 국자와 뒤집기, 프라이팬, 냄비, 그릇, 접시, 병따개, 쟁반 등이 있어요.
      - 부엌에서 쓰는 도구들이 각각 어떻게 쓰이는지 이야기해 보세요.
      - 칼은 음식을 자를 때 쓰고요. 병따개는 콜라병 딸 때 쓰고요. 컵은 음료수를 먹을 때 써요.
      - 칼을 사용해 본 적이 있나요?
      - 칼을 사용할 때 주의해야 하는 점은 무엇일까요?
      - 왜 그렇게 생각하나요?
      - 칼을 사용할 때 어떻게 해야 하나요?
   2) 앞치마를 입고 손을 씻는다.
   3) 오이를 도마에 놓는다.
   4) 빵 칼을 정확히 잡는다.
   5) 오이를 자른다.
      왼손은 오이를 잡고 오른손은 빵 칼을 잡아 위에서 아래로 천천히 끝까지 자른다.
   6) 썬 오이를 접시에 담는다.
   7) 동일한 방법으로 진행한다.
   8) 포크를 꽂는다.

9) 빵 칼을 스펀지로 닦아 정리한다.

10) 도마를 스펀지로 닦는다.

11) 썬 오이를 친구와 함께 나누어 먹는다.

12) 포크와 접시는 싱크대에서 씻어서 정리한다.

13) 스펀지를 깨끗이 빨아서 제자리에 정리한다.

14) 앞치마를 정리한다.

15) 유아에게 권유한다.

16) 빵 칼을 사용해서 오이를 썰어 본 경험에 대해 이야기 나눈다.

- 빵 칼로 오이를 썰어 보니 어떤 기분이 드나요?
- 빵 칼로 또 어떤 것을 잘라보고 싶나요?

5. 흥미점: 빵 칼로 썬다.

6. 오류의 통제

1) 끝까지 자르지 못한다.

2) 친구에게 나누어 주지 못한다.

3) 교구를 정리하지 못한다.

7. 직접목적: 빵 칼로 오이를 썬다.

간접목적: 주의력, 집중력, 의지력, 질서감, 독립심, 협응력을 기른다.

8. 변형 및 응용

1) 껍질 벗겨서 썰기

가) 교구: 껍질 벗기는 칼, 껍질 담을 쟁반

나) 제시방법

① 2)~3)까지는 위와 동일하게 진행한다.

② 껍질 벗기는 칼을 정확히 잡는다.

③ 오이를 인식한다.

④ 껍질 벗기는 칼로 끝까지 벗긴다.

⑤ 껍질은 쟁반에 담는다.

⑥ 오이를 돌려가며 동일한 방법으로 진행한다.

⑦ 껍질을 벗긴 오이를 잘라서 접시에 담는다.

⑧ 동일한 방법으로 진행한다.

⑨ 포크를 꽂는다.

⑩ 빵 칼을 스펀지로 닦아 정리한다.

⑪ 도마를 스펀지로 닦는다.

⑫ 친구들에게 나누어준다.

⑬ 포크와 접시는 싱크대에서 씻어서 정리한다.

⑭ 스펀지를 깨끗이 빨아서 제자리에 정리한다.

⑮ 앞치마를 정리한다.

⑯ 유아에게 권유한다.

2) 샐러드 만들기

3) 다양한 재료의 껍질 벗기기(무, 감자, 고구마, 당근)

4) 요리영역

9. 언어: 오이, 맛있다, 드셔 보세요, 감사합니다.

10. 비고

1) 칼은 빵 칼로 대체한다.

2) 오이 썰기를 할 수 있는지 관찰하여 평가한다.

귤 주스 짜기

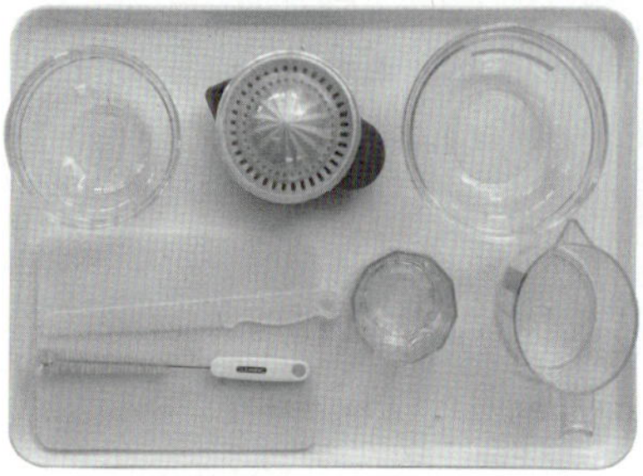

1. 대상연령: 4세 이상
2. 선행학습: 열고 닫기, 자르기, 옮기기 활동들
3. 교 구: 귤, 주스 짜는 기구, 컵, 솔, 도마, 빵 칼, 스펀지, 행주, 그릇 1개, 휴지, 앞치마, 주전자, 오렌지 담는 통, 음식물 버리는 통, 양동이
4. 제시방법

▸ 과일사세요!(장선혜 저, 출판사: 삼성출판사)

1) 동화를 들려준다.
2) 동화 내용을 회상한다.
   - 곰 뚜우의 과수원에는 어떤 과일들이 있었나요?
   - 뚜우가 맛본 사과의 맛은 어땠나요?
   - 오렌지와 바나나, 배의 맛은 어땠나요?
   - 우리 친구들이 먹어본 또 다른 과일은 무엇이 있나요? 그리고 어떤 맛이었는지 이야기해 보세요.

1) 과일로 요리하는 방법에 대해 알아본다.
2) 비밀상자 안에 들어 있는 귤을 만져보고 이야기 나눈다.
   - 어떤 모양인 것 같나요?
   - 귤을 먹어본 적이 있나요?
   - 어떤 맛이 나나요?
   - 귤로 어떤 요리를 할 수 있나요?
   - 귤을 주스로 만들어 본 적이 있나요?

3) "선생님과 함께 귤을 주스로 만드는 방법을 배워서 어떤 맛인지 마셔 볼까요?"
4) 앞치마를 입고 손을 씻는다.
5) 싱크대에서 물을 받아 온다.
6) 귤 한 개를 도마 위에 놓고 빵 칼로 반을 자른다.
7) 빵 칼은 스펀지로 닦아 제자리에 정리한다.
8) 짜는 기구 위에 귤을 엎어 놓고 돌린다.
9) 귤껍질을 그릇에 담는다.
10) 짠 귤은 컵에 붓는다.
11) 귤껍질을 음식물 버리는 통에 버린다.
12) 스펀지로 도마 위와 주위를 닦는다.
13) 그릇에 물을 붓고 솔로 짜는 기구를 씻는다.
씻은 물은 양동이에 붓는다. 한 번 더 반복한다.
14) 행주 위에 솔을 놓고 물기를 닦는다.
주스 짜는 기구는 행주 위에 놓고 물기를 닦는다.
15) 양동이의 물은 싱크대에 버린다.
16) 앞치마를 벗어 정리한다.
17) 주스를 마시고 휴지로 입가를 닦는다.
18) 컵을 씻어 제자리에 정리한다.
19) 주스를 만들어 본 느낌을 말하고 다른 방법에 대해 이야기 나눈다.
- 귤의 모습이 어떻게 변했나요?
- 귤을 주스로 만들어보니 어떤 느낌이 들었나요?
- 귤 맛과 주스의 맛은 같을까요?
- 귤로 또 어떤 요리를 만들 수 있을까요?

5. 흥미점

1) 손목을 돌려 짠다.
2) 주스를 부을 때 소리를 듣는다.
3) 귤의 색깔과 향기, 맛을 본다.
4) 귤 짜는 기구를 사용한다.
5) 귤 짜는 기구를 솔로 씻는다.
6) 귤이 주스로 변하는 과정을 본다.

6. 오류의 통제

1) 귤이 갈라진다.

2) 교구를 정리하지 못한다.

3) 주스를 흘린다.

4) 귤 알맹이가 짜는 기구에 남아 있다.

7. 직접목적: 귤 짜는 기구 사용법을 안다.

간접목적

1) 질서감, 독립심, 협응력, 집중력을 기른다.

2) 일의 순서과정을 통해 논리적인 사고력을 기른다.

8. 변형 및 응용: 과일 주스 만들기

9. 언어: 귤 주스, 껍질, 귤 짜는 기구, 달다.

10. 비고

1) 칼은 빵 칼로 대체한다.

2) 귤 주스를 만들 수 있는지 관찰하여 평가한다.

빵 썰기

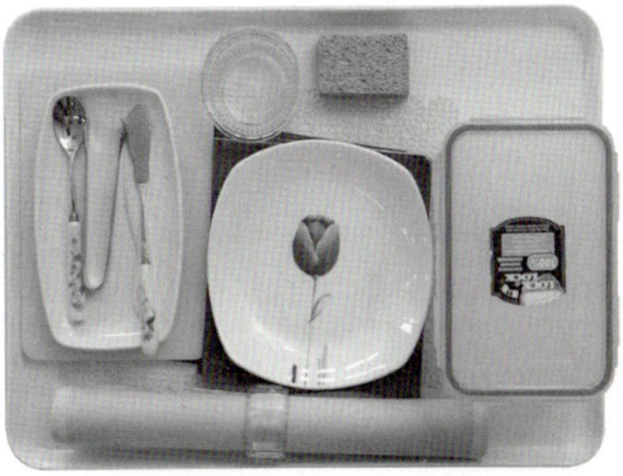

1. 대상연령: 4세 이상
2. 선행학습: 오이 껍질 벗기기
3. 교　　구: 식빵, 식빵 담을 통, 도마, 빵 칼, 스펀지, 집게
4. 제시방법
   1) 식빵을 자르고 나누어 먹는 방법에 대해 이야기 나눈다.
      - 이것은 무엇일까요?
      - 크기는 어떤가요?
      - 이 식빵을 몇 사람이 나누어 먹을 수 있을까요?
      - 어떤 방법으로 친구들과 똑같이 나누어 먹을 수 있을까요?
      - 어떤 방법으로 순서를 정하면 될까요?
   2) 앞치마를 입고 손을 씻는다.
   3) 빵을 도마 위에 놓는다.
   4) 빵을 빵 칼로 자르고 집게로 접시에 담는다.
   5) 순서대로 빵을 빵 칼로 자르고 집게로 집어서 담는다.
   6) 빵 칼은 스펀지로 닦아 제자리에 정리한다.
   7) 도마 위를 스펀지로 닦는다.
   8) 교구를 정리한다.
   9) 똑같이 나눈다는 개념에 대해 이야기 나눈다.
      - 크기는 다르지만 똑같이 나눈 것 같나요?
      - 왜 그렇게 생각하나요?

- 서로의 생각을 표현하니 어떤 점이 좋은 것 같나요?
- 빵 썰기를 하고 난 후 어떤 점이 재미있었나요?
- 어려운 점은 없었나요?

5. 흥미점
   1) 빵 칼로 빵을 자른다.
   2) 집게를 사용한다.
   3) 빵 크기는 다르지만 똑같이 나눈다는 의미를 이해한다.
6. 오류의 통제
   1) 교구가 정리되지 않았다.
   2) 똑같이 나눈다는 의미를 이해한다.
   3) 자신의 생각을 표현하고 다른 사람의 생각도 이해한다.
7. 직접목적: 빵 칼의 사용법을 안다.
   간접목적: 질서감, 독립심, 협응력, 집중력을 기른다.
8. 변형 및 응용: 샌드위치 만들기, 삼각형으로 자르기, 1/4, 1/8 등분하기
9. 언어: 빵, 먹다, 자르다.
10. 비고
    1) 칼은 빵 칼로 대체 가능하다.
    2) 빵을 자를 수 있는지 관찰하여 평가한다.

샌드위치 만들기

1. 대상연령: 4세 이상
2. 선행학습: 자르기, 붓기, 닦기의 활동들
3. 교구: 식빵, 바구니, 딸기 잼, 도마, 빵 칼, 스펀지, 잼 담는 용기, 스푼, 집게, 앞치마, 휴지, 잼 바르는 칼, 빵 담는 접시, 행주
4. 제시방법

▸ '식빵이의 친구 찾기' 동화를 듣는다.

- 동화 속에 누가 나왔나요?

▸ 샌드위치의 유래

옛날에 샌드위치라는 이름을 가진 백작이 살고 있었어요. 샌드위치 백작은 게임을 너무 좋아했어요. 그래서 식사도 안하고 줄곧 게임만 했지요. 이를 지켜보던 샌드위치 백작의 하인은 아무것도 먹지 않는 샌드위치 백작이 걱정이 되어 빵과 잼을 백작에게 가져다 주었어요. 백작은 빵을 따로 먹을 시간이 없다면서 빵을 반으로 잘라서 잼을 바르고 먹기 시작했어요. 같이 게임을 하고 있던 귀족들은 간편하게 먹을 수 있는 좋은 음식이라고 하며 좋아했고, 그 빵을 샌드위치 백작의 이름을 붙여 샌드위치라고 이름을 붙였답니다.

1) 여러 가지 모양의 샌드위치 사진을 보며 이야기 나눈다.
   - 이것은 무엇일까요?(식빵, 햄, 달걀, 토마토, 양파)
   - 친구들은 샌드위치를 먹어본 경험이 있나요?
   - 어떻게 만들 수 있을까요?
   - 어떤 모양의 샌드위치를 만들고 싶나요?
2) 샌드위치를 만들어 본다.
3) 앞치마를 입고 손을 씻는다.
4) 도마 위에 빵 한 개를 집게로 집어 도마 위에 놓는다.
5) 빵 칼로 반을 자른다.
6) 빵 칼은 스펀지로 닦아 정리한다.
7) 잼 뚜껑을 열고 스푼으로 잼을 용기에 덜고 뚜껑을 닫는다.
8) 잼 바르는 도구로 빵 한 조각을 들어 골고루 바른다.

9) 다른 빵 한 조각을 마주 붙인다.

10) 집게로 빵을 접시에 담는다.

11) 도마 위를 스펀지로 닦는다.

12) 사용한 스푼과 빵 바르는 도구, 용기, 스펀지는 싱크대에 가지고 가서 씻는다.

13) 스푼, 빵 바르는 도구, 용기는 행주로 닦는다.

14) 유아가 먹고 난 접시는 쟁반 안에 놓는다.

15) 교구를 정리한다.

17) 샌드위치를 만들어 본 경험에 대해 이야기 나눈다.

5. 흥미점

1) 빵 칼로 빵을 자른다.

2) 잼을 빵에 바른다.

3) 빵 조각을 붙인다.

6. 오류의 통제

1) 잼을 흘린다.

2) 교구가 제대로 정리되지 않는다.

7. 직접목적:

1) 샌드위치를 만든다.

2) 바른 태도로 음식을 먹는다.

간접목적: 질서감, 독립심, 협응력, 집중력을 기른다.

8. 변형 및 응용: 크래커에 잼 바르기

9. 언어: 샌드위치, 잼, 바르다, 마주 붙이다.

10. 비고: 샌드위치를 만들 수 있는지 관찰하여 평가한다.

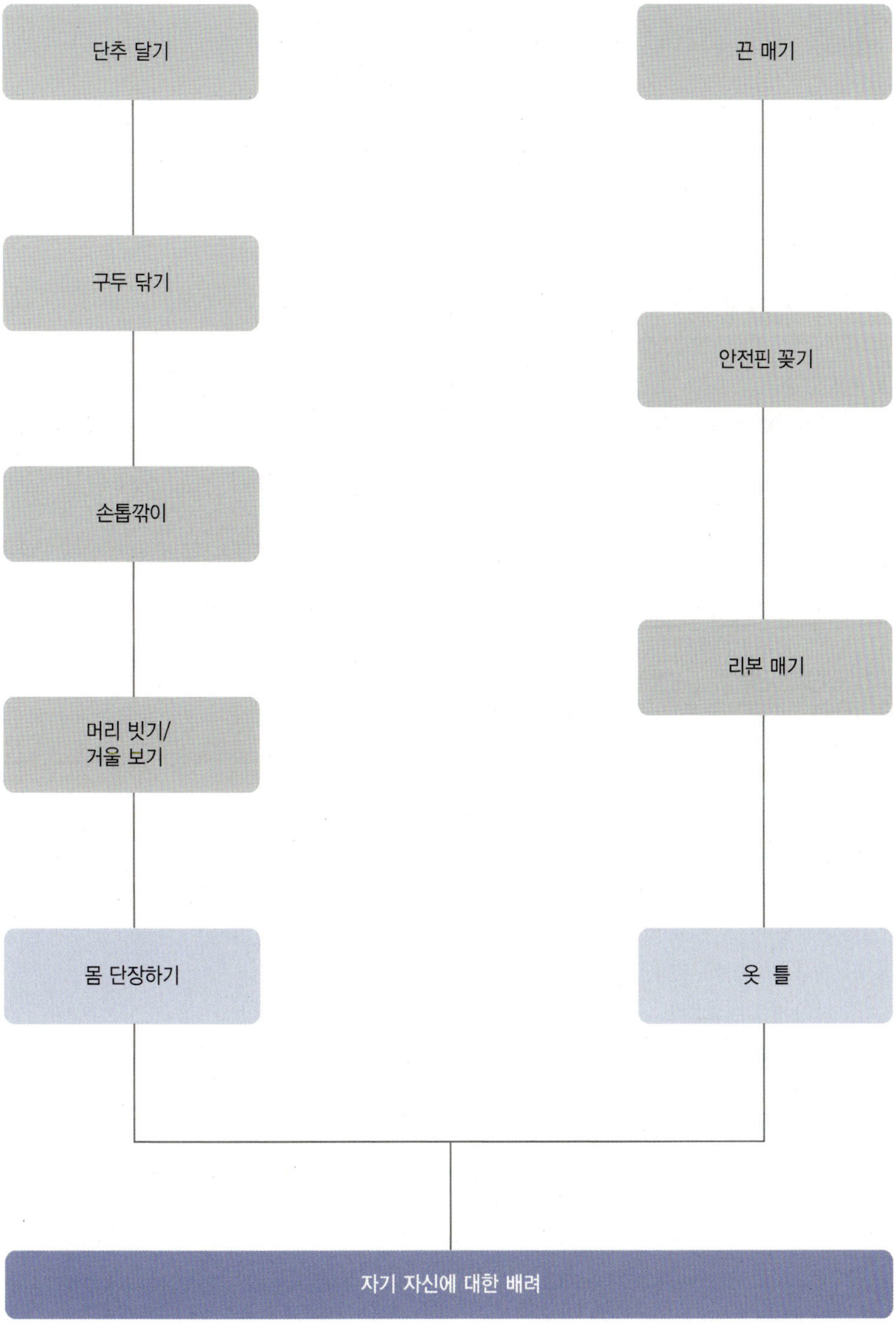
단추 달기
구두 닦기
손톱깎이
머리 빗기/
거울 보기
몸 단장하기
끈 매기
안전핀 꽂기
리본 매기
옷 틀
자기 자신에 대한 배려

7 자기 자신에 대한 배려

머리 빗기/거울 보기

1. 대상연령: 3세 이상
2. 선행학습: 신입 원아
3. 교　　구: 거울(전신거울, 상반신거울, 손거울) 빗, 머리핀, 반지, 목걸이, 귀걸이, 휴지통, 휴지
4. 제시방법

▸머리빗에 눈과 입을 부쳐 인형으로 제시한다.

지저분한 머리그림과 단정한 머리그림을 준비한다.

"안녕 나는 머리빗이야."

"나는 너희들의 머리를 예쁘고 단정하게 빗을 때 사용하지. 너희들은 날 사용한 적이 있니?"

"난 머리가 예쁘고 단정한 어린이들을 참 좋아한단다."

"왜냐하면 머리를 잘 빗으면 얼굴도 예뻐 보이고 마음씨까지 좋아 보이거든."

"우리 ○○반 친구들도 날 사용해서 예뻐질 수 있겠지?

1) 머리를 단정하게 빗는 방법에 대해 안다.
2) 거울 앞에 앉는다.
3) 빗을 바르게 잡아 머리의 앞, 옆, 뒤를 위에서 아래로 빗는다.
   이때 한 손은 머리빗의 반대 부분에 얹는다.
4) 빗을 놓고 머리핀을 꽂고 반지, 목걸이, 귀걸이를 단다.
5) 휴지를 한 장 빼서 빗에 붙어 있는 머리카락과 주위에 있는 머리카락을 싸서 휴지통에 버린다.
6) 빗을 제자리에 정리한다.
7) 유아에게 권유한다.
8) 단정하게 정리된 머리를 보고 느낀 점에 대해 이야기 나눈다.
   - 단정한 머리를 보니 어떤 기분이 드나요?
   - 바닥에 떨어진 머리는 어떻게 했나요?
   - 왜 그렇게 정리해야 하나요?

5. 흥미점

1) 빗이 머리카락에 내려간다.

2) 머리핀을 꽂아 본다.

3) 거울에 비친 자기 모습을 본다.

6. 오류의 통제

1) 머리카락이 엉켜 있다.

2) 머리카락이 바닥에 떨어져 있다.

3) 교구가 제대로 정리되지 않았다.

7. 직접목적

1) 타인에 대한 배려로서 예의범절을 지킨다.

2) 머리를 손질한다.

간접목적: 질서감, 독립심, 협응력, 집중력을 기른다.

8. 변형 및 응용

1) 다양한 머리 모양

2) 다양한 모양의 빗과 거울 사용

9. 언어: 거울, 빗, 머리핀, 머리카락, 귀걸이, 목걸이, 빗다.

10. 비고

1) 유아들이 자신을 꾸밀 수 있도록 다양한 액세서리를 준비해둔다.

2) 단정한 머리를 관리할 수 있는지 관찰하여 평가한다.

손톱깎이

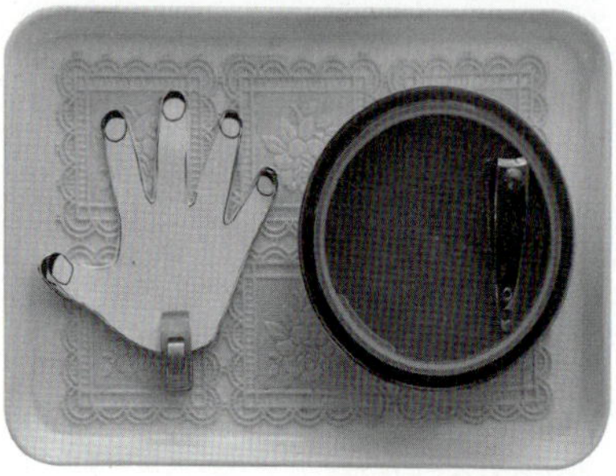

1. 대상연령: 4세 이상
2. 선행학습: 자르기 활동
3. 교　　구: 손 모양의 그림, 손톱깎이와 담을 그릇, 손톱 담을 통, 쟁반, 검은 색연필
4. 제시방법

▸ 다섯 손가락 인형(장갑에 삐쭉삐쭉 한 손톱 모양)

"엉, 엉, 엉.", "응, 무슨 소리지? 누가 울고 있지~."

"선생님~ 너무 속상해요."

"손가락 친구들이 왜 울고 있어요?"

"친구들이 손톱을 이로 뜯어서 못난이 손톱이 되어 버렸어요."

"친구들아, 나 다시 예뻐질 수 있게 도와주지 않을래?"

"우리 손가락 친구가 다시 예뻐질 수 있게 하려면 어떻게 하면 좋을까요?"

(손톱을 깎아줘요)

"무엇으로 깎을까요?"

(손톱깎이요)

1) 손톱을 깎아 본 경험에 대해 이야기 나눈다.
  - 손톱을 깎아보았나요?
  - 손톱깎이를 사용해서 손가락 친구의 손톱을 예쁘게 깎아줄까요?
2) 만약에 손톱을 깎지 않았다면 어떤 일이 생길지 이야기 나눈다.
  - 손톱은 언제 깎아야 할까요?
  - 긴 손톱을 보면 어떤 느낌이 드나요?
  - 긴 손톱 밑에 더러운 것이 끼게 되면 어떤 일이 생길까요?

3) 교구를 활동할 장소로 옮긴다.

• 긴 손톱 부분을 검은 색연필로 색칠한다.

4) 손톱 담을 통을 중앙에 놓는다.

5) 손톱깎이를 보여 준다.

• 손톱깎이는 어떻게 생겼나요?

• 손톱을 깎을 때 어떤 소리가 났는지 기억나나요?

6) 손톱깎이 잡는 방법을 보여 준다.

오른손 엄지는 윗 손잡이를 잡고 검지와 장지는 아래쪽을 받치고 눌러본다.

7) 왼손은 손 그림이 그려진 종이 한 장을 잡는다.

8) 검게 칠한 손톱 부분을 엄지손가락부터 손톱깎이로 잘라본다.

9) 남은 손톱이 있는지 확인한다.

10) 손톱깎이를 정리한다.

11) 완성된 손 그림에 이름을 쓴다.

12) 유아에게 권유한다.

13) 깨끗하게 정리된 손톱을 보고 어떤 느낌이 드는지 이야기 나눈다.

• 깨끗한 손톱을 보니 어떤 느낌이 드나요?

• 손톱을 너무 많이 자르게 되면 어떻게 될까요?

14) 교구를 제자리에 정리한다.

5. 흥미점

1) 손톱 자르는 소리를 듣는다.

2) 손톱깎이를 오므릴 때 종이가 잘린다.

3) 긴 손톱을 그려서 잘라본다.

6. 오류의 통제

1) 손톱깎이가 움직이지 않는다.

2) 손톱이 잘리지 않는다.

3) 손톱 조각을 정리하지 않는다.

7. 직접목적

1) 손톱깎이의 사용법을 안다.

2) 손가락과 손목의 힘을 기른다.

3) 손톱을 청결히 하는 습관을 기른다.

간접목적: 질서감, 독립심, 협응력 집중력을 기른다.

8. 변형 및 응용

1) 종이의 두께

2) 손톱의 크기

3) 발톱 깎기

4) 매니큐어 칠하기

5) 손모양의 그림 꾸며보기

6) 내 손 모양 그려서 손톱 깎아보기

9. 언어: 자르다, 오므리다, 벌리다, 손톱 깎기, 손톱.

10. 비고

1) 종이의 두께와 손톱 깎기의 크기를 배려하여 준비한다.

2) 손톱깎이를 사용할 때 다치지 않도록 주의한다.

3) 깎은 손톱은 정리하도록 한다.

4) 손톱깎이를 사용할 수 있는지 관찰하여 평가한다.

구두 닦기

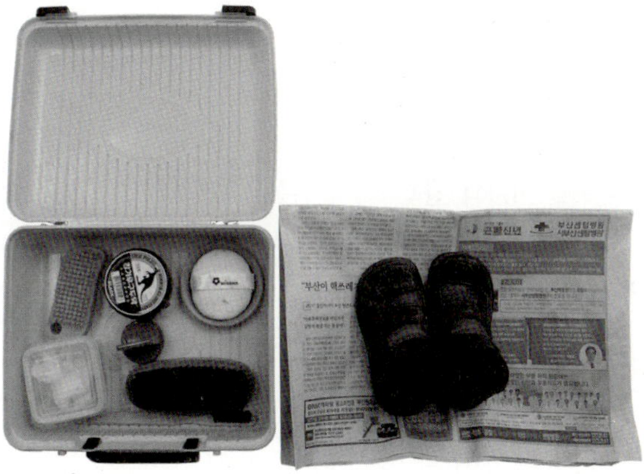

1. 대상연령: 3세 이상
2. 선행학습: 옮기기, 열고 닫기의 활동
3. 교　　구: 구두, 비닐 매트, 신문지, 먼지 터는 솔, 구두약(무색), 구두약 묻히는 솔, 앞치마, 광내는 천, 광내는 솔, 칫솔
4. 제시방법
   1) 수수께끼를 풀어 보세요.
      - 사람들과 함께 열심히 일을 해요.
      - 밖에 나갈 때 꼭 필요해요.
      - 2개가 1쌍이예요.
      - 이것은 무엇일까요?
   2) 교사가 지저분해진 구두를 꺼낸다.
      - 누구의 구두인 것 같나요?
      - 아빠 구두의 모습이 어떤가요?
      - 더러워진 구두를 어떻게 하면 좋을까요?

▸ 아빠 힘내세요(노래)
- 하루 종일 일하시느라 힘드신 아빠를 위해 우리가 도와줄 수 있는 일은 무엇일까요?
- 우리 친구들이 아빠를 위해 도와줄 수 있는 일이 많이 있네요.

3) 구두를 닦아본 경험에 대해 이야기 나눈다.
- 구두를 닦아본 적이 있나요?
- 언제 구두를 닦으면 될까요?
- 만약 더러워진 구두를 닦지 않으면 어떤 기분이 들까요?

4) 교구를 활동할 장소로 옮긴다. 비닐 매트를 깐다.
5) 앞치마를 입는다.
6) 비닐 매트 위에 교구를 하나씩 왼쪽에서 오른쪽으로 나열한다. 칫솔, 먼지 터는 솔, 구두약, 구두약 묻히는 솔, 광내는 천, 광내는 솔, 신문지를 나열한다.
7) 신문지를 중앙에 깐다.
- 먼지를 털지 않고 구두약을 바르면 어떻게 될까요?

8) 구두를 신문지 위에 놓고 구두 밑부분의 먼지나 모래를 칫솔로 털어내어 제자리에 놓는다.
9) 먼지 터는 솔로 구두의 먼지를 털어 놓는다.
10) 구두약 뚜껑을 열고 구두약을 솔에 묻힌다.
11) 왼손을 구두 속에 넣고 오른손은 구두약이 묻혀 있는 솔로 e자 모양으로 골고루 바른다.
12) 광내는 천으로 광을 내고 제자리에 정리한다.
13) 광내는 솔로 구두를 닦고 제자리에 정리한다.
14) 동일한 방법으로 구두 한 짝도 반복한다.
15) 사용한 신문지가 더러워지면 새 신문지를 가지고 온다.
16) 새 신문지를 접어 다른 물건들과 같이 정리한다.
17) 싱크대에 가서 손을 씻는다.
18) 유아에게 권유한다.
19) 교구를 제자리에 정리한다.
20) 반짝반짝 빛나는 구두를 보고 이야기 나눈다.
- 더러워진 구두가 어떻게 변했나요?
- 광이 나는 구두를 신고 다니면 어떤 기분이 들까요?
- 왜 구두 닦기를 하고 난 뒤 손을 씻어야 될까요?

5. 흥미점

1) 구두, 구둣솔, 광내는 천을 탐색한다.
2) 구두를 솔질할 때 나는 소리를 듣는다.
3) 광이 나는 구두를 본다.

4) 솔로 구두를 닦는다.

5) 구두약을 구두에 e자 모양으로 묻힌다.

6. 오류의 통제

1) 구두약을 너무 많이 사용한다.

2) 먼지를 털어내지 않고 구두약을 바른다.

3) 신문지를 깔지 않는다.

7. 직접목적: 구두 닦는 방법을 안다.

간접목적: 질서감, 독립심, 협응력, 집중력을 기른다.

8. 변형 및 응용: 다양한 구두 닦기를 한다.

9. 언어: 구두, 구두약, 구둣솔, 광내다.

10. 비고: 구두를 닦을 수 있는지 관찰하여 평가한다.

단추 달기

1. 대상연령: 7세
2. 선행학습: 바느질하기 활동
3. 교　　구: 단추, 실, 바늘, 가위, 연필, 바늘꽂이, 작은 매트 천
4. 제시방법

1) 단추의 필요성에 대해 이야기 나눈다.
   - 비밀 주머니 속에 단추를 넣는다.
   - 비밀 주머니 속에 손을 넣어 물건의 느낌을 이야기 나눈다.
   - 어디에 사용하는지 알아본다.
   - 어떻게 사용하는지 알아본다.
   - 사용한 것을 본 적이 있는지 물어본다.
   - 단추가 없다면 어떻게 될까요?

2) 교구를 활동할 장소로 옮긴다.
3) 작은 매트를 책상에 놓는다.
4) 실패를 꺼내 실을 푼 후 가위로 자른다.
5) 바늘에 실을 끼워 매듭한다.
6) 천 중앙에 단추를 올려놓고 단추를 달 구멍에 연필로 점을 찍는다.
7) 점을 향해 바늘을 천의 아래에서 위로 빼낸다.
8) 단추를 바늘구멍 속으로 넣는다.
9) 바늘을 옆 구멍에 넣는다.
10) 동일한 방법으로 2번 반복한다.
11) 천의 뒷면에서 매듭을 짓고 자른다.

12) 유아에게 권유한다.

13) 교구를 제자리에 정리한다.

14) 단추를 달아 본 느낌에 대해 이야기 나눈다.

- 단추를 달 때 무엇이 필요했나요?
- 어떤 점이 재매있었나요?
- 어려운 점은 없었나요?

5. 흥미점

1) 단추의 모양, 색, 촉감을 느낀다.

2) 단추를 달아 본다.

3) 바늘이 위와 아래로 나온다.

6. 오류의 통제

1) 단추를 달 때 실이 엉킨다.

2) 매듭이 풀린다.

7. 직접목적: 단추 다는 방법을 안다.

간접목적: 집중력, 협응력, 독립심, 질서감을 기른다.

8. 변형 및 응용

1) 실생활의 적용

2) 구멍의 수가 많은 단추 달기

9. 언어: 단추, 단다, 매듭, 천, 위, 아래, 바늘, 실.

10. 비고

1) 처음에는 두 구멍, 점차적으로 네 구멍의 단추를 준비한다.

2) 단추 달기를 할 수 있는지 관찰하여 평가한다.

리본 매기

1. 대상연령: 만 5세 이상
2. 선행학습: 단추 채우기, 지퍼 채우기, 버클 채우기
3. 교　　구: 옷틀(리본 매기)

   양쪽 끈 색깔은 다른 것이 좋으며 일정한 방향으로 리본이 매어져 있다.
4. 제시방법

   ▸빨간 끈으로 머리를 묶은 사자(남주현 글·그림, 출판사: 돌베개 어린이)

   1) 동화를 들려준다.
   2) 동화 내용을 회상한다.
      - 어떤 동물인가요?
      - 사자가 무엇을 하고 있는 것 같나요?
      - 누가 나타났나요?
      - 코끼리가 무엇을 하고 있는 것 같나요?
      - 어떻게 되었나요?
      - 누가 나타났어요?
      - 사슴이 무엇을 하고 있는 것 같나요?
      - 어떻게 되었나요?
      - 거미가 무엇을 만들었나요?
      - 어떻게 머리에 리본을 만들 수 있었을까요?

1) 리본을 매어 본 경험에 대해 이야기 나눈다.
   - 리본을 매어 본 적이 있나요?
   - 언제 매어 보았나요?
   - 만약 리본이 매어지지 않았다면 어떤 일이 생길까요?
2) 교구를 활동할 장소로 옮긴다.
3) 두 손으로 리본 양쪽을 잡아당겨 일직선으로 놓는다.
4) 동일한 방법으로 진행한다.
5) 손바닥 부분이 위로 향하도록 하고 오른손 검지손가락을 매듭 밑에 놓는다.
6) 수직으로 검지손가락을 올리면서 매듭을 푼다.
7) 왼쪽 끈은 왼쪽으로 오른쪽 끈은 오른쪽에 놓고 일직선으로 펼친다.
8) 동일한 방법으로 진행한다.
9) 양손으로 잡고 하나씩 옆으로 펼친다.
10) 잠시 바라본 후 하나씩 양손으로 다시 천을 덮는다.
11) 왼쪽 빨간색 리본을 잡고 오른쪽 위 사선이 되도록 옮긴다.
12) 오른쪽 흰색 리본을 잡고 왼쪽 위 사선이 되도록 놓는다.
13) 동일한 방법으로 진행한다.
14) 흰색 리본 끈을 아래로 십어넣어 매듭을 만들고 끈을 두 손으로 잡아당긴다.
15) 동일한 방법으로 진행한다.
16) 왼쪽 흰색 리본을 4~5cm 정도로 고리를 만들어 왼손으로 잡고 오른쪽으로 향하게 한다.
17) 빨간 리본 끈을 잡고 흰색 리본의 고리 주위를 한 바퀴 감는다.
18) 구멍 안으로 오른손 검지로 밀어 고리를 만든다.
19) 양쪽에 만들어진 고리를 양손으로 잡고 리본을 만든다.
20) 동일한 방법으로 진행한다.
21) 유아에게 권유한다.
22) 교구를 제자리에 정리한다.
23) 리본 매기를 한 후 느낌에 대해 이야기 나눈다.
   - 리본 색깔이 달라서 어떤 점이 편했나요?
   - 리본 길이는 어땠나요?
   - 어떤 점이 어려웠나요?

5. 흥미점

1) 리본을 풀고 묶는다.

2) 리본 색깔이 다른 것을 본다.

6. 오류의 통제

1) 리본이 바르게 매어지지 않았다.

2) 끈의 길이가 같지 않다

7. 직접목적: 리본 묶는 방법을 안다.

간접목적: 집중력, 독립심, 협응력, 질서감을 기른다.

8. 변형 및 응용

1) 옷 리본 매기

2) 실생활의 적용

3) 옷 가게 놀이

4) 옷장 정리하기

5) 옷 접기

9. 언어: 리본, 리본 고리, 푼다, 묶는다, 펼친다, 덮는다.

10. 비고: 리본을 맬 수 있는지 관찰하여 평가한다.

안전핀 꽂기

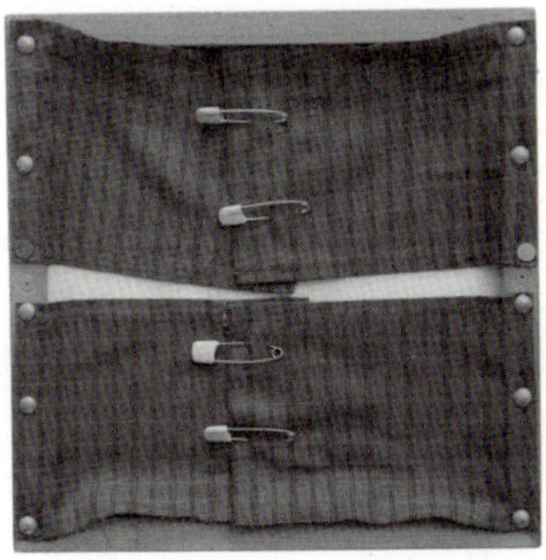

1. 대상연령: 4세 이상
2. 선행학습: 리본 매기의 활동
3. 교　　구: 옷 틀(안전핀 꽂기)
4. 제시방법

▸수수께끼를 낸다.

- 옷이 벌어지지 않고 서로 붙어있게 하는 데 사용합니다.
  이것은 무엇일까요?
- 친구들이 이름표를 달 때, 엄마가 예쁘게 다는 브로치에도 사용됩니다.
  이것은 무엇일까요?

1) 안전핀 사용방법에 대해 이야기 나눈다.
   - 안전핀을 본 적이 있나요?
   - 안전핀을 사용할 때 어떻게 사용해야 안전할까요?
2) 교구를 활동할 장소로 옮긴다.
3) 안전핀을 오른손으로 뒤집는다.
4) 왼손으로 안전핀의 윗부분을 잡고, 오른손으로 안전핀을 눌러 3~4번 열었다 닫았다 하면서 유아에게 보여 준다.
5) 안전핀을 하나씩 열어 책상 옆에 놓는다.
6) 양손으로 잡고 하나씩 옆으로 펼친다.
7) 천을 하나씩 양손으로 덮는다.
8) 안전핀을 사용하여 천에 끼우고 닫는다.

9) 동일한 방법으로 진행한다.

10) 유아에게 권유한다.

11) 교구를 제자리에 정리한다.

12) 안전핀 사용 용도에 대해 이야기 나눈다.

- 안전핀을 사용해 보니 어떤 점이 편리하나요?
- 언제 안전핀을 사용하면 좋을까요?

5. 흥미점

1) 안전핀을 열고 닫는다.

2) 안전핀 누를 때 느낌을 안다.

6. 오류의 통제

1) 안전핀이 천에 잘 꽂혀지지 않는다.

2) 안전핀의 뾰족한 부분에 손이 찔린다.

7. 직접목적: 안전핀의 사용 방법을 안다.

간접목적: 질서감, 독립심, 협응력, 집중력을 기른다.

8. 변형 및 응용

1) 이름표 달기

2) 실생활의 적용

9. 언어: 안전핀, 꽂다, 벌리다, 오므리다, 잡다, 누르다.

10. 비고

1) 안전핀은 너무 작은 것을 사용하거나 뾰족한 것은 피한다.

2) 안전핀을 꽂을 수 있는지 관찰하여 평가한다.

끈 매기

1. 대상연령: 4세 이상
2. 선행학습: 버클 채우기, 리본 매기의 활동
3. 교　　구: 옷 틀(끈 매기 틀)
4. 제시방법:
   1) 끈 매기 방법에 대해 이야기 나눈다.
      - 이 긴 끈으로 무엇을 할 수 있을까요?
      - 이 긴 끈이 구멍 속으로 들어갔다 나왔다 하면 어떻게 변할까요?
   2) 교구를 활동할 장소로 옮긴다.
   3) 아래쪽에 있는 리본을 양쪽으로 당겨 푼다.
   4) 리본 매기에서의 5)~7)과 같은 방법으로 진행한다.
   5) 왼손으로 천을 고정시키고 오른손으로 X자의 겉에 나와 있는 끈을 왼쪽 맨 아래 첫 번째 구멍에서 빼서 놓는다.
   6) 오른손으로 천을 고정시키고 왼손으로 X자의 밑에 있는 끈을 당겨 오른쪽 맨 아래에 동일한 방법으로 진행한다.
   7) 끈의 중간 부분을 오른손 세손가락으로 잡아 당겨 뺀다.
   8) 끈을 반으로 접어 틀 위쪽에 가로로 놓는다.
   9) 양손으로 잡아 하나씩 양옆으로 펼친다.
   10) 양손으로 하나씩 닫는다.
   11) 한 손은 끈을 잡고 한 손은 천을 잡아 끈을 안쪽에서 겉으로 통과시킨다.
   12) 동일한 방법으로 진행한다.

13) 두 끈을 한 손으로 잡고 한 손은 옷 틀을 잡는다.
 두 끈의 길이를 같게 당긴다.

14) 왼쪽 끈은 오른쪽으로 사선이 되도록 놓고 오른쪽 끈은 왼쪽으로 사선이 되도록 포개어 X자 모양이 되도록 한다. 구멍으로 넣는다.

15) 왼쪽 끈을 일직선으로 만들어 안쪽에서 겉으로 통과시킨다. 오른쪽 끈도 동일한 방법으로 진행한다.

16) 틀의 맨 아래에서는 리본 매기와 동일한 방법으로 맨다.

17) 끈매기를 한 후 느낌에 대해 이야기 나눈다.
 • 긴 줄이 어떻게 달라졌나요?
 • 왜 그렇게 되었나요?
 • 다른 방법으로 끈을 맬 수 있나요?
 • 어떤 방법으로 끈을 매어 볼까요?

5. 흥미점

1) 리본이 맨 아래에 매여 있는 것을 본다.
2) X자 모양의 끈매기를 본다.
3) 구멍을 통해 끈이 들어가고 나오는 것을 본다.
4) 끈이 틀에서 분리된다.

6. 오류의 통제

1) 끈의 길이가 맞지 않는다.
2) X자가 일정하게 만들어지지 않는다.
3) 끈이 끼워져 있지 않은 구멍이 있다.

7. 직접목적: 끈매기와 풀기 방법을 안다.

간접목적: 질서감, 협응력, 독립심, 집중력을 기른다.

8. 변형 및 응용

1) 다양한 신발 끈 매기(스케이트, 운동화 등)
2) 실생활의 적용

9. 언어: 끈매기, 안과 겉, X자 모양, 오른쪽, 왼쪽.

10. 비고: 끈매기를 할 수 있는지 관찰하여 평가한다.

4세 된 아동들은 자연적인 욕구로 인해 자신의 단추를 채우고, 구두끈을 묶는 법을 매우 배우고 싶어 하지만, 이 과제들은 그들에게 너무 어려운 것들이다. 그들은 세부적인 운동기술이 아직 부족하기 때문이다.

몬테소리는 아동이 숙달할 수 있는 수준에서 단계별로 기술을 배울 수 있게 하는 도구들을 개발하였다. 구두끈을 매는 경우에는 폭넓은 끈 묶기를 개발해서 아동들이 보다 큰 근육운동으로 올바른 끈 묶기 패턴을 연습할 수 있도록 했다. 간접적 준비의 원리를 이용하는 것이다.

아동에게 야채를 자르거나, 연필을 쥐는 것과 같은 구두끈 묶기와는 무관한 과제를 주어 그것을 통해 그들의 손 놀리는 기술을 완전하게 할 수 있도록 했다. 필요한 모든 하위 기술들을 점진적으로 숙달하게 되면, 그 후에는 아동이 자신의 구두끈을 묶으려고 결심했을 때 쉽게 묶을 수 있게 된다.

부 록

1 몬테소리교구 진도표

이름___________

일상생활교육	3세		4세		5세	
	제시	이해	제시	이해	제시	이해
1. 학기 초의 준비작업						
걷기						
줄서기						
버스타기						
신발 정리하기						
가방 정리하기						
매트 옮기기/매트 펴고 말기						
의자 옮기기						
책상 옮기기						
물건 옮기기						
의자에 앉고 일어서기						
앞치마 입고 벗기						
이 닦기						
옷 입고 벗기/옷걸이						
단추 끼우기						
지퍼 채우기						
버클 채우기						

일상생활교육	3세		4세		5세	
	제시	이해	제시	이해	제시	이해
2. 사회와 인간관계						
문 열고 닫기						
인사하기						
화장실 사용하기						
손 씻기						
기침하기 / 코 풀기						
감사와 공손						
도움 청하기						
위험한 물건 전달하기						
전화 주고 받기						
4. 대근육 발달을 위한 활동						
평균대 걷기						
달리기						
두발 모아 뛰기						
앙감질						
뛰어넘기						
스키핑						
선상걷기						
정숙훈련						
실외 활동						
5. 소근육 발달을 위한 활동						
〈옮기기〉						
한 손으로 옮기기						
숟가락으로 옮기기						
핀셋으로 옮기기						
젓가락으로 옮기기						
분류하기						
〈붓기〉						
마른 것 붓기						
색물 붓기						

일상생활교육	3세		4세		5세	
	제시	이해	제시	이해	제시	이해
색물 옮겨 붓기						
〈짜기〉						
스펀지로 물 옮기기						
빨래집게 집고 빼기						
스포이드로 물 옮기기						
〈비틀기〉						
사물 열고 닫기						
나사와 나사못						
열쇠와 자물쇠						
가루내기						
〈끼우기〉						
구슬 끼우기						
고리 끼우기						
끈 묶기						
실패 감기						
직조 짜기						
바느질하기						
〈기타 활동들〉						
망치 두드리기						
스티커 붙이기						
풀칠하기						
자르기						
종이접기						
천 접기						
6. 환경에 대한 배려						
〈청소하기〉						
먼지 닦기						
바닥 쓸기						
조개 씻기						
책상 씻기						
그릇 씻기						

일상생활교육	3세		4세		5세	
	제시	이해	제시	이해	제시	이해
빨래하기						
〈광내기〉						
거울 닦기						
나무 그릇 닦기						
은 그릇 닦기						
〈식물 돌보기〉						
잎 닦기						
식물 물주기						
동물 먹이주기						
꽃물 갈아주기						
정원 가꾸기						
〈음식 준비하기〉						
식사준비 및 정리						
녹차 대접하기						
오이 썰기						
귤 주스 짜기						
빵 썰기						
샌드위치 만들기						
7. 자기 자신에 대한 배려						
〈몸단장하기〉						
머리 빗기/거울보기						
손톱 깎기						
구두 닦기						
단추 달기						
〈옷틀〉						
리본 매기						
안전핀 꽂기						
끈 매기						

2 일상생활 동화 목록

일상생활	동화명	출처
걷기	괜찮아 넌 할 수 있어	세상 모든 책
	걸어보아요	사계절
	아장아장 걷다가	아이세움
가방 정리하기	제자리에 착착	한국몬테소리
	모두 다 제자리에	달리
	정리하기 싫어	시공주니어
매트 옮기기	요술매트	문학과지성사
의자 옮기기	파란의자	비룡소
이 닦기	이 닦기 대장이야!	웅진주니어
	싹싹 이 닦기	웅진주니어
옷 입고 벗기/ 옷 걸기	쏘옥 옷 입기 놀이	웅진주니어
지퍼 채우기	지퍼가 고장 났다	시공주니어
인사하기	예쁘게 인사해요	효리원
	잘 먹었습니다	효리원
	인사하기 (사자이야기)	그린북
	또박 또박 반갑게 인사해요	상상스쿨
	마들린느의 예절수업	상상스쿨
화장실 사용하기	화장실에 누가 있을까?	미래M&B
	끙끙 응가 놀이	웅진주니어
손 씻기	첨벙첨벙 목욕해요	중앙출판사
기침하기/코풀기	얍 감기야 덤벼라	시공주니어
	세균은 옮기라고 있는 게 아니에요	한언

일상생활	동화명	출처
감사와 공손	약속해, 뽕뽕!	애플비
	다시는 떼쓰지 않을게요.	키득키득
	반짝반짝 빛이 나는 행복한 습관 감사	꿈꾸는 나무
	내 맘대로 할래	시공주니어
	예의바른 코끼리 엘리	부키 동화나라 플래시 동화
	고맙습니다	봄봄
	미안하다고 안 할래	크레용하우스
	고맙다고 말해요	야후꾸러기 플래시 동화
도움 청하기	도와줘!	행복한 책읽기
	도와줄게, 뽕뽕!	애플비
위험한 물건 건네주기	잠깐, 조심해	중앙출판사
정숙훈련	쉿, 조용! 세상 모든 소리가 잠드는 순간	베틀북
분류하기	집에 뭐가 있지?	비룡소
	끼리끼리 빨래방	아이세움
색물붓기	내 물 어디 갔지?	월드베스트
사물 열고 닫기	뭐가 들었지?	비룡소
	열어볼까?	두산동아
끈 묶기	빨간끈	케이유니버스
	초록끈	케이유니버스
실패 감기	털실공이 어디로 갔을까?	기탄출판
먼지 닦기	구리와 구라의 대청소	한림출판사
바닥 쓸기	청소하기 싫어	크레용하우스
빨래하기	14마리의 빨래하기	한림출판사
정원 가꾸기	화분을 키워주세요	웅진닷컴
오이 썰기	야채로 도장 찍기	한림출판사
귤 주스 짜기	과일사세요!	삼성출판사
리본 매기	빨간 끈으로 머리를 묶은 사자	돌베개 어린이

참고문헌

교육과학기술부(2011). 유치원 기본과정 내실화를 위한 인성교육 프로그램. 교육과학기술부.
교육부(1995). 신체활동훈련 교사용지도서. 서울: 국정교과서 주식회사.
김순옥(1999). 유치원 교육과정과 새로운 몬테소리 교육 접근법.
김영선(1995). 몬테소리 유아교육. 서울: 학지사.
김위자(2000). 몬테소리 어린이 지리·역사교육. 경기: 양서원.
김재은(1991). 유아의 발달심리. 서울: 창지사.
김정환 역(1992). 몬테소리 유아교육 첫걸음. 경기: 양서원.
돈보스꼬 몬테소리 교육 실천 연구소(2006). 총체적 통합 프로그램과 창의적 몬테소리 교육의 실천 방법. 서울: 창지사.
박경희 · 이성숙(2003). 몬테소리 교육. 경기: 정민사.
박상희 · 주영애(2001). 유아사회교육. 경기: 양서원.
박성은(2001). 몬테소리 유아교육의 철학적 이론과 실제. 서울: 창지사.
박화문 외(1999). 장애유아의 교육과 지도. 서울: 창지사.
박화문(1987). 운동교육의 이론과 실제. 경기: 양서원.
박화문(1988). 영유아와 장애아를 위한 발달지도서. 경기: 양서원.
박화문(1990). 운동교육MGL프로그램. 서울: 도서출판 특수교육.
박화문(1994). 지체부자유 생활기능 훈련. 서울: 민지사.
박화문(2000). 장애아 발달학. 서울: 대구대학교출판사.
서봉연 · 송명자(1999). 인지발달. 서울: 중앙적성출판사.
서석남(2004). 몬테소리 생명교육. 서울: 동문사.
설동근(2009). 유치원과 부모가 함께하는 기본생활습관교육(예절교육). 부산광역시교육청.
설동근(2009). 유치원과 부모가 함께하는 기본생활습관교육(질서교육). 부산광역시교육청.
신화식(1996). 몬테소리 교육의 이론과 실제. 경기: 양서원.
신화식(2006). 몬테소리 이론의 탐구. 서울: 학지사.
신화식 · 김헌수(1992). 몬테소리 교육 모형. 경기: 양서원.
유재봉(2005). 몬테소리 교육의 이해. 서울: 교육과학사.
유호순(1999). 아동발달. 서울: 창지사.
육순진(1998). 유아교사를 위한 반주법의 이론과 실제. 경기: 정민사.

이영숙 외(1995). 몬테소리 교육에 대한 현대적 이해. 서울: 창지사.
이영숙(2000). 몬테소리, 그 교육의 모든 것. 서울: 창지사.
이영자 외(2001). 유아사회 교육. 경기: 교문사.
임승렬 외(2001). 몬테소리 교육의 이론과 실제. 경기: 양서원.
전영순(1990). 부모를 위한 몬테소리 교육 입문. 서울: 보육사.
조성자(1996). 몬테소리교육학. 서울: 중앙적성출판사.
조성자(2003). 몬테소리 유아교육의 철학적 이론과 실제. 서울: 창지사.

E・M・スタンディソグ 著, 佐藤幸江 譯(1975).「モンテッソーリの發見」. エンデルレ書店.
M・モンテッソーリ 著(1968).「幼兒の秘密」. 國土社.
M・モンテッソーリ 著, 鼓常良 譯(1971).「子どもの心」. 國土社.
M・モンテッソーリ 著, 林信二郎 石井仁 譯(1980).「モンテッソーリの教育」. あすなろ書店.
M・モンテッソーリ 著, 坂本堯 譯(1970).「人間の形成について」. エンデルレ書店.
N. ケバート 著, 木林実 訳(1976). 発達障害児(上). 医歯薬出版社.
N. ケバート 著, 佐蔵剛 訳(1977). 発達障害児(下). 医歯薬出版社.
R・C・オレム 著, 三谷?明外 譯(1982).「今日のモンテッソーリ教育」. 明活図書.
エバソール 他 著, 山下勳・木船憲幸 訳(1983). 学習障害児の指導. ナカニツヤ出版.
クラウス・ルーメル 編(1993). モンテッソーリ教育の道. 學苑社.
宮本茂雄 編(1991). 講座「障害児の発達と教育」4巻. 発達と指導Ⅱ. 感覚・知覚, 学苑社.
当島茂登(2003). ドイツにおける「発達障害児への運動を中心とした指導内容及び指導法に関する研究」報告. 独立行政法人国立特殊教育総合研究所. 世界の特殊教育.
文部省・盲学校(2000). 聾学校及び養護学校学習指導要領(平成11年3月)解説−自立活動編−, 海文堂出版.
小林芳文 編(1985). MEPA(ムーブメント教育実践のためのムーブメント教育プログラムアセスメント). 日本文化科学社.
小林芳文 編(1985). 乳幼児と障害児のための発達指導ステップガイド. 日本文化科学社.

小林旁文・当島茂登 編著(2001). 認知発達を育てる自立活動. 明治図書.
小林旁文・当島茂登他 編(1988). 幼児のためのムーブメント教育実践プログラム2 身体意識ムーブメント. コレール社.
松本靜子(1995). モンテッソーリアンと生きる. 學苑社.
八本明宏(1997). 現代心理学シリーズ 6. 知覚と認知, 培風館.
編村通夫・山下誥三 編(1996). 知覚学習活動ハンドブック. コレール社.

Arnheim, Rudolf(1969). *Visual Thinking*. London: Faber & Faber; Berkeley: University of California Press.
Association Montessori Internationale(1970). *Maria Montessori, A Centenary Anthology*. Amsterdarm.
Ayres, A. J.(1979). *Sensory Integration and the Child*. Los Angeles: Western Psychological Services.
Burger, B(1978). *Researching Dottoressea Montessori*. The American Montessori Society Buletin, 6(1).
Corfsdco, F.(1976). *A brief history of education*. Boston: Houghton Mifflin Co.
Dennison, George(1969). *The Lives of Children*. New York: Random House.
Erikson, Erik H(1940). *Childhood and Society*. New York: W. W. Norton.
Evans, D. C.(1975). *Contemporary influences in early childhood education*. New York: Holt Rinehart & Winston.
Gettman, D.(1987). *Learning activities for under five*. New York: St. Martin's Press.
Haintock, E.(1978). *The essential Montessori*. Ontario: The New American Library.
Harlow, H. F(1953). "Mice, Monkeys, Men and Motives," Psychology Review. LX. 23-32.
Hebb, Donald O(1966). "Drives and Norman Haber". 267-78. New York: Holt, Rinehart & Qinstion.
Hunt, J. McV.(1964). The Epigenesis of Motivation and Early Cognitive Learning. In Current Research in Motivation Ed. RN, Haber, 355-370. New York: Holt, Rinehalt & Winston, 1966.
Hurlock, E.(1978). *Child Development*. New York: McGraw-Hill.
Itard, Jean(1962). *Wild Boy of Aveyron*. New York: Appleton-Century-Crofts.
Kilpatrick, William(1914). *The Montessori System Examined*. Boston: Houghton Mifflin.

Kramer, R.(1983). *Maria Montessori: A biography*. Chicago: University of Chicago Press.

Lavaatelli, C. S.(1973). *Piaget's Theory Applied to an Early Chilhood Curriculum*(2nd ed.). Boston: A Cemtter for Media Development Inc.

Lillard, P. P.(1972). *A modern approach*. New York: Schocken Books, Inc.

Montessori, M.(1955). *Childhood Educqtion*. Trans, AM, Joosten. New York: A Book, New American Library, Inc.

Montessori, M.(1964). *The Montessori Method*. Trans, AE, George, New York: Schocken Books, Inc.

Montessori, M.(1965). *Spontaneous Activity in Education, Trans, F, Simmonds*., New York: Schocken Books, Inc.

Montessori, M.(1966). *The Secret of Childhood. Trans, SJ, Joseph Cstelloe*., New York: Ballantine Books, Inc.

Montessori, M.(1967). *The Absorbent Mind. Trans, A, Claude Claremont*. New York: Holt, Rinehart & Winstion, Inc.

Montessori, M.(1967). *The Discovery of the Child, Trans, SJ, Joseph Cstelloe*. New York: Fides Publishers, Inc.

Montessori, M.(1975). *Childhood education*. New York: Meridian Co.(1973). The absorbent mind. Translated by C. A. Claremont. Madras: Kalakshetra Publication Press.

Seguin(1907). *Edouard. Idiocy and Its Treatment*. Albany, N. Y.: Press of Brandow Printing Co.

Standing, E. M.(1962). *Maria Montessori. Her Life and Work*. New York: A Mentor Book from New American Library of World Literature, Inc.

저/자/소/개

• 정영혜

부산외국어대학교 일본어과 졸업

중앙대학교 교육학 석사

XAVIER UNIVERSITY몬테소리교육 전공

A.M.S교사자격증(3~6세 과정)

동아대학교 교육학 박사

현) 부산여자대학교 유아교육과 교수

자립을 통한
영유아 일상생활 교육의 이론과 실제

초판 1쇄 인쇄 / 2018년 2월 20일
초판 1쇄 발행 / 2018년 2월 25일

•

저 자 / 정 영 혜
발행인 / 이 중 수
발행처 / **동 문 사**

•

서울특별시 서대문구 홍제원 1길 12
(홍제동 137-8)
Tel : 02)736-3718(대), 736-3710, 3720
Fax : 02)736-3719
등록번호 : 제9-17호
가격 : 20,000원

•

ISBN : 978-89-8251-960-4(93370)
E-mail : dong736@naver.com
www.dongmunsa.com